Bornstedt   Friedhof   Kirche

Auf dem Westgiebel der Kirche hängt diese kleine Glocke, die früher regelmäßig ertönt sein soll, wenn in der Gemeinde das „Vaterunser" gebetet wurde.
1945 schossen triumphierende Rotarmisten darauf ihr „Siegesgeläut".

Gottfried Kunzendorf · Manfred Richter (Hrsg.)

Bornstedt Friedhof Kirche

Märkischer Gedenkort preußischer Geschichte und des Widerstands

Fotos und Bildtexte des Bornstedter Friedhofs
von Siegfried Gebser

HENTRICH & HENTRICH

Entwurf Umschlag vorn Sigurd Wendland
unter Verwendung der Fotos von Siegfried Gebser

Der Förderverein
„Freunde des Bornstedter Friedhofs e.V."
ist dankbar für jede Unterstützung seiner Arbeit für die
Erhaltung der denkmalgeschützten Friedhofsanlage.

Kontonummer 4911 3696 19
Hypo-Bank Potsdam, BLZ 160 200 86

Verlag HENTRICH & HENTRICH GbR
Ganzer Straße 10, 16866 Teetz

Satz: Typecraft Fotosatz GmbH, Berlin

Lithos: Reprowerkstatt Rink, Berlin

Druck: Rauscher Druck und Medien OHG, Berlin

Buchbinderei: Heinz Stein, Berlin

ISBN 3-933471-23-0
Erweiterte und überarbeitete Neuauflage 2001
Printed in Germany

Inhalt

Bornstedt   Kirche   Friedhof

Märkischer Gedenkort preußischer Geschichte und des Widerstandes

Kirche und Friedhof von Bornstedt liegen am Rande von Potsdam-Sanssouci. Was die geografischen Gegebenheiten betrifft, ist dies ein unumgängliches Faktum. Doch wenn es um die Wahrnehmung geht, ist jeder gut beraten, seinen Blick länger auf Bornstedt ruhen zu lassen. Die Basilika-Kirche mit Säulengang und einem kleinen, aber eindrucksvollen Etagenturm schmückt das ehemalige Dorf. Der angrenzende Friedhof gibt belegtes Zeugnis von jahrhundertealter Geschichte und in ihr handelnder Personen.

Kein geringerer als der märkische Dichter Theodor Fontane hat Atmosphäre und Bedeutung dieses Ortes gewürdigt. Er besuchte Bornstedt im Sommer 1869, pries den reizvollen Kontrast zu den kunstvollen Anlagen von Sanssouci und schrieb: „Wie in einem grünen Korbe liegt es da." Vor allem aber hob er die Unvergleichlichkeit des Friedhofs hervor mit seiner Fülle an Gräbern berühmter Persönlichkeiten: eine große Zahl an Potsdamer Hofgärtnern, allen voran die „Sello-Dynastie"; dazu Zeugnisse, eindrucksvolle bis bedrückende, des preußischen Soldatengeistes.

Friedhöfe sind Orte unseres Gedächtnisses. Sie erzählen vom Leben und Sterben der unterschiedlichsten Menschen. So gemahnt uns Bornstedt auch an den mutigen Widerstand der Männer und Frauen des 20. Juli 1944, der für uns ein verpflichtendes Vermächtnis bleibt.

1999 gedachten die Stadt Potsdam, die Kirchengemeinde und der Verein der Freunde des Bornstedter Friedhofs mit Vorträgen und Festveranstaltungen des 400 Jahre alten Friedhofs in der Ribbeckstraße. Grabsteine sprechen, wenn auch oft nur andeutungsweise, von faszinierenden Kapiteln der Historie. Es kann sehr spannend sein, sich mit ein wenig Zeit und Muße und der nötigen Aufmerksamkeit darauf einzulassen. Der Band „Bornstedt Kirche Friedhof – Märkischer Gedenkort preußischer Geschichte und des Widerstandes" aus dem Verlag Hentrich & Hentrich ist dabei behilflich, solche Geschichten zu entschlüsseln und sie dem Vergessen zu entreißen. Er ist weit mehr als ein Wegweiser.

2001 wird in Brandenburg als das Preußen-Jahr begangen. Mit den unterschiedlichsten Veranstaltungen wollen wir der historischen Tradition gerecht werden, in der diese Region steht. Vor 300 Jahren hatte sich der brandenburgische Kurfürst zum König in Preußen gekürt und damit in Politik, Wirtschaft und Kultur eine Epoche eingeleitet, die heute die unterschiedlichsten Empfindungen auslöst. Doch so wie die Flagge Preußens eine schwarze und eine weiße Hälfte zeigt, so wollen wir die eine wie die andere Seite dieses Preußens beleuchten und auch die Zwischentöne nicht vergessen. Brandenburgisch-preußische Geschichte war und ist vielseitig, hier wurden auch bemerkenswerte, moderne Haltungen entwickelt, an die es zu erinnern lohnt.

Ein zweites Ereignis prägt Potsdam im Jahr 2001: die 50. Bundesgartenschau Deutschlands wird in der Landeshauptstadt Brandenburgs gezeigt Die Stadt wird im wahrsten Sinne des Wortes aufblühen. Sie wird Identität wiedergewinnen. Das Gesamtkunstwerk der Schlösser und Gärten, seit zehn Jahren auf der Unesco-Liste des Weltkulturerbes, wird Stück für Stück komplettiert. Die Diskussion um den Wiederaufbau von Stadtschloß und Garnisonkirche ist in vollem Gange. Das Stadtbild prägende Landschaften und Bauwerke wie der Ruinenberg und Normannischer Turm, Pfingstberg und Belvedere, Neuer Markt und Marstall, Nikolaisaal oder Fortunaportal gehören wieder dazu.

Vor dem Hintergrund dieser beiden aktuellen Ereignisse liest sich das Buch immer wieder spannend und interessant. Es ist wie ein Blättern in Potsdams Geschichte.

Manfred Stolpe
*Ministerpräsident des
Landes Brandenburg*

Potsdam 2. Januar 2001

Vorwort zur 1. Auflage

Es gibt nichts Lebendigeres als einen Friedhof, wenn man ihn denn zu lesen versteht: Schicksale, die sich hinter den Inschriften der Grabmäler und in deren Gestaltung verbergen. Selten ist ein Friedhof so reich an historischen und aktuellen Bezügen, an künstlerischen Gestaltungen wie an naturbelassenen Formen des Grabsteins, aber auch an unauffälligen Grabmälern für herausragende Persönlichkeiten, wie der in Bornstedt.

Sanssouci ist alte Bornstedter Gemarkung, und hierhin kehrten viele der Bediensteten aus den Potsdamer Schlössern zurück, Bekannte wie Unbekannte. Auf den alten Grabsteinen sind oft bewegende oder rührende Inschriften zu lesen wie:

Wer du auch seyn magst
Ist Tugend dir werth
So weile bei diesem Stein
Und traure
Er birgt
Die frühe Asche
Deiner Freundin

oder

Mercke dir mein Wandersmann
daß die Aertzte nebst den Frommen
nur durch ihren Seelen-Artzt
zu dem Heil und Leben kommen.

Das ganz Besondere dieses Friedhofs ist jedoch seine „Mischung", auch in politischer Hinsicht: Dem Hofe verbunden, in militärischer Potsdamtradition viele Gräber auf der einen Seite, und auf der anderen Seite die Nähe oder der unmittelbare Bezug einzelner Gräber zum Widerstand gegen die Regierungspolitik im ersten und zweiten Weltkrieg, zumal militärischer und ziviler Widerstand gegen Hitler. Zugleich daneben Grabstätten ungebrochener Regimeverbundenheit. Und schließlich Hinweise auf tragische Schicksale solcher, die Verfolgung und Krieg überstanden hatten.

Dieses Buch dokumentiert Fotos, die der Kameramann Siegfried Gebser zum Teil seit mehr als zehn Jahren geschaffen hat. Die Sensibilität dieser Schwarzweißaufnahmen, die den Wandel des Lichts über die Tages- und Jahreszeiten hinweg erkennen lassen, bringt diesen Friedhof zu jener Lebendigkeit, die den Spuren des Lebens auch im Tode noch anhaftet.

Der Vorsitzende des Fördervereins des Bornstedter Friedhofs hat damit allen Freunden dieses Ortes und zugleich den Freunden einer behutsamen künstlerischen Fotografie Freude gemacht.

Ausgehend von dem Grabe Kurt von Plettenbergs, des einzigen Opfers aus dem Kreise um den 20. Juli, von dem zu DDR-Zeiten ein Grab bekannt war, hat Pfarrer Kunzendorf seit 1984 das Gedächtnis an die mit Bornstedt und Potsdam verbundenen Angehörigen des Kreises begonnen. Aus hierher gehörigen Veranstaltungen sind diesem Band Dokumente beigefügt. Durch diese Arbeit ist ein Aspekt des „Geistes von Potsdam" herausgearbeitet worden, der oft verdrängt worden ist. Hier wird die genauere Wahrnehmung von Werten preußischer Tradition möglich gemacht, die an die Heutigen weitergereicht zu werden verdienen.

Die Gemeinde war jedoch auch um die Sicht auf andere historische Zusammenhänge bemüht, zu der nicht nur der Friedhof, sondern auch das Kirchengebäude Anlaß gibt.

So wurde beispielhaft an das mit Bornstedt eng verbundene Kaiserpaar Friedrich III. und Victoria erinnert. Im Gedenkjahr 1988 ein bemerkenswerter Beitrag zu differenzierter Geschichtswahrnehmung.

Auch die Baugeschichte der Kirche ist von speziellem Interesse. Sie ist Ausdruck kirchenpolitischer Konzeptionen Friedrich Wilhelms IV. und später der Verbindungen zur Anglikanischen Kirche. Weitere Beiträge verweisen auf die ältere Gemeindegeschichte, so Auszüge aus der Chronik Bornstedts von Caroline Schulze, Tochter eines Oberhofbaurats und Gartendirektors, die, einziges weibliches Mitglied im Verein für die Geschichte Potsdams, ihre Untersuchungen als Frau nicht selbst vortragen durfte.

Schlaglichter auf die durch sein Grabmal mit der Kirche verbundene Gestalt des zweiten Akademiepräsidenten Gundling und Fontanes Betrachtungen zu Bornstedt sind mit anderen Dokumenten dem Band beigefügt.

Dem Herrn Minister für Wissenschaft, Forschung und Kultur, Hinrich Enderlein, und dem Herrn Generalsuperintendenten Bransch sowie insbesondere auch Herrn Pfarrer Gottfried Kunzendorf und der Vorsitzenden des Gemeindekirchenrats von Bornstedt, Ruth Hahnsch, möchte ich meinen herzlichen Dank für Unterstützung und Zusammenarbeit bei der Vorbereitung dieses Buches sagen.

Es soll ein Beitrag über die Jahrtausendfeier der Stadt Potsdam hinaus auch zur Unterstützung der Arbeit des Fördervereins für den Bornstedter Friedhof sein. Zu danken ist für die finanzielle Unterstützung dieses Buchprojekts dem Konsistorium der Ev. Kirche Berlin-Brandenburg und Spendern aus dem Umkreis 20. Juli 1944.

Manfred Richter
Herausgeber

Vorwort der Herausgeber
zur 2. erweiterten Auflage

I

Die erste Auflage des Buches ist seit längerem vergriffen. Doch es wird unentwegt nach dem Buch gefragt. Wohl sind einerseits in der Reihe der „Kleinen Kunstführer" aus dem Verlag Schnell und Steiner, Regensburg, seither sowohl „Die Bornstedter Kirche Potsdam" (Christiane Theiselmann, 1995) wie „Der Bornstedter Friedhof" (Klaus Arlt, 1994, 2. Aufl. 2000) erschienen, und andererseits eine umfängliche Spezialuntersuchung wie „Märkische Grablege im höfischen Glanze" als vom Militärgeschichtlichen Forschungsamt unterstützte Veröffentlichung (Karlheinz Deisenroth, 1997). Es waren wichtige Beiträge zur 400-Jahrfeier des Friedhofs im Jahre 1999. Aber eine für Interessierte leicht lesbare Hinführung in Bild und Text, die zugleich kultur- und geistesgeschichtliche Zusammenhänge beleuchtet, fehlt weiterhin. In diesen Zusammenhängen wird die Bedeutung von Friedhof und Kirche erst eigentlich sichtbar. Das Fehlen wurde um so mehr als bedauerlich empfunden, als mehrere der vor acht Jahren schon angerissenen Zusammenhänge heute allgemeines Interesse in Anspruch nehmen. Dem soll in der erweiterten Neuauflage vermehrt Rechnung getragen werden. Für das neue Geleitwort danken wir Ministerpräsident *Manfred Stolpe.*

II

So lenkt die in nächster Nachbarschaft durchgeführte Bundesgartenschau 2001 den Blick auf die Kulturgeschichte der Gartenkunst, die immer ein Ausdruck der Verhältnisbestimung von Natur und Kultur ist, oft genug antizipierte Utopie. Die Tradition brandenburgisch-preußischer Gartenkunst ist seit dem Großen Kurfürsten mit Potsdam visionär verknüpft: „Dies gantze Eyland soll ein Paradies werden" (Moritz von Nassau). Mit Friedrichs Sanssouci und seinem Park (in dem auch seines Vaters Marly'scher Kräutergarten aufgehen mußte und der dann insbesondere auch durch Friedrich Wilhelm IV. vielfältigen Ausbau erfuhr) hat sie auf Bornstedter Gemarkung wie ihren Anfang so einen frühen Höhepunkt gefunden. Und „was in Sanssouci stirbt, das wird in Bornstedt begraben" – „Generale und Offiziere, Kammerherren und Kammerdiener, Geheime Räte und Geheime Kämmeriere, Hofärzte und Hofbaumeister, vor allem – Hofgärtner in Bataillonen" (*Theodor Fontane*). So weist ein neuer Beitrag eigens auf Hofgärtner und Gartenarchitekten auf dem Bornstedter Friedhof hin *(Clemens Wimmer).*

Daß Gemeinde und Förderverein stets weiter mit Restaurierungen befaßt sind, sei nur angemerkt. Seinem langjährigen verdienten Vorsitzenden *Siegfried Gebser,* dem wir nun *zusätzliche Fotos* verdanken, folgte Dr. Jobst von Unger in diesem Amte nach. Die Arbeit wird seit DDR-Zeiten in bewährter Zusammenarbeit mit der Denkmalspflege vorangebracht. Hierfür wird weiterhin um Unterstützung gebeten, der auch die Neuauflage dieses Buches dienen soll. Die Besucher der BUGA aber seien in besonderer Weise zum Besuch der Gräber jener Hofgärtner und Hofarchitekten eingeladen, deren Werke sie bei ihrem Potsdambesuch im harmonisch abgestimmten Verbund von Garten, Park und Architektur genießen: Lenné *und* Persius liegen in Bornstedt beisammen.

III

Damit ist auch das Thema: „Der andere Geist von Potsdam" berührt. Die Militärstadt Potsdam war auch Kulturstadt – mit dem Hof und auch ohne ihn. Und es geht nicht an, wie es gerne seit 1918 und über den betrügerischen „Tag von Potsdam" 1933 hinaus bis heute geschieht, „Potsdam" gegen „Weimar" nur auszuspielen. Dies hat die Untersuchung unter dem oben genannten Titel von Günter Wirth zur Kulturgeschichte der Stadt 1918–1989 (suhrkamp taschenbuch, 2000) gründlich dargetan. Sie weist damit auch weitere geistig-soziale Kontexte für den Widerstand aus Potsdamer, genuin preußischer Haltung aus – und zumeist vertieft religiöser: protestantischer in der Bekennenden Kirche (*Albrecht Schönherr*), auch katholischer, jüdischer. Für jenen Widerstand, den die Gedenkveranstaltungen der Gemeinde zum 20. Juli seit 1984 in Erinnerung rufen. Zugleich erweist sie indirekt die Unterstellungen Klaus Ingo Plümeckes als leeres Konstrukt (Potsdam. 400 Jahre Bornstedter Friedhof, Privatdruck 1998, vgl. bereits Wilfried Heidemann in: Jahrbuch für Brandenburgische Landesgeschichte, 1999, S. 256 f.). Wer mag, lese das abgedruckte Beispiel einer Stasi-Mitschrift nach.

Zusätzliche Beiträge der erweiterten Auflage zeigen den Zusammenhang dieser Gemeindearbeit mit der Friedhofspflege auf (*Gottfried Kunzendorf,* auch in Bezug auf in Bornstedt mutmaßlich beigesetzte Euthanasieopfer, den Bericht zu den Vorschriften für Plettenbergs Begräbnis von *Arthur Berg*). Ebenso die fortdauernde Erinnerungsarbeit (*Ludwig von Hammerstein, Ellen Ringshausen, geb. von Voß*), zuletzt anläßlich des 100. Geburtstags Henning von Tresckows im Januar 2001 (*Werner Krätschell*). Mit der Einbeziehung des Grabes von Rudolf Schäfer, des engen Mitarbeiters von Johannes Lepsius, wird zugleich auf Potsdamer Widerstand bereits im 1. Weltkrieg verwiesen – gegen eine Kriegspolitik ohne Rücksicht auf den mit ihr verbundenen Völkermord an den Armeniern (*Hans-Ulrich Schulz*). Auch hier bezeugt sich der Vorrang der Gewissensverpflichtung in protestantischer, selbst nationalkonservativer Tradition.

IV

Die Gewissensverpflichtung hat in Brandenburg-Preußen Wurzeln aus lutherischer wie aus reformierter Tradition. Sie führte seit dem 16. und 17. Jh. schrittweise zum Toleranzgedanken in seiner staatlich gelenkten Praxis: zur begrenzten Öffnung des Landes für Juden (1670) und Hugenotten (Potsdamer Toleranzedikt 1685) unter dem Großen Kurfürsten, zu Unionsplänen mit den Anglikanern und zur Gründung der Akademie der Wissenschaften mithilfe des Hofpredigers und Brüderbischofs Jablonski unter Friedrich I. So konnte es auch zur Weigerung der gesamten Potsdamer Geistlichkeit kommen, die Verhöhnung des (nach Leibniz) zweiten Akademiepräsidenten Gundling in einem Narrensarg durch Friedrich Wilhelm I. hinzunehmen. Der Epitaph in der Kirche erinnert an das Schicksal dieses bürgerlichen Gelehrten. Sein Geschick bei Hofe im Tabakskollegium Friedrich Wilhelms I. zu Königs Wusterhausen erhellt im Vergleich mit dem Voltaires in der Tafelrunde Friedrichs II. zu Sanssouci (*Martin Sabrow;* vgl. den Brief des Pfarrers *Johann Heinrich Schubert* an Gotthilf August Francke nach Halle und *Fontane*).

Die preußisch-protestantische Haltung führte bei Friedrich Wilhelm III. zur Union der evangelischen Konfessionen – die erste Unions-Agende hat er für die Garnisonkirche selbst ausgearbeitet. Bei Friedrich Wilhelm IV. verknüpft sie sich mit einem romantisch-altkirchlichen Ideal. Als Parallele zu einer erträumten (er sprach selber von seinen „Tagträumen") konservativen Kirchenreform erneuerte er – oft mit Entwürfen aus eigener Hand – altkirchliche Architektur in italienischem Stil. Neben der Friedenskirche und Sakrow steht hierfür die Bornstedter Kirche, ihr dritter Kirchbau (*Andreas Kitschke*).

V

Am dichtesten verbunden mit der Geschichte Bornstedts – deren Aufzeichnung wir der beherzten *Caroline Schulze* verdanken – ist unter den Hohenzollern das langjährig kronprinzliche Paar Friedrich Wilhelm (als Kaiser 1888 Friedrich III.) und Victoria, die älteste Tochter der Queen Victoria, als Witwe „Kaiserin Friedrich": Ihrer wird im Jahr 2001 zu ihrem hundertsten Todestag gedacht. Sie bewirtschafteten gemeinsam das Krongut und förderten vielfältig und bürgernah die Landwirtschaft, soziale und Bildungsaktivitäten sowie als Patrone u. a. gerade die Bornstedter Kirche. Der Beitrag „Kronprinzessin Victoria und das Krongut Bornstedt" weist auf diese enge Verbindung des Paares mit Bornstedt hin (*Rena Noltenius*). Beiden sind Porträts gewidmet (*Günter Bransch, Iselin Gundermann*), aus denen die Chance auf eine völlig andere Orientierung der deutschen Innen- und Außenpolitik – im Widerspruch zu Bismarck und in freundschaftlicher Beziehung zu Großbritannien – zu entnehmen ist. Diese fand jedoch nicht statt.

Somit ging die preußische, nunmehr: preußisch-deutsche, Geschichte jenen Gang, der ins Verderben führte, schon des Ersten Weltkriegs, und dann des Betrugs vom „Tag von Potsdam" mit all seinen Folgen. Hiergegen bäumte sich das „alte" Preußen noch einmal auf in den Persönlichkeiten, an die in diesem Buch erinnert wird. Mit der Tat und unter bewußtem Risiko der Hingabe ihres Lebens bekannten sie sich zum Einspruch ihres Gewissens. Darum ist es notwendig, ihrer in Bornstedt als einem märkischen Gedenkort preußischer Geschichte auch weiterhin zu gedenken.

VI

Auch über ein ausgerufenes aktuelles „Preußenjahr" hinaus. Über den „ethischen Sinn der preußischen Tugenden" (*Günter Bransch*) – als nicht nur preußischer, sondern allgemeiner – bleibt nachzudenken. Beginnend in ihrem Entstehungsland, das sich so beschämend weit von ihrer selbstverständlichen Gültigkeit entfernt hat. Und im Blick auf ihre Unverzichtbarkeit allenthalben und jederzeit für jeden verantwortlichen Bürger eines Gemeinwesens. Es muß allerdings geschehen in einer untrennbaren Verbundenheit. *Henning von Tresckow* hat sie seinen Söhnen am Tag ihrer Konfirmation im Jahr 1943 in der Garnisonkirche vor Augen gestellt: „als Synthese" – „zwischen Bindung und Freiheit, zwischen Stolz auf das eigene und Verständnis für anderes":

VII

Es bleibt uns, Dank zu sagen: dem Verleger Gerhard Hentrich für die freundliche Bemühung um die erweiterte Neuauflage anläßlich der BUGA; Rüdiger von Voß, Vorsitzender des Kuratoriums der Stiftung 20. Juli 1944, und den geneigten Sponsoren, unter ihnen Siemens AG, BMW, Bundesarbeitsgemeinschaft der Mittel- und Großbetriebe des Deutschen Einzelhandels, ABB Business Services, Schering AG, Preussag AG, Dresdner Bank, sowie Frank F. Fischer vom Krongut Bornstedt. Die bewegte Geschichte und hoffentlich ereignisreiche Zukunft dieses historischen Ortes in unmittelbarer Nähe von Kirche und Friedhof werden hier ebenfalls dargestellt.

VIII

Die nun vorliegende und bearbeitete Neuauflage von BORNSTEDT FRIEDHOF KIRCHE hat den historischen Radius der Beiträge vertieft und gibt ein detailliertes Bild von dem Gedenkort brandenburg-preußischer Geschichte, der auch das Gedenken an den Widerstand gegen Hitler einschließt, wie es durchaus nicht mit Willen der DDR-Behörden schon Jahre vor der Wende geübt wurde. Die ausgewählten Einzeldarstellungen werden gebündelt in der immer noch aktuellen Schilderung Theodor Fontanes. Mit dieser liebevollen Würdigung, die das Buch nun beschließt, wird ein Spannungsbogen geschlossen, der für den künftigen Umgang mit Friedhof, Kirche und Krongut in Bornstedt Verpflichtung sein will.

Gottfried Kunzendorf   Manfred Richter

Blick von den Hängen des östlich gelegenen Ruinenberges auf die Bornstedter Kirche.

Die Architektur des Säulenganges am Haupteingang des Bornstedter Friedhofs begegnet dem Besucher mit anmutig südländischem Reiz.

Kirche, Gemeinde und Friedhof

Gespräch von Manfred Richter mit Gottfried Kunzendorf[*]

M. R.[**]: Herr Kunzendorf, die Kirche in Bornstedt ist durch Fontane gewürdigt worden. Was ist das Besondere an dieser Kirche?

G. K.[***]: Die Kirche ist eine der berühmten Basiliken, die Friedrich Wilhelm IV. hat bauen lassen. Nach Fontanes Meinung ist sie die am günstigsten plazierte der Basiliken, die sonst eigentlich nicht in die märkische Landschaft passen. Fontane meint, sie läge hier wie in einem grünen Korbe und sei ein „Schmuck des Dorfes und der Landschaft". Dieser Basilika-Stil war für Friedrich Wilhelm IV. ein Programm, bis hinein in seine politischen Ansichten. Er hat sich bewußt dieser Bauten bedient, um die Tradition der christlichen Kirche von ihren Anfängen zu symbolisieren und um im Preußen nach der Revolution zu zeigen, daß der Staat fest auf der Tradition der christlichen Kirche gegründet ist. Darum baute er mit Vorliebe Basiliken. Beinahe hätte er gemeinsam mit der englischen Kirche in Jerusalem eine Basilika gebaut, was dann leider nicht zustande kam. Die Bornstedter Basilika, die er 1856 hat bauen lassen, ist dann 1882 erweitert worden nach den Ideen der damaligen Kronprinzessin Victoria. Das Kronprinzenpaar nahm hier in Bornstedt sehr oft am Gottesdienst teil, und dann war die Kirche wegen der vielen Besucher häufig überfüllt. So wurde im englischen Stil an diese äußerlich italienisch wirkende Kirche ein Anbau gemacht, der Altarraum mit den schönen Glasfenstern und auch die Kirche innen wurden weitgehend nach englischen Vorbildern neu gestaltet. Das Auffallendste ist die Bemalung der Orgelpfeifen in englischer Tradition. Sonst hat die Kirche drei wertvolle Grabsteine – für Potsdam sind es die wichtigsten –, die aus der Barockzeit übriggeblieben sind.

M. R.: Sie sind aus einer Vorgängerkirche in die heutige umgesetzt worden?

G. K.: Die Grabsteine stammen aus der ersten Kirche und sind dann in die zweite Kirche von 1805 übernommen worden. Beim Bau der dritten Kirche sind sie gerettet worden durch die Initiative von Caroline Schulze, deren Vater Lennés anfänglicher Chef war. Sie sah die Steine auf dem Friedhof herumliegen und hat an Friedrich Wilhelm IV. geschrieben. Der hat dann den Wiedereinbau dieser Grabsteine angeordnet. So haben wir also zwar nicht Gundlings weinfaßähnlichen Sarg, aber Gundlings Epitaph, und das von Martin Plümicke († 1734), einem Potsdamer Bürgermeister. Der dritte Grabstein erinnert an Heinrich Christian von Holwede († 1739) und seine Fami-

---

[*] Gespräch am 1.8.1992 in Bornstedt
[**] Pfarrer Manfred Richter (M.R.)
[***] Pfarrer Gottfried Kunzendorf (G.K.)

lie. Er war zunächst Offizier und später als Oberküchenmeister „Chef der Hofküche im Potsdamer und Berliner Stadtschloß".

M. R.: Die jetzige, dritte Kirche wurde ein Musterbeispiel der am italienischen Stil orientierten Architektur Friedrich Wilhelms IV. Bleiben wir erst einmal bei dem Bau von 1856 und seinem Architekten.
G. K.: Friedrich August Stüler war der Architekt. Auftraggeber war Friedrich Wilhelm IV. Nach Friedrich Ludwig Persius, der schon Entwürfe gemacht hatte, hat Stüler den Kirchbau vollendet. Er mußte dafür mehrere Entwürfe machen. Friedrich Wilhelm IV. war ja ein „verhinderter" Architekt und hat zeitweise sogar auf Kabinettssitzungen gemalt und auf eine Kabinettsordre einen Entwurf für die Bornstedter Kirche gezeichnet. Die Kabinettsordre mußte also neu geschrieben werden. Man einigte sich dann auf einen vom König variierten Entwurf Stülers, der auch ausgeführt wurde. Diese Kirche wurde am 13. 11. 1856 in Dienst gestellt. Die Bauleitung hatte Heinrich Haeberlin, dessen kürzlich restaurierte Grabstelle sich in der Nähe der Kirche befindet.

M. R.: Wofür sind die Arkaden gedacht?
G. K.: Als eine Verbindung zwischen Kirchengebäude und Campanile.

M. R.: Friedrich Wilhelm IV. hatte ja auch große Kirchenreformpläne, wollte sich dabei an der Alten Kirche orientieren und auch die Bischofsstruktur, wie in der anglikanischen Kirche, wieder einführen, übrigens auch unter Weihe-Assistenz anglikanischer oder schwedisch-lutherischer Bischöfe.
G. K.: In gewisser Hinsicht gab es in Preußen schon Bischöfe, unter Friedrich Wilhelm III., aber das war wohl nur ein Titel, der für den Aufbau der Kirche keine Bedeutung hatte. Friedrich Wilhelm IV. hatte sicher darum diese Kirchen im alten Stil bauen lassen, um in einer Zeit großer politischer Bedrängnisse nach 1848 deutlich zu machen, auf welchem Fundament der preußische Staat ruht, nämlich auf der christlichen Tradition eigentlich der noch ungespaltenen Kirche. Sie konnte ja in Rom im Basilika-Stil ihre ersten großen Kirchenbauten errichten, nachdem sie im Jahre 313 im römischen Reich erlaubt worden war. Insofern ist natürlich dies Basilika-Programm ein Rückgriff auf ein großes Stück Kirchengeschichte und auch eine Ermutigung, in schwierigen Zeiten darauf zu vertrauen, daß der Weg weiterführt und auf Gottes gutes Ziel zu.

M. R.: Wobei er sich aber – trotz Aufhebung der Pressezensur und einer einmaligen Einberufung einer „allgemeinen Landessynode" 1846 – der Demokratisierung der Gesellschaft und der Kirche nicht öffnen wollte, wie sie jedoch von dem Theologen Schleiermacher schon seit 1803 gefordert worden war, in seinen „Unvorgreiflichen Gutachten in Sachen des protestantischen Kirchenwesens zunächst in Beziehung auf den Preußischen Staat"; und immer wieder, z. B. 1817 in der Forderung einer Synodalverfassung der Kirche.

G. K.: Vielleicht auch auf Grund seiner Vorstellung vom Gottes-Gnadentum und der Berufung des Königs kaum öffnen konnte. Er hatte – wie wir heute auch – seine Sicht der Dinge und der Welt. Und es ist ungeheuer schwer, dann neuen Bewegungen gegenüber einigermaßen aufgeschlossen, geschweige denn gerecht zu reagieren.

M. R.: Seine Antwort war ja, daß er den Evangelischen Oberkirchenrat eingerichtet hat, als eine Art Selbstverwaltungsbehörde der Kirche, aber das oberste Bischofamt wollte er in seiner Person bewahren.

G. K.: Das hat bis zum Ende Preußens eine Rolle gespielt. Unser letzter Kaiser hat sich ja auch immer noch als oberster Bischof verstanden, und er hat in das Leben der Kirche kräftig, mal positiv und mal sehr gefährlich, eingegriffen. Seit der Reformation stand die Kirche direkt oder indirekt auch im Dienste des jeweiligen Landesherrn, und Friedrich Wilhelm IV. hat auf dieser Tradition aufgebaut – mit einer gewissen Berechtigung, weil in der alten Kirche ja eigentlich der Kaiser der Zusammenhalt der Kirche war. Der Kaiser war nicht nur eine politische Größe, sondern er war auch eine kirchliche. Und seine Rolle als Zusammenhalt der Kirche kann in der Alten Kirche nicht hoch genug eingeschätzt werden, mit allen Vor- und Nachteilen dieser Konzeption. Das spielt in irgendeiner Weise bei Friedrich Wilhelm IV. sicherlich mit hinein, wenn er Basiliken bauen läßt in seiner Stadt Potsdam und Umgebung.

M. R.: Er hat dann versucht, mit der anglikanischen Kirche eine engere Beziehung herzustellen, die sich besonders in dem gemeinsamen Bistum in Jerusalem ausgewirkt hat.

G. K.: Wo er auch gerne eine Basilika als gemeinsame Kirche für die Lutheraner und Anglikaner gebaut hätte, was dann nichts geworden ist. An all das erinnert die Bornstedter Kirche, wie die Friedenskirche in Potsdam, die Heilandskirche in Sacrow und die Kirche in Caputh, die ja auch eine Basilika ist, mit Campanile. Auch die Kirche in Saarmund ist eine Basilika. Das Thema Basilika ist natürlich in der ganzen Geschichte der Kirchbaukunst variiert worden, aber das Besondere ist hier, daß man versucht hat, im ursprünglichen Stil zu bauen, was in der Friedenskirche in Potsdam ganz besonders deutlich ist als Nachbau der Oberkirche von San Clemente in Rom. Dagegen ist Bornstedt nur eine kleine Tochter der großen Friedenskirche, eine bescheidene Dorfkirche, die dann entscheidend verändert wurde durch den Anbau von 1882.

M. R.: Da hatte die Kirche eine größere Bedeutung bekommen unter dem Kaiser Friedrich bzw. schon in der Zeit, als er Kronprinz war.

G. K.: Seine Kaiserzeit war so kurz, daß sie sich kaum auswirken konnte, aber der preußische Kronprinz hatte schon lange zuvor in Bornstedt gewirkt, weil er Gutsherr und Patron der Kirche war. Da er nicht zum Regieren kam, haben er und seine Frau sich sehr um das Dorf Bornstedt gekümmert. Sie haben die Bornstedter und die Eicher Kirche erweitern lassen und einen – soweit ich weiß – erstaunlich guten Kontakt zu der Bevölkerung gehabt. Es war natürlich so: Wenn der Kronprinz mit Familie zur Kirche kam, war die Kirche voll. Es soll dann vorgekommen sein, daß Prinzessinnen stehen mußten. Daraufhin wurde die Erweiterung der Kirche beschlossen. Dabei spielte sicher auch eine Rolle, daß der Kronprinz nicht ständig von Bittstellern belästigt werden wollte und darum einen Extraeingang brauchte, der auf diese Weise geschaffen wurde. Eine gewisse Distanz zu den übrigen Gottesdienst-Besuchern wurde durch den Einbau der Kronprinzenloge geschaffen, obwohl der Kronprinz sonst ständig betont hat, daß er vor Gott nichts anderes ist als jedes andere Gemeindemitglied auch. Er und seine Frau haben dann diesen Anbau intensiv vorangetrieben. Sie hat vor allem ihre Ideen beigesteuert, so daß der Altarraum, der mit der Kronprinzenloge angebaut wurde, in der Gestaltung stark an englische Kirchen erinnert. Der Taufstein ist eine Kopie aus einer Dorfkirche in Norfolk/England. Wir haben in der Kronprinzenloge das Wappen der kronprinzlichen Familie. Es ist tatsächlich etwas Besonderes, daß das preußisch-deutsche Kaiserwappen und das britische Wappen nebeneinander in einer deutschen evangelischen Kirche existierten, zusammen mit den Alliancewappen der Hohenzollernfamilie. Und dann wirkt wie ein besonderer Gruß aus England die Bemalung der Orgelpfeifen nach englischer Tradition. So etwas gibt es in Deutschland relativ selten und gewöhnlich in einem völlig anderen Stil. Die Kronprinzessin hat diese englische Tradition nach Bornstedt und Eiche gebracht. Wir haben 1988 eine Gedenkstunde zum 100. Todestag Kaiser Friedrichs gehalten, mit Unterstützung des damaligen Konsistorialpräsidenten Stolpe und des Generalsuperintendenten Bransch, zusammen mit englischen Gästen. Wir hatten einen englischen Organisten aus Rochester, Paul Hale, eingeladen, der englische Orgelmusik spielte und uns Dias von englischen Orgeln zeigte. Dann hatten wir den Pfarrer unserer britischen Partnergemeinde aus Leeds, David Miller, von der United Reformed Church hier und viele andere Gäste, auch Vertreter des Hauses Hohenzollern. Das war 1988 möglich. Durch Unterstützung von Michael Holcroft vom British Council konnten wir auch eine kleine Ausstellung über bemalte englische Orgeln zeigen. Dazu kam eine Ausstellung über das Leben Kaiser Friedrichs und seiner Familie, da er für Bornstedt zusammen mit seiner Frau viel getan hat. Neben dem Kirchenumbau haben sie eine neue Schule und ein Kinderheim gebaut. In Eiche haben sie die Kirche erweitert und innen neu gestaltet.

M. R.: Damit ist Bornstedt ein Vorreiter einer evangelisch-anglikanischen kirchlichen Beziehung geworden, wie wir sie in unserem Jahrhundert, seit wir vor wenigen Jahren durch die Erklärung von Meißen und deren feierliche Verkündigung in Westminster, London, und in der Kaiser-Wilhelm-Gedächtnis-Kirche in Berlin fast zur Kirchengemeinschaft gelangten, voll-

Kircheninneres, Blick auf die im englischen Stil bemalte Orgel.

21

ends entwickeln können. Daran sollte man gerade auch in Bornstedt immer festhalten.

G. K.: Ja, auch in Potsdam. Wir müssen sagen, im Luther-Jahr war es für uns ein ganz großes Erlebnis, daß zum ersten Mal zwei englische Kathedral-Chöre durch die DDR reisen konnten und auch in Potsdam gesungen haben und wir die jungen Sänger sogar in Privatquartieren unterbringen durften. Damals hatten wir hier Besuch von einem Pfarrer der Kathedrale von Canterbury, der unsere Konfirmanden über Canterbury informierte und uns auch ein Wappen von Canterbury hinterließ. Eigentlich hat das Luther-Jahr schon Entscheidendes dazu beigetragen, diese Beziehungen lebendig zu machen, und wir hoffen, daß sie sich weiter auswirken.

M. R.: In der Tat hatte sich der anglikanische Erzbischof Runcey in Canterbury gerade im Luther-Jahr 1983 neu mit Luther befaßt und den Anstoß gegeben zu gemeinsamen Kirchenverhandlungen, die zur Unterzeichnung der Erklärung von Meißen geführt haben. Da Bornstedt so mit dem englischen Königshaus durch die Kaiserin Friedrich, vormalige Prinzessin Victoria, verbunden ist, sollte man eigentlich versuchen, im PotsTausend-Jahr eine Vertretung des englischen Königshauses und der englischen Kirche hier nach Bornstedt einzuladen.

G. K.: Nun muß man natürlich sagen, auch andere Kirchen haben Beziehungen nach England, nicht nur Bornstedt, z. B. Geltow. Der Kronprinz hat zusammen mit seiner Frau den Bau der Kirchen in Geltow und Golm betrieben. Seine Frau hat ihm, als er schon todsterbenskrank war, in der Kirche von Geltow „Lobe den Herrn" auf der Orgel vorgespielt. Es gibt in der Geltower Kirche auch eine Gedenktafel für Kaiser Friedrich. In dem Altarraum der neuen Kirche in Golm ist Kaiser Friedrich und seine Frau in einer biblischen Darstellung zu erkennen. Es gibt also über Bornstedt hinaus noch Zeugnisse aus dieser Zeit, in der Kaiser Friedrich mit seiner Familie hier in Potsdam lebte und sich sehr um die Umgebung kümmerte.

M. R.: Aber in Bornstedt ist noch ein besonderes Erinnerungsstück, die Traubibel.

G. K.: Da er mit der Bornstedter Kirche eben besonders verbunden war und mit der Eicher Kirche auch, hat er die Bibel, die die Berliner Pfarrer 1858 dem Kronprinzenpaar zur Hochzeit überreicht hatten, zur Silberhochzeit der Bornstedter Kirche geschenkt mit Widmungsschrift des Kronprinzenpaares und seiner damals anwesenden Kinder. Und das Deckblatt der Berliner Pfarrer, die diese Bibel dem Kronprinzenpaar widmeten, und ihre Inschrift sind nun eine interessante Einheit geworden, zumal diese Bibel äußerlich in der Gestalt des Rathmann-Codex aus Hildesheim gestaltet worden ist.

M. R.: Bevor wir auf den Friedhof mit seinen vielen Berühmtheiten zu sprechen kommen, wollen wir über die Gemeinde reden. Die Gemeinde, obwohl Jahrhunderte Filialgemeinde von St. Katharinen (später St. Nikolai) Potsdam, und dann kurze Zeit der durch Friedrich Wilhelm IV. erbauten Friedenskirche, verdankt dem Kronprinzen ihre Selbständigkeit?

G. K.: Nicht ganz, die Selbständigkeitsbemühungen haben nicht unbedingt mit dem Kronprinzen zu tun, da haben auch noch andere Aspekte mit reingespielt. Die Gemeinde war aber von ihrer Selbständigkeit zunächst gar nicht beglückt, denn Bornstedt war ein kleines, armes Dorf, zwar flächenmäßig groß, aber mit relativ wenig Bewohnern. Als die Gemeinde kirchlich selbständig wurde, wurden nur die eingekircht, die nicht am Hofe dienten. Das waren eigentlich nur ein paar Kossäten und ein paar einfache schlichte Leute, die nicht viel Geld hatten und sich weigerten, beim Bau des Pfarrhauses Hilfestellung zu leisten.

M. R.: ... und auch keine „schwarze Polizei" wollten?

G. K.: ... weil sie es als Überforderung der armen Gemeinde betrachteten. Für den ersten Pfarrer, der in dieser selbständig gewordenen Gemeinde arbeiten mußte, Pfarrer Preiß, war es ein hartes Leben. Und auch für seinen Nachfolger, Pfarrer Pietschker, der nur dadurch eine Erleichterung seiner Situation erlebte, daß er eine Tochter von Werner von Siemens heiratete und also finanzielle Hilfe bekam, um das Pfarrhaus bewohnbar zu machen. Er hat dann den Anbau der Kirche erlebt, unter dem späteren Kaiser Friedrich und der Kaiserin Friedrich, vor denen er sehr viele Predigten zu halten hatte. Er hatte die Hoffnung, einmal Hofprediger zu werden, wenn der Kronprinz Kaiser wird, aber durch den frühen Tod des Kaisers sind alle diese Hoffnungen zunichte geworden.

M. R.: Der ja eigentlich als „liberaler" Kaiser erhofft wurde, so daß viele auch eine Liberalisierung im Inneren von ihm erwarteten.

G. K.: Im Inneren eine Liberalisierung und in der Außenpolitik ein gutes Verhältnis zu England. Nun ist es natürlich immer schwierig zu sagen, „was wäre wenn". Auf jeden Fall war er von Bismarck als eine ständige Bedrohung seiner Politik empfunden worden, und vor allem auch die Kronprinzessin. Da gab es so etwas wie eine „Intimfeindschaft": Bismarck hatte dafür gesorgt, daß der Kronprinz völlig aus der Politik ausgeschaltet wurde. Ihm wurde nur Kunst und Kultur überlassen, seit er den Mut gehabt hatte, die preußische Pressezensur in Danzig öffentlich zu kritisieren. Und so hat er sich z. B. sehr verdient gemacht um den Aufbau des später nach ihm benannten Kaiser-Friedrich-Museums in Berlin und des Observatoriums hier in Potsdam. Seine Frau hat sich auch für das Krankenhauswesen und für soziale Fragen interessiert. Sie hat sich sogar intensiv mit Karl Marx beschäftigt und das „Kapital" gelesen. Sie war vielen Fragen der damaligen Zeit gegenüber sehr offen und aufgeschlossen.

M. R.: Sie kannte ja vielleicht Engels' Buch „Über die Lage der arbeitenden Klassen in England" (es war 1845 erschienen), und Karl Marx bezog sich ja bei seiner Theoriebildung auf die Verhältnisse in London, die er bestens kannte, da er bis zu seinem Tode 1883 dort lebte, nachdem er unter Friedrich Wilhelm IV. nach der Revolution aus Preußen, aus Köln, ausgewiesen worden war. Schon das „Kommunistische Manifest" hatte er 1848 im Auftrag des Londoner „Bundes der Kommunisten" veröffentlicht.

G. K.: Sie hat sich all diesen Fragen durchaus gestellt, und darum war die Gestalt des Kronprinzen und vor allem auch seine Frau, die bei vielen als die energischere und intelligentere galt, für Bismarck lange Zeit so etwas wie eine ständige Bedrohung seiner Politik. Der frühe Tod des Kaisers, der sein Programm nicht mehr umsetzen konnte, hat dann eine Entwicklung ermöglicht, die tragische Folgen hatte, unter denen wir in gewisser Hinsicht heute noch leiden.

M. R.: Als Friedrich gestorben war, wie ging es mit der Kaiserin Friedrich weiter?

G. K.: Der Sohn hielt seine Mutter für eine englische Agentin. Als der Kaiser im Sterben lag, hat er das Neue Palais absperren lassen von ihm ergebenen Soldaten. Er fürchtete, daß seine Mutter wichtige Dokumente nach England schmuggeln könnte. Auf unserem Friedhof liegt ein späterer General, der damals das Neue Palais mit abzusperren hatte. Dies zeigt, daß der spätere Kaiser Wilhelm II. ein sehr ambivalentes Verhältnis zu seiner Mutter hatte. Sie hatte einen umfangreichen Briefwechsel mit ihrer Mutter Queen Victoria gehabt, und der Kaiser hatte ein gutes Verhältnis zu seiner Großmutter, aber ein relativ gespanntes zu seiner Mutter. Sie war in Potsdam nicht mehr gern gesehen. Es gelang ihr, in Friedrichshof bei Kronberg im Taunus, sich einen neuen Wohnsitz zu schaffen, wo sie 1901, im selben Jahr wie ihre Mutter, an Krebs gestorben ist. Wissend um ihren nahen Tod hat sie den Besuch ihres Bruders Eduard genutzt, um dessen Privatsekretär, Sir Frederik Ponsonby, ihrem Patenkind, 2 große Kisten mit ihren Briefen anzuvertrauen. Da sie mit der Aufschrift „Vorsicht Porzellan", bzw. „Vorsicht Bücher" auf dem Flur abgestellt wurden, entgingen sie der scharfen Kontrolle des Kaisers. Die Briefe galten 27 Jahre als verschollen und erschienen erst 1929 mit einm Vorwort Wilhelms II. in deutscher Übersetzung und noch später mit einem Bericht Ponsonbys über ihre Rettung. Über das Leben der Kaiserin Friedrich gibt es übrigens unter dem Titel „Victoria, Kaiserin für 99 Tage" ein Buch des englischen Historikers Andrew Sinclair.

M. R.: Wie ging es mit Bornstedt weiter in der Zeit Wilhelms II.?

G. K.: Im Gegensatz zu seinem Vater ist Wilhelm II. nie so intensiv mit Bornstedt befaßt gewesen, aber die Nähe von Sanssouci hat natürlich dazu geführt, daß der Kaiser und die kaiserliche Familie hier oft vorbeikamen, und er hat dafür gesorgt, daß wichtige Reparaturarbeiten an der Kirche durchgeführt wurden – die Terrakottatürmchen Friedrich Wilhelms IV. wurden seinerzeit erneuert –, und er hat auch dafür gesorgt, daß der Friedhof instand gehalten wurde. 1864 wurde der alte Kirchhof um die Kirche geschlossen und erst wieder in Betrieb genommen, als der enge Vertraute Wilhelms I., Emil von Albedyll, Chef des Militärkabinetts, beizusetzen war. Dann begann eine für den alten Kirchhof gefährliche Periode, weil nun viele Grabstellen abgeräumt und durch neuere ersetzt wurden. Für mich selber bewegend ist, daß wir aus der Zeit des 1. Weltkrieges viele Grabstellen haben, z. B. einen Grabstein der Familie von Sell, der bezeugt, daß von vier Söhnen des Generals von Sell drei gefallen sind. Wir sehen auch auf anderen Teilen des Friedhofes, wie ungeheure Opfer der 1. Weltkrieg gekostet hat.

M. R.: Damit sind wir ja bereits auf dem Friedhof angelangt.
G. K.: Für mich ist es sehr beeindruckend, daß es nach dem 1. Weltkrieg einen Amerikaner gab, Prof. Henry Wood, der in eine Potsdamer Offiziersfamilie eingeheiratet hatte und die Quäkerspeisung entscheidend mit in Gang gesetzt hat, die nach dem 1. Weltkrieg eine große Bedeutung hatte für die ausgehungerten deutschen Kinder. Henry Wood hat auf dem Bornstedter Friedhof dicht neben der Kirche sein Grab gefunden, und seine Frau, eine geb. von Kretschmann, liegt in Amerika auf einem Quäker-Friedhof begraben. Aus dieser Familie von Kretschmann stammt auch die Frau des ehemaligen Bundespräsidenten Richard von Weizsäcker.

M. R.: Der mit ihr schon auf dem Bornstedter Friedhof war. Kommen wir hier zu einer Auswahl weiterer wichtiger Gräber.
G. K.: Wir haben auch das Grab eines Mannes auf unserem Friedhof, der sich als Kunsthistoriker einen Namen gemacht hat, Hans Mackowsky. Er hat ein hübsches Buch geschrieben, „Häuser und Menschen im alten Berlin". Da hat er die These aufgestellt, daß die erste Zerstörung Berlins nach 1870 begann, als Berlin Reichshauptstadt wurde und man die alten Häuser und Paläste in der Innenstadt abriß, um sie durch Banken und Hotels zu ersetzen. Hans Mackowsky war u. a. ein großer Schadow-Experte, und auf seinem Grabstein ist ein Relief, das Schadow entworfen hat, eine bibellesende Frau, zu sehen. Dies Relief befand sich am Pfarrhaus der Friedrich Werderschen Kirche, das im Krieg zerstört wurde. Ein anderer berühmter Kunsthistoriker, der Geheimrat Ludwig Justi, ist auf dem neueren Teil unseres Friedhofs begraben. Er hatte schon mit Kaiser Wilhelm II. Schwierigkeiten...

M. R.: ...der sich ja grob abfällig über moderne Kunst geäußert hat...
G. K.: ...und erst recht unter den Nazis. Seine berühmte Expressionismus-Sammlung im Kronprinzenpalais wurde als „entartete Kunst" beseitigt. Nach dem 2. Weltkrieg hatte er große Verdienste um den Wiederaufbau der Berliner Museen.
Dann haben wir auf dem Friedhof auch das Grab eines sehr umstrittenen Generals, des Generals Erich von Falkenhayn, der im 1. Weltkrieg eine große Rolle spielte und der auf deutscher Seite bei Verdun der Kommandieren-

de General war und verantwortlich gemacht wurde für die ungeheuerlichen Verluste von 700 000 Mann (Verwundete und Tote). Er wurde dann abgelöst und mit neuen Aufgaben betraut. Mit großem Erstaunen habe ich im Kirchenbuch entdeckt, daß eine Tochter des Generals von Falkenhayn 1926 in der Bornstedter Kirche mit Henning von Tresckow getraut wurde. Er war später einer der Aktivsten im militärischen Widerstand gegen Hitler. Seine Frau hat ihn tatkräftig unterstützt. Sie hat in seinem letzten Urlaub zusammen mit ihrer Freundin, Margarethe von Oven, die „Walküre"-Einsatzpläne getippt, aus Sicherheitsgründen mit Handschuhen an den Händen. Wir haben dann neben dem Grabmal des Generals von Falkenhayn 1987 mit Hilfe der Potsdamer Denkmalspflege einen kleinen Gedenkstein für Henning und Erika von Tresckow und den 20. Juli 1944 gesetzt. Damals war es der erste Gedenkstein für Henning von Tresckow in Potsdam. Inzwischen gibt es eine Tresckow-Straße und jetzt neuerdings eine Henning von Tresckow-Kaserne in Geltow, aber damals war das ein Zeichen der Neubesinnung auf die Bedeutung des 20. Juli für Potsdam.

M. R.: Diese Verbindung Falkenhayns durch die Tochter mit Tresckow zeigt ja auch eine innere Entwicklung im deutschen Militär, zumindest in gewissen Kreisen des Militärs. Falkenhayn, der Durchhaltekämpfer, der so viele Tote in Kauf nahm in Verdun, und dann die Tochter, die im Widerstand mitkämpft zugunsten einer Beendigung des Kriegs, wodurch noch ungeheuer viele Menschenleben auf allen beteiligten Seiten hätten gerettet werden können.

G. K.: Es ist für mich überhaupt das Phänomen des Widerstandes in Deutschland, daß Konservative und auch Militärs, die aus einer ganz anderen Tradition kamen, fähig wurden, zur Opposition gegen Hitler überzugehen und sich aktiv am Sturz Hitlers zu beteiligen. Schon 1938 gehörte der Divisionskommandeur Potsdams, von Brockdorff-Ahlefeld, zu den Leuten, die Hitler stürzen wollten, wenn er in die Tschechoslowakei einmarschiert. Er stand damals an der Seite der Generäle Beck, Hoepner und von Witzleben, und schon damals war der Oberst Paul von Hase, Bonhoeffers Onkel, einbezogen. Sie hatten klar erkannt, wenn Hitler in die Tschechoslowakei einmarschiert, gibt es einen 2. Weltkrieg, und das wollten sie mit allen Mitteln verhindern. Nur der Erfolg Hitlers in München, von wo er als scheinbarer Friedensheld zurückkehrte, hat dann diesen Coup verhindert. Es ist wichtig, darauf hinzuweisen, daß damals der Potsdamer Divisionschef und damit indirekt auch das berühmte IR 9 engagiert war am Versuch, Hitler zu stürzen. Kein deutsches Regiment hat so viele Offiziere im Kampf gegen Hitler gestellt, wie das Infanterieregiment IR 9 in Potsdam, aus dem neben Tresckow noch mehr als 20 weitere Offiziere kamen. Aber Bornstedt ist eben dadurch mit Tresckow besonders verbunden, daß er in der Bornstedter Kirche getraut wurde, weil seine Frau in Lindstedt wohnte, wo ihr Vater im Ruhestand seinen Wohnsitz hatte. Bornstedt selbst hat auf dem Friedhof noch einige andere Hinweise auf den 20. Juli. Der einzige überlebende Sohn des Generals von Sell, Ulrich von Sell, war ein enger Vertrauter Kaiser Wilhelms. Er war später in Doorn sein Privatschatullenverwalter. Ulrich von Sell wohnte in Niemöllers Gemeinde und hat sich auch beim Prozeß Niemöllers als Zeuge zur Verfügung gestellt. Die Familien haben sich gegenseitig geholfen, und er stieß dann zu den Leuten vom 20. Juli. Er hat deswegen 9 Monate Einzelhaft erlitten. Er wurde während der Luftangriffe in der Zelle eingeschlossen und durfte nicht in den Keller. Er kam frei kurz vor Kriegsende und wurde dann von den Russen neu verhaftet. Kurz vor Weihnachten ist er am 12. 12. 45 im Lager Jamlitz bei Lieberose umgekommen.[*]

M. R.: Es wurde dadurch deutlich, daß in der nächsten Umgebung auch Wilhelms II., der doch sehr stark auf die nationalsozialistische Bewegung gesetzt und sich erhofft hatte, auf den Thron zurückgerufen zu werden, Männer des Widerstands waren.

G. K.: Damals war es nicht eigentlich Widerstand. Es gibt die nette Geschichte, daß Sell einen solchen Einfluß auf den Kaiser hatte, daß die zweite Frau des Kaisers, Hermine, ihrem Mann eines Tages erklärte: „Du mußt wählen zwischen mir und Sell." Er soll darauf erklärt haben, dann wähle er Sell. Sell gehörte zu den Leuten, die die Nazis sehr früh richtig einschätzten und sich keine Illusionen machten über deren Bereitschaft, die Monarchie wiederherzustellen. Darum hatte er seine Schwierigkeiten mit Hermine, die lange Zeit hoffte, daß Hitler die Monarchie wieder aufbaut, und es ist ja auch überliefert, daß die Informationen Sells, die er dem Kaiser über die Judenverfolgung gegeben hat, dazu geführt haben, daß er zeitweise seinem Sohn August Wilhelm ein Redeverbot erteilt hat. Der Kaiser selbst wurde durch Sell ständig auf dem laufenden gehalten über das, was in Deutschland passierte. Sell ist oft über die Grenze nach Holland gefahren und wurde scharf kontrolliert. Sein Dienstsitz war in Berlin das Niederländische Palais. Bis zur Ausbombung war das auch der Dienstsitz von Kurt von Plettenberg, der als Hofkammerpräsident des Hauses Hohenzollern während des Krieges fungierte. Er wurde nach der Zerstörung dieses Niederländischen Palais nach Cecilienhof Potsdam versetzt und dort noch im März 1945 verhaftet, weil man eine Verabredung mit Stauffenberg fand. Kurt von Plettenberg gehörte zu den Leuten, die schon sehr früh dem Widerstand nahestanden, der sehr viel wußte. Er hat einmal geäußert, daß man vom Niederländischen Palais eigentlich sehr gut zur Neuen Wache Einblick hat und zur Not also von dort aus auch schießen könnte. Aber die Rücksicht auf das Haus Hohenzollern und auf die Tradition, in der er aufgewachsen ist, haben ihn vor aktiven Handlungen zurückgehalten. Kurz vor Ende des Krieges hat er sehr deutlich August Winnig gegenüber bei einem Gespräch im Neuen Garten seine Sicht des gescheiterten Attentats dargelegt. August Winnig hat

---

[*] Nach einer neuentdeckten sowjetischen Quelle: 12. 11. 1945

später in seiner Selbstbiographie in der Widmung auch Plettenberg erwähnt. Kurt von Plettenberg wurde verhaftet, in die Prinz-Albrecht-Straße gebracht und sollte dort zu Aussagen gezwungen werden. Aus Sorge, er könnte unter der Folter Namen nennen, hat er zwei Beamte niedergeboxt und sich aus dem Fenster gestürzt. Fabian von Schlabrendorff hat das miterlebt und in seinem Buch „Offiziere gegen Hitler" auch geschildert. Erstaunlicherweise hat Kurt von Plettenberg eine Grabstelle in Bornstedt bekommen, und der Hofprediger Doehring durfte die Trauerfeier halten. Es durfte natürlich nichts darüber bekannt werden. Es wurde festgelegt, daß nur drei Kränze niedergelegt werden dürfen. Aber auf diese Weise hat der Bornstedter Friedhof eines der ganz wenigen Gräber von Beteiligten am 20. Juli. Die anderen haben wohl alle wie Tresckow das Schicksal gehabt, daß man sie verbrannte und ihre Asche verstreute. Tresckow wurde zunächst als gefallener deutscher General mit militärischen Ehren in Wartenberg/Neumark in der Familiengrabstätte beigesetzt. Einige Wochen nach seinem Tod wurde ein Kommando aus Sachsenhausen losgeschickt, mußte den Sarg ausbuddeln, der Sarg wurde nach Sachsenhausen gebracht. Schlabrendorff mußte die Leiche Tresckows identifizieren. Dann wurde sie ins Krematorium gebracht und die Asche verstreut. Das war das Schicksal all derer, die wegen Beteiligung am 20. Juli umgebracht wurden.

M. R.: Sie haben in der Zeit, als in der DDR ein Gedenken an den Widerstand aus den konservativen oder adligen Kreisen noch unerwünscht war, angefangen, dieses Gedächtnis zu pflegen.
G. K.: Das kann man so nicht sagen. Als wir damals anfingen, war auch in der DDR schon der 20. Juli in neuer Sicht deutlich geworden. Es gab hier in Potsdam den Prof. Finker und den Oberst von Witzleben. Es gab in der DDR zwei Bücher Finkers, eins über Stauffenberg und eins über den Kreisauer Kreis. Aber es war so, daß z. B. in dem Potsdamer Museum die Arbeiterwiderständler mit Porträt dargestellt waren und die vom 20. Juli nur mit Namen. Wir sind eigentlich durch das Grab Plettenbergs auf dem Bornstedter Friedhof dazu gekommen, des 20. Juli zu gedenken und waren dann überrascht, daß wir nach dem Namen Plettenberg auch auf den Namen von Sell stießen und auch noch auf andere Namen von Beteiligten am 20. Juli. Es gibt auch eine Gedenktafel für Georg Potente, den von den Nazis abgesetzten Hofgärtner, der verwandtschaftlich mit einem führenden Mann des 20. Juli eng verbunden war – Generaloberst Erich Hoepner. Potente hat sich das Leben genommen, als er als armer Flüchtling wieder nach Potsdam kam.
Wir haben inzwischen auch eine Gedenktafel für Ernst von Harnack auf unserem Bornstedter Friedhof auf dem Grab einer Familie, die freundschaftlich mit ihm verbunden war (von Heeringen). Es tauchten noch andere Namen auf unserem Friedhof auf, deren Träger am 20. Juli beteiligt waren, z. B. der Name von Gottberg. Helmuth von Gottberg hat mitgeholfen, den Sprengstoff zu beschaffen. Wir haben dann seit 1984 in unserer Kirche um

den 20. Juli herum Angehörige eingeladen und sie gebeten zu berichten über das, was sie erlebt hatten. Der Sohn Plettenbergs war da und Sohn und Tochter Ulrich von Sells waren hier. Die Tochter Ulrich von Sells wurde ja später Martin Niemöllers zweite Frau. Sie hat auch berichtet, wie sie ihren Vater im Gefängnis besucht hat. Es war mir sehr eindrücklich, daß sie erzählte, daß ein wie ein Teufel aussehender SS-Mann sie gefragt hätte: „Haben Sie auch noch für andere Gefangene etwas zu essen? Hier brauchen auch andere, die keine Angehörige haben, dringend Hilfe." Dieser Mann ist dann später umgebracht worden, weil er so hilfsbereit und menschlich war. Auch Henning von Tresckows Tochter und Sohn berichteten über ihr Erleben. Emmi Bonhoeffer, die Witwe Klaus Bonhoeffers und Schwägerin Dietrich Bonhoeffers, konnte durch die Aktivität unserer Kirchenältesten, Frau Dr. Ruth Bork, zur Mitwirkung an zwei eindrucksvollen Gedenkveranstaltungen gewonnen werden. Durch das Auftreten von Frau Rosemarie Reichwein ist auch der Kreisauer Kreis um den Grafen Helmut James von Moltke bekanntgemacht worden. Moltkes letzte Briefe gehören zu den großartigsten Glaubenszeugnissen unserer Zeit. Der Name Adolf Reichwein steht für den sozialdemokratischen Flügel des Kreisauer Kreises und für die religiösen Sozialisten, von denen man in der DDR-Öffentlichkeit wenig wußte. Übrigens haben wir zwar 1984 des Barmer Synodalen Gotthold Funke gedacht ohne zu beachten, daß auch zwei Angehörige des Brandenburgischen Bruderrats der Bekennenden Kirche auf unserem Friedhof begraben sind: Anni von Gottberg und Friedrich von Falkenhausen, der auch Dante-Forscher war. Im Namen des Potsdamer Kirchentags sollten nun bei einer Friedhofsführung Blumengebinde an ihren Gräbern niedergelegt werden.

Ich muß auch sagen, daß der Neffe des Generals von Witzleben, Jobst von Witzleben, aus seiner Sicht einen eindrucksvollen Vortrag gehalten hat über die Bedeutung Potsdams für den 20. Juli 1944 und den Widerstand gegen Hitler. Er hat damals schon vorgeschlagen, daß man an den verschiedenen Häusern Gedenktafeln anbringen sollte, um den vielen Touristen deutlich zu machen, daß Potsdam eben nicht nur die Stadt des Tages von Potsdam und des preußischen Militarismus ist, sondern eben auch im Widerstand gegen Hitler eine ganz besondere Rolle gespielt hat.

M. R.: Es gab ja schon eine gewisse Widerstandstradition, wenn man so sagen will, aus der Kaiserzeit, die mit dem Namen des Pfarrers Johannes Lepsius und seines Mitarbeiters Richard Schäfer verbunden ist, der auch auf dem Friedhof hier liegt.

G. K.: Erst als Richard Schäfers Tochter starb und ich Texte aus ihrem Nachlaß bekam, erfuhr ich von dem Lebenswerk dieses wichtigen Mitarbeiters von Pfarrer Lepsius, der schon in der Jahrhundertwende eine Teppichfabrik als Arbeitsstätte für armenische Witwen und Waisen aufgebaut hat. Erst recht hat er während des 1. Weltkrieges versucht, den verfolgten Armeniern zu helfen, als solche Aktivitäten in Deutschland nicht gern gesehen wurden.

M. R.: ...wegen des Kriegsbündnisses des Deutschen Reichs mit der Türkei...

G. K.: Und er hat es fertiggebracht, eben gegen die Wünsche der damaligen deutschen Regierung Informationsschriften an die Pfarrämter zu verteilen über die Greuel, die die verbündeten Türken an den Armeniern verübt hatten. Es gehört zu den großen Leistungen von Lepsius, diese Informationen mitten im 1. Weltkrieg zu verbreiten, und es gehört zu dem schlimmen Erbe, das wir zu verarbeiten haben, daß man schon im 1. Weltkrieg, als wir scheinbar eine „christliche Regierung" hatten, unliebsame Nachrichten nicht gerne hörte und zu unterdrücken versuchte.

M. R.: Richard Schäfer hatte einen großen Anteil an der Bewerkstelligung des geheimen Versandes der Schrift „Todesgang des armenischen Volkes". Es gelangte durch seinen Einsatz in fast alle deutschen Pfarrämter, so daß über die Kanzeln die Verbrechens-Nachrichten doch verbreitet werden konnten. Die Sendung an die Reichstagsabgeordneten wurde aber abgefangen. Karl Liebknecht hat sie erreicht, der daraufhin im Reichstag eine Anfrage an die Reichsregierung richtete.

G. K.: Dicht neben Schäfer liegt auf unserem Friedhof Gottlieb von Jagow begraben, der damals Staatssekretär im Auswärtigen Amt war. Er hat sein Amt niedergelegt aus Protest gegen die Einführung des unbegrenzten U-Boot-Krieges. Es gab das auch in Preußen, daß Leute ihrem Gewissen folgten und also auf ihre Karriere verzichteten, weil sie wichtige Entscheidungen nicht mittragen konnten.

M. R.: Und ein andrer Prominenter auf Ihrem Friedhof hat während des 1. Weltkriegs versucht, zu Friedensverhandlungen zu kommen, was damals auch unerwünscht war.

G. K.: Möglicherweise ist es der Generaladjutant Wilhelms II. und Chef des Militärkabinetts, Moritz von Lynker. Und demnächst wird eine Biographie Falkenhayns erscheinen, die sicher viele Dinge sehr viel deutlicher machen wird im Verhalten Falkenhayns. Man ist immer in Gefahr, wenn man sich kurz fassen muß, Informationen zu verbreiten, die nur eine Teilwahrheit darstellen. Diese neue Biographie über Falkenhayn* wird sicher vieles auch von der Rolle Lynkers, Ludendorffs und Hindenburgs deutlich werden lassen, was sehr wichtig zur Aufarbeitung dieser Zeit ist. Mir wird immer mehr deutlich, daß man sehr schnell verzeichnen kann, weil man nicht genügend Informationen hat.

Für mich ist da auch der Name Mirbach sehr wichtig. Ernst von Mirbach war ein enger Mitarbeiter der Kaiserin Auguste Viktoria bei ihrem Kirchenbauprogramm, das zur Errichtung von ca. 300 Kirchen vor allem in Großstädten

---

* Zwischenzeitlich erschienen: Holger Afflerbach, Falkenhayn: Politisches Denken und Handeln im Kaiserreich, München 1994 (Beiträge zur Militärgeschichte Bd. 42)

führte. Und eine Verwandte Mirbachs, die hier in Potsdam lebte, Maimi von Mirbach, ist eine der ganz wenigen Personen aus Brandenburg, die in Israel den Titel „Gerechte der Völker" bekommen hat. Sie hat in der Nazizeit versucht, Juden zu helfen. Sie hat einen Teil ihres Schmucks geopfert, um Leuten die Ausreise zu ermöglichen, und sie hat dann den Mut gehabt, eine halbjüdische Pianistin in ihrem Haus aufzunehmen und bis zuletzt zu verstecken und hat damit das KZ riskiert. Sie hat vielen Menschen Hilfestellung geleistet und auch praktische Arbeit für die Bekennende Kirche getan mit Hektographieren von Schreiben und von Schriften der Bekennenden Kirche in ihrem Haus, obwohl sie einen ganz überzeugten Naziverwandten hatte. Sie hat dann drei Kinder aus der Verwandtschaft, die ihre Eltern verloren hatten, mit aufgenommen und versorgt. Der Name Maimi von Mirbach ist für mich also ein ganz wichtiger Name für Potsdam. Sie liegt nicht auf unserem Friedhof begraben, sie ist nach West-Berlin umgesiedelt und dort 1984 gestorben. Die Namen Ernst und Maimi von Mirbach symbolisieren wichtige Abschnitte unserer Berlin-Brandenburgischen Gschichte und unserer deutschen Geschichte.

M. R.: Frau von Schilling hat bei Ihrer letzten Gedenkveranstaltung zum 20. Juli von einer weiteren mutigen Potsdamer Bürgerin erzählt, im Zusammenhang mit ihrer Erfahrung bei der Vorbereitung des 20. Juli und ihren vielschichtigen Verbindungen bis in das preußische Königshaus hinein.
G. K.: Nachträglich wird einem manches deutlich, was wir in der DDR-Zeit nicht so genau wußten, nämlich wie gespalten die Familien waren. Es gab in vielen Fällen ganz überzeugte Antinazis und ganz überzeugte Nazis, und zu den überzeugten Antinazis gehörte auch der Onkel von Frau von Schilling, Hans-Carl Graf von Hardenberg. Das Gut Neuhardenberg war ein wichtiger Treffpunkt der Opposition. Hardenberg war ein guter Freund von Kurt von Plettenberg, und auch Stauffenberg ist dort in Neuhardenberg sehr oft zu Besuch gewesen. Der Graf Hardenberg hatte sich mit Plettenberg darauf verständigt, „wenn wir verhaftet werden, werden wir uns das Leben nehmen, damit man aus uns keine Informationen erpressen kann". Als er verhaftet wurde – zusammen übrigens mit seiner Tochter, die nach meinem Wissen eine Verlobte Werner von Haeftens war, der mit Stauffenberg zusammen erschossen wurde –, hat er versucht, sich das Leben zu nehmen und sein Herz nicht getroffen. Er kam in das KZ Sachsenhausen und überlebte, weil die Nazis erklärten, „das Schwein muß am Leben bleiben, aus dem müssen wir noch einiges herauskriegen". Und damals hat ein kommunistischer Krankenwärter aus Neuhardenberg ihn mitgepflegt, so daß eine Verbindung geschaffen wurde zwischen dem Feudalherren Hardenberg und einem seiner Gutsmitarbeiter, einem überzeugten Kommunisten, und damit deutlich wurde, daß es eine gemeinsame Basis im Widerstand gab. Hardenberg wurde später derjenige, der das Hilfswerk 20. Juli entscheidend mit aufgebaut hat, denn jahrelang waren die Witwen und Waisen auch in der Bundesrepublik keines-

wegs hoch im Kurs. Viele hatten schwere Schicksale auszuhalten und waren auch materiell sehr schlecht versorgt. Als Hardenberg auf dem Sterbebett lag, hatte er den Wunsch, in seinem Heimatort beigesetzt zu werden. Damals erklärte der kommunistische Bürgermeister – der Ort war ja inzwischen in Marxwalde umbenannt – „wir sind die Feudalherren los, wir wollen auch nicht ihre Asche". So konnte die Urne erst jetzt nach der Wende in Neuhardenberg beigesetzt werden. Und nach der Wende konnte auch in der Neuhardenberger Kirche eine Gedenktafel für ihn angebracht werden. Als wir hier für Kurt von Plettenberg einen richtigen Grabstein, nachdem das Holzkreuz verwittert war, aufstellten, waren auch Angehörige der Familie Hardenberg und Angehörige des Hauses Hohenzollern zugegen.

Aber es gab eben, das darf man auch nicht leugen, bis in die höchsten Kreise hinein, Leute, die von Hitler viel erwarteten bis zuletzt. Und andererseits gab es neben dem Widerstand der Arbeiterbewegung gerade auch im hohen Adel sehr viele Feinde Hitlers. Aber mich hat es sehr beeindruckt, daß Ludwig von Hammerstein bei der Gedenkfeier am 20. Juli 1992 sagte, neben den bekannten Namen stehen die vielen Namen der kleinen Leute, die keiner kennt, die eine ganz große Rolle spielten im Widerstand und bei der Rettung von Menschen des Widerstandes. So ist Ludwig von Hammerstein, soweit ich weiß, von „Laubenpiepern" versteckt worden. Wie auch viele Juden in Berlin als sogenannte „U-Boote" zum Teil von „Laubenpiepern" versteckt wurden oder von anderen Leuten, die den Mut hatten, ihr Leben zu riskieren, um Juden zu retten. Eigentlich müßte man über diese einfachen Leute viel mehr reden, als das bisher geschieht. Und ich glaube, daß Ludwig von Hammerstein mit diesem Hinweis auf die große Rolle der unbekannten kleinen Leute ein ganz wichtiges Ausrufezeichen gesetzt hat.

M. R.: Vielleicht gibt es auch in Potsdam noch solche Leute, die man bekanntmachen muß, weil sie von sich aus nicht in die Öffentlichkeit kommen, und man sollte sie auch befragen und hören.

G. K.: Ja, ich glaube, es ist ein Stück der preußischen Tradition, die da heißt, mehr sein als scheinen, daß viele von denen sich zu sehr zurückhalten und man darum viele gar nicht kennt. In Berlin ist mir einmal bei einem Vortrag eine Frau, Waltraud Mehling, begegnet, die als Kind von ihren Eltern auf den jüdischen Friedhof geschickt wurde, um dort versteckten Juden Lebensmittel auf geschickte Weise hinzustellen. Ich glaube, daß noch manches zu erforschen ist. Gerade die Rolle der sogenannten „kleinen Leute" kann man gar nicht hoch genug veranschlagen. Eine Menge Vorarbeit wurde durch die Gedenkstätte Deutscher Widerstand in Berlin getan, z. B. mit den Heften, die sie über einige Berliner Bezirke herausgebracht hat. Hier verbinden sich die Bemühungen der Bornstedter Kirchengemeinde mit der Zielstellung des Widerstandsmuseums, dem Vergessen zu wehren und dem Unrecht und der Unmenschlichkeit auch künftig zu widerstehen.

In der Bornstedter Kirche gußeiserne Darstellung des Antlitzes Christi
mit Dornenkrone, umrahmt von Szenen aus seinem Leben (große Reliefs)
und Leiden (kleine Reliefs).

Andreas Kitschke

125 Jahre Kirche zu Bornstedt[*]
1856 – 1981

Vorgeschichte

Erstmals erwähnt wird Bornstedt 1304 auf einer Urkunde über den Verkauf einer Lehmgrube an den Potsdamer Rat. Das ursprüngliche Straßendorf (an der heutigen Ribbeckstraße) erfährt nach 1843 eine wesentliche Erweiterung durch Bebauung der Potsdamer Straße (nach Bornim).

Der „Große Kurfürst" Friedrich Wilhelm kauft 1664 die drei inzwischen zusammengelegten Rittersitze der Familien Ribbeck und von der Groeben und übergibt sie dem Amt Potsdam. 1734 geht das Gut an das Militärwaisenhaus Potsdam zum Unterhalt der Kinder. Friedrich Wilhelm IV. erwirbt es 1844 als „Kronfideikommißgut" (unveräußerlicher Familienbesitz) und läßt nach einem Brand 1846 die Gebäude in italienisierenden Formen neu erbauen. Die Wohnhäuser im Ort werden im wesentlichen um die Jahrhundertwende neu erbaut. Seit 1935 ist Bornstedt ein Stadtteil von Potsdam.

Kirchlich versorgt wird Bornstedt seit 1500 von der Potsdamer Marienkirche (später Katharinenkirche, heute St. Nikolai). 1848–1860 ist es mit Nedlitz Filia der Friedenskirche in Sanssouci und hat seitdem einen eigenen Pfarrer, der auch für das Dorf Eiche zuständig ist.

Ein erstes Gotteshaus errichtet man um 1580 aus Fachwerk. Sein Altar befindet sich im Westen, der Eingang ihm gegenüber. Nach größeren Baureparaturen 1689 und 1769 ersetzt man 1805 das kleine Gotteshaus durch einen klassizistischeu Neubau nach Plänen des Potsdamer Bauinspektors Quednow, eines Schülers von Andreas Ludwig Krüger. Mit Rücksicht auf die Geländeverhältnisse ist er wiederum entgegen der üblichen Anordnung ausgerichtet. Im Osten befindet sich der eingezogene quadratische Turm mit geschwungener Haube.

Planungen

Schon 1820 machen sich Bauschäden am Kirchengebäude bemerkbar. 1842/43 entstehen erste Neubaupläne von Friedrich Ludwig Persius (1803–1845), doch wird vorerst Christian Heinrich Ziller 1847 mit Reparaturarbeiten betraut. Schließlich skizziert Friedrich Wilhelm IV. (1791–1861) selbst einen Entwurf und tut dies auf einer bereits unterschriebenen Kabinettsorder vom 31. Mai 1847, die daraufhin noch einmal ausgefertigt werden muß. Ihm schwebt ein einschiffiger, ähnlich der Sacrower Heilandskirche (drei Jahre zuvor erbaut) von Säulenarkaden umgebener Bau vor. Friedrich August Stüler (1800–1865) zeichnet 1849 eine Kirche mit Querschiff, Apsis,

---

[*] Mit Genehmigung des Autors u. d. Kirchengemeinde. Abdruck eines Informationsheftes (1981, m. Korr. 1993)

südlich angelehntem Turm und einem Peristyl (von Arkadenhallen umgebener Hof). Es folgt ein weiterer Entwurf mit reicherer Turmausbildung (offene Bogenhallen wie an der Friedenskirche) unter Weglassung des Querschiffes. Noch drei Varianten muß Stüler erarbeiten, bis die Zustimmung des Königs erteilt ist: einen Langhausbau mit breiterem Querschiff, Nordturm und östlichem Peristyl (Dezember 1853), einen Zentralbau mit Vierungskuppel über kreuzförmigem Grundriß und östlich vorgelagerter Arkadenhalle (nicht mehr geschlossener Hof), an deren Nordende sich ein quadratischer Campanile erhebt, und schließlich einen reinen Langhausbau mit Ostapsis und gleicher Turmanordnung (beide Oktober 1854). Diesen letzten Entwurf bestimmt Friedrich Wilhelm IV. zur Ausführung an alter Stelle, nachdem zwischenzeitlich noch ein anderer Standort erwogen worden war. Die von der Kirche abgesetzte Turmstellung ermöglichte nun die Orientierung (Einostung) des Sakralraumes, ohne daß auf die Dominante an der Ribbeckstraße verzichtet werden mußte.

Der Bau von 1855/56

Stülers letzter Entwurf und die Ausführungszeichnungen vom November 1854 zeigen Bleistiftergänzungen des architektonisch durchaus begabten und geschulten Friedrich Wilhelm IV., der vier baldachinartige Ecktürme, einen kleinen Glockenstuhl für ein Vaterunserglöckchen und die Inschrifttafel an der Westfassade hinzufügte. Im Innern sollte die Apsis nach seinem Wunsch nicht nur von kassettierten Feldern, sondern von Pilastern mit Rundbogenverbindungen und darüber einer Inschrift geschmückt sein.

Mit der Bauleitung wird Heinrich Haeberlin (1799–1866) beauftragt. Die Ausführung obliegt Potsdamer Handwerksmeistern, unter ihnen die Maurermeister Zech und Hasenheyer, die Zimmermeister Heinrich und Hermann Kneib sowie die Tischlermeister Flechs und Schatzmann. Die Zinkgußarbeiten führt neben der Berliner Firma Moritz Geiß auch die Potsdamer Werkstatt von F. Kahle aus. Die Steinmetzarbeiten erledigen Carl Trippel sen. sowie die Gebrüder August und Ferdinand Forck. Die Statuetten mit den Baldachinen auf den Gebäudeecken (als Apostel Paulus, Petrus, Jakobus und Johannes bezeichnet, ihres gemeinsamen Buch-Attributes wegen aber als die vier Evangelisten anzusehen), die westliche Fensterrose, die Brüstungen von Arkadenhalle und Glockenstube sowie weitere Details modelliert Friedrich Wilhelm Koch (1815–1889) aus Terrakotta.

Die mit gelblichem Joachimsthaler Backstein verblendeten Außenwände erhalten an den Langseiten eine Lisenenteilung in vier Felder mit jeweils drei gekuppelten Bogenfenstern als Obergaden. Über diesen Fenstern zieht sich unterhalb der Gesimszone ein Band aus Terrakotta mit Kreuzrelief entlang. Zu dem westlichen Portal führen von zwei Seiten Stufen hinauf. Der Innenraum wird hellgelb gestrichen, unter den Fenstern verläuft ein Band mit farbigen Sternen (typisch für Stülerkirchen). Sämtliche Holzeinbauten wie Gestühl, Kanzel, Orgel, auch die Holzbalkendecke und die an drei Seiten den Raum umgebenden, auf korinthischen Holzsäulen ruhenden Emporen und das Holzpaneel darunter erhalten einen helle Eiche imitierenden Ölfarbanstrich mit blauen und braunen Linien zur Gliederung. Die Felder des Triumphbogens und der Apsis werden marmoriert, die Konche (Halbkuppel) mit silbernen Sternen auf hellblauem Grund versehen. Über dem dort befindlichen Christusmonogramm erhält der Gewölbescheitel eine von farbigen Strahlen umgebene Taube, Sinnbild des Heiligen Geistes. Auf der Archivolte (Rundbogen) des Triumphbogens vor der Apsis ist folgender Bibelspruch zu lesen: „Ich bin der Weg, die Wahrheit und das Leben. Was ihr bitten werdet in meinem Namen, das will ich thun." Ein weiterer Spruch ist in der Apsis unter der Halbkuppel plaziert. Hinter dem Altartisch stehen ein hohes Kreuz und ein Leuchterpaar aus vergoldetem Zinkguß. Der sechsgeschossige, von Lisenen und Gesimsbändern geschmückte Turm endet in ca. 34 Meter Höhe in Kugel und Kreuz. Er trägt die beiden ältesten, noch heute benutzten Ausstattungsgegenstände der Kirche, nämlich die wohl im 14. und frühen 15. Jahrhundert gegossenen Bronzeglocken, deren ältere noch die schmale, sogenannte Zuckerhutform besitzt, während die andere mit gotischen Minuskeln verziert ist.

Am 13. November 1856 findet die feierliche Einweihung des Gotteshauses in Anwesenheit des Königspaares statt.

1869 stiften Kronprinz Friedrich Wilhelm und seine Gemahlin Victoria einige Kunstgegenstände aus dem Berliner Kronprinzenpalais (die bisherige Annahme, daß sie aus der dortigen, 1827 von Schinkel angelegten Kapelle stammten, ist nicht ganz richtig, sie befanden sich in anderen Räumen). Es handelt sich um Eisenkunstgußarbeiten der Königlichen Gießerei, so um ein Abendmahlsrelief (nach Leonardo da Vinci), 1823 modelliert von Leonhard Posch (1750–1831); zwei Vasen mit je sechs Apostelstatuetten in Spitzbogennischen sowie im Innern einem vergoldeten Christuskopf (nach Correggio). Der letzte Gegenstand ist das Relief eines Christuskopfes (nach Correggio), umgeben von Szenen aus dem Leben und der Passion Jesu, vermutlich wie die Vasen 1831 modelliert von August Wilhelm Stilarsky (1780–1838). Heinz Röhl, Restaurator am Bezirksmuseum Potsdam, hat diese Stücke 1979/81 restauriert.

Ein weiterer wertvoller Ausstattungsgegenstand kommt mit der 1875 hergestellten Taufschale aus vergoldetem Kupfer hinzu. Sie ist die galvanoplastische Nachbildung der Taufschale des preußischen Hofes in der Garnisonkirche Potsdam. Das 1945 verschollene Original war 1831/35 vom Berliner Hofgoldschmied Johann George Hossauer (1794–1874) nach einem Entwurf von Karl Friedrich Schinkel (1781–1841) in Gold getrieben worden.

Die Erweiterung 1881/82

Kronprinz Friedrich Wilhelm (der spätere Kaiser Friedrich III.) hatte 1864 das Gut Bornstedt erhalten. Er beauftragt 1881 Reinhold Persius (1835–1912) mit der Erarbeitung von Plänen zur Erweiterung der Kirche. Bauinspektor

Emil Gette (1840-1887) leitet im Folgejahr die Ausführung des 10,30 Meter langen östlichen Anbaues, der mit dem gleichen Ziegelmaterial verblendet wird wie der Hauptbau. Der zur Anlage eines Heizungskellers ausgehobene Erdstoff wird zum Verfüllen des nördlich der Kirche gelegenen Dorfteiches verwendet. Den Schornstein der Warmluftheizung errichtet man anstelle des ursprünglichen Kreuzes über der Ostfassade des Kirchenschiffes als Pendant zum Glockenstuhl. Zur besseren Belüftung des Kirchenraumes erhalten die Längswände des Hauptbaues unter den Obergadenfenstern zwischen Stuckrahmen je vier kleine Rundfenster. Diese neugeschaffenen Öffnungen erfahren am Äußeren ihre Fortsetzung durch in gleicher Höhe am Choranbau angebrachte Rundmosaiken.

Nach Abbruch der Apsis liegt nun hinter dem Triumphbogen ein dreischiffiger Anbau mit kassetierter Holztonne und geradem Chorschluß. Hinter jeweils drei Rundbogenarkaden werden Logen für den Hof und für die Mitarbeiter des Gutes angeordnet. Das Altarfenster erhält Glasgemälde von Hermann Schaper (1853–1911) aus Hannover. Dargestellt sind das Schweißtuch der Veronika, allegorische Engelsgestalten mit Buch (Wort) und Kelch (Sakrament), das Christussymbol des Pelikans (der seine Jungen mit dem eigenen Blut speist) und zwei musizierende Engel. Die seitlichen Logenfenster ziert heraldischer Schmuck, der sich auf Mitglieder des preußischen Königshauses bezieht. Die dunkel lasierte Holzfarbe der Decke und des Gestühls mit den Brüstungen (hergestellt durch den Potsdamer Hoftischlermeister Eduard Schulz) wird auch auf das Kirchenschiff (Holzdecke, Gestühl, Emporen, Orgelprospekt) übertragen, das ja, wie erwähnt, bis dahin hell gestrichen war.

Der vorhandene Altar wird nun vor der Chorwand aufgestellt und mit einem Bibelzitat geschmückt (übernommen vom oben zitierten Spruch an der Archivolte). Statt des freistehenden Kreuzes wird nun ein Kruzifix mit Leuchterpaar aus Schmiede- und Gußeisen auf den Altar gestellt. Vor den Altarstufen findet eine neuromanische Sandsteintaufe ihren Platz. Die ursprünglich rechts vor dem Triumphbogen stehende Kanzel mit zwei Treppenaufgängen vom unter der Empore befindlichen „Pfarrerstuhl" und vom Altarraum aus erhält eine neue Treppe und wird im Chorraum aufgestellt. Unter der Orgelempore entsteht ein Windfang. Das nur sechs Manualregister und ein anhängiges Pedal enthaltende Orgelwerk der Potsdamer Werkstatt von Carl Ludwig Gesell (1809–1867) ersetzt nun Wilhelm Sauer (1831–1916) durch ein zweimanualiges Instrument mit zehn klingenden Stimmen auf mechanischen Kegelladen. Das historische Gehäuse bleibt dabei erhalten, die Prospektpfeifen erhalten zusätzlich auf Anregung der Prinzessin Victoria eine ornamentale Bemalung in Blau und Rot, den Landesfarben ihrer englischen Heimat. Die Kanzel erhält Gemälde Johannes des Täufers und der vier Evangelisten (rechts ist noch ein Feld mit der ornamentalen Fassung von 1856 erhalten). Die Arbeiten finden mit der Wiedereinweihung am 16. Januar 1883 ihren Abschluß.

Die alte Bornstedter Kirche, erbaut durch Quednow 1805. Ansicht der Süd- und Ostseite. Zeichnung von Heinrich Haeberlin. (Plankammer Sanssouci)

Erster Entwurf: Langhausbau mit Querschiff. Apsis, südlich angelehntem Turm und Peristyl (Vorhof), aquarellierte Zeichnung von August Stüler, 1849. (Nationalgalerie Berlin)

Ansicht des Gutes Bornstedt mit der geplanten Kirche: vermutlich zweiter Entwurf.
Langhausbau mit Apsis, reich ausgebildeter Campanile (freistehender Turm) im Süden.
Lithographie von W. Loeillot nach Heinrich Haeberlin um 1850. (Plankammer Sanssouci)

Dritter Entwurf: Ansicht von Süden, aquarellierte Zeichnung von August Stüler,
Dezember 1853. (Bezirksmuseum Potsdam)

Dritter Entwurf: Langhausbau mit Querschiff und Apsis, Nordturm und Peristyl. Ansicht von Osten, aquarellierte Zeichnung von August Stüler, Dezember 1853. (Bezirksmuseum Potsdam)

Vierter Entwurf: Zentralbau über griechischem Kreuz mit Vierungskuppel, Ostapsis, Arkadenhalle und Campanile, aquarellierte Zeichnung von August Stüler, Oktober 1854. (Bezirksmuseum Potsdam)

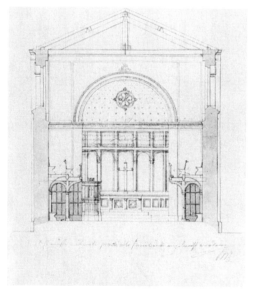

Ausführungszeichnung: Querschnitt mit Blick zur Apsis, August Stüler, November 1854, mit Bleistiftergänzungen Friedrich Wilhelms IV.: Rundbogenarkaden und Inschrifttafel statt Kassettierung. (Plankammer Sanssouci)

Fünfter Entwurf: Langhausbau mit Apsis, Arkadenhalle und Campanile, aquarellierte Zeichnung von August Stüler, Oktober 1854, mit Bleistiftergänzungen Friedrich Wilhelms IV.: Glockenstuhl und Ecktürmchen. (Bezirksmuseum Potsdam)

Veränderungen und Restaurierungen seit der Jahrhundertwende

Umfassende Reparaturarbeiten an der Kirche werden 1905/06 unter Friedrich Laske (1854–1924) ausgeführt und dabei die Statuetten und Ecktürme durch Kopien aus der Deutschen Steinzeugwerke-AG in Charlottenburg ersetzt. Eine weitere Renovierung wird 1933/34 durch Max Kutschmann (1871–1943) vorgenommen.

Im Auftrag der Denkmalpflege werden 1977/81 anläßlich des 125jährigen Bestehens der Kirche umfangreiche Restaurierungsarbeiten vorgenommen. Die an der Westwand im Innern befindlichen drei barocken Sandstein-Epitaphien (farbig gefaßt) für Jakob Paul von Gundling († 1731), Martin Plümicke († 1734) und Heinrich Christian von Holwede († 1739) werden 1977 von Heinz Seifert, Potsdam, restauriert. Während der Restaurierungsarbeiten läßt die Kirchengemeinde 1978 durch den Potsdamer Schuke-Orgelbau das inzwischen unbrauchbar gewordene alte Orgelwerk ersetzen. In das von Heinz Seifert restaurierte historische Gehäuse kommt eine Schleifladenorgel mit 12 Registern, deren 8 Manualstimmen auf in Baß und Diskant geteilter Lade stehen, so daß ein Triospiel mit unterschiedlichen Klangfarben möglich ist.

Das Instrument hat folgende Disposition:

Manual:		Pedal:
Prinzipal 8'	Nassat 2 ⅔'	Subbaß 16'
Gedackt 8'	Hohlflöte 2'	Gedacktbaß 8'
Oktave 4'	Sifflöte l'	Choralbaß 4'
Rohrflöte 4'	mixtur 4fach	Posaune 8'
		– Pedalkoppel –

Die Arbeiten werden 1981 mit der Neuausmalung des Innenraumes unter Leitung des Malermeisters Lüderitz abgeschlossen. Detlef Sommerhoff, Potsdam, erarbeitet unter Mitwirkung von Kunstwissenschaftlern und Restauratoren eine Farbkonzeption, die Elemente der Gestaltungen von 1856, 1882 und 1934 berücksichtigt, wobei der Charakter von 1882 dominiert.

Literaturnachweis:

Bethge, Alexander: Der Bornstedter Kirchhof, in: Mitteilungen des Vereins für die Geschichte Potsdams (MVGP) 5, 1872, S. 305–350

Frankfurth, Herrmann: Berlin und Potsdam in der Sprache ihrer Kirchen und Friedhöfe, Berlin 1924, S. 253–263

Kania, Hans: Die Bornstedter Kirche von 1805/Baugeschichte der Kirche und Schule (1855 und 1875). In: MVGP 12, Neue Folge 7, Heft 5, S. 402–407

Giersberg/Knitter: Tourist-Stadtführer Potsdam, Berlin/Leipzig 1978, S. 5, 173, 174

Büstrin, Klaus: Gestalterische Einheit im Kirchenraum erreicht. In: Märkische Union vom 15./16. 8. 1981

Inventar des Kronprinzenpalais Berlin (Plankammer Sanssouci)

Brandenburgisches Landeshauptarchiv Potsdam, Provinz Brandenburg, Repositur 2 A, Regierung Potsdam 11 Osthavelland Nr. 279–281, 287 und Repositur 2 A Regierung Potsdam IP Nr. 965

Kirchenakten (im Gemeindearchiv)

Gottfried Kunzendorf

Der Bornstedter Friedhof –
eine Herausforderung der Kirchengemeinde

Bereits beim ersten Erkunden Bornstedts wies mein Vorgänger Superintendent Willi Hanke auf die „gesamtdeutsche" Bedeutung des Bornstedter Friedhofs hin, der an den jeweiligen Pfarrer einige Anforderungen stellt. Als wir im Sommer 1975 nach Bornstedt umzogen aus Brandenburg-Görden – dort war der evangelische Kindergarten ein Schwerpunkt der Gemeindearbeit –, entdeckten wir schnell die vielfältige Bedeutung des Friedhofs für die Kirchengemeinde. Da sich die Friedhofsverwaltung im Pfarrhaus befand, klingelte es häufig vor und nach den Bürostunden und auch an Sonn- und Feiertagen. Bei jedem Gang über den Friedhof ergaben sich Gespräche mit Gemeindegliedern über „Gott und die Welt", und bei jeder Kirchenratssitzung ging es notgedrungen auch um Friedhofsprobleme.

Dank des neuen Denkmalschutzgesetzes der DDR wurde der alte Kirchhof von der Potsdamer Denkmalpflege unter Leitung von Frau Johanna Neuperdt betreut. Sie gewann Herrn Rudolf Böhm und Herrn Stefan Klappenbach von den Staatlichen Schlössern und Gärten für vielfältige Restaurierungsarbeiten nach Feierabend. So ergaben sich gute Kontakte der Kirchengemeinde nach Sanssouci. 1978 konnten die drei besonders wertvollen Epitaphien in der Kirche von Heinz Seifert, der nun auch schon auf dem Bornstedter Friedhof ruht, restauriert werden, samt Orgelprospekt beim Bau der neuen Orgel (bemalte Orgelpfeifen nach englischem Vorbild). Als die Epitaphien in neuem Glanz die Kirche schmückten, galt es auch die Gemeinde zu informieren über die Bedeutung der Grabsteine für die Stadtgeschichte und die preußische Geschichte. So ergab sich die Vortragsreihe „Sie ruhen auf dem Bornstedter Friedhof...", die auch viele Potsdamer anzog. So konnten wir über den Akademiepräsidenten, Historiker und „Hofnarren" Jacob Paul von Gundling berichten, über den Bürgermeister Martin Plümicke, den Oberküchenmeister Heinrich Christian von Holwede und über die „Retterin" dieser Grabsteine beim Bau der dritten Kirche 1856, Karoline Schulze. So wurde sie schon früh „entdeckt" und ihre Bedeutung für die Erforschung Bornstedts und Potsdams aufgezeigt (Chronik von Bornstedt und Nedlitz etc.) Da Wiesen und Felder Bornstedts zu Teilen des Parks Sanssouci wurden, konnte Sie ausrufen:

„Sieht man diese Zier und Pracht, / sei an Bornstedt auch gedacht."

Ein besonderes Problem war die gärtnerische Gestaltung des alten Kirchhofs, auf dem nur wenige Gräber in Pflege der Friedhofsverwaltung gegeben waren. So legten Gemeindeglieder, Kirchenälteste und interessierte Potsdamer unter Leitung von Peter Herling und Beratung durch Hermann Göritz „Hand an". In vielen freiwilligen Arbeitseinsätzen wurde gemäht, gerodet, gesägt... Dabei wurde nach der Fällung einer Eibe das bis dahin „verschollene" Grab des Sanssouci-Müllers Carl Friedrich Vogel freigelegt, dem König Friedrich Wilhelm II. die sog. „Historische Mühle" erbauen ließ. Diese praktischen Pflegearbeiten machten vielen Freude und stärkten die Verbundenheit der Gemeinde mit „ihrem" Friedhof. Am Ende der DDR half sogar die Ortsgruppe der Liberalen öfter mit! Ebenso setzten sich viele Gemeindeglieder und Kirchenälteste ein, um die praktischen Friedhofsprobleme anzugehen. Da waren Mauerlücken zu schließen, da mußte der Teil V mit einem Zaun umgeben werden. Da war es nötig, alte Wasserleitungen zu ersetzen und neue Rohre zu beschaffen. Das waren zur Zeit der DDR mit ihren vielen „Engpässen" und starren Planungen Herausforderungen an Phantasie und Arbeitskraft. Ruth Hahnsch besorgte sehr mühsam an verschiedenen Stellen Wasserrohre, andere Kirchenälteste sorgten für den Transport und schippten selber Gräben. Der Elektriker Manfred Gutzmann baute einen stabilen elektrischen Rasenmäher und brachte via Waschmaschinenmotor die Kirchturmuhr wieder in Gang. Die Baufirma Hummel half trotz strenger Regelung der „Baukapazitäten", wo es ihr möglich war, und restaurierte zu Lennés 200. Geburtstag mit staatlichem Auftrag die Mauern des Sellofriedhofs.

Eine besondere, nicht immer einfache „Brückenfunktion" kommt der Bornstedter Steinmetzfirma Kamann zu. Durch ihre ständige Tätigkeit auf dem Friedhof – auch bei Restaurierungsarbeiten – kennt sie die Situation dort aus eigenem Erleben. Durch die Wahl in den Gemeindekirchenrat waren und sind Angehörige der Familie Kamann mit dem Leben der Kirchengemeinde verbunden und können beraten und helfen.

Besonders bewegend war für mich, das Grab Kurt von Plettenbergs auf dem Bornstedter Friedhof zu finden. Sein Schicksal war mir seit Jahren bekannt, weil ein Freund Fabian von Schlabrendorffs Buch „Offiziere gegen Hitler" durch die Zollkontrolle brachte. Am Opfertod Plettenbergs in Gestapo-Haft war mir aufgegangen, daß auch ein gläubiger Christ sog. „Selbstmord" begehen kann, um Menschenleben zu retten. Er boxte auf dem Wege zur Vernehmung Beamte nieder und stürzte sich aus dem 4. Stock des Gefängnisses aus Sorge, unter der Folter Namen von Verschwörern des 20. Juli 1944 preiszugeben. Er konnte noch im März 1945 in Bornstedt begraben werden. Aber am Beispiel Henning von Tresckows lernte ich, daß Hitler den Widerständlern des 20. Juli 1944 prinzipiell kein Grab gönnte. Tresckows Sarg wurde in Wartenberg/Neumark aus dem Grab gerissen und Schlabrendorff mußte in Sachsenhausen den Toten identifizieren, nur damit auch der „Richtige" verbrannt werden konnte. Beim Studium des Bornstedter Kirchenbuches entdeckte ich zu meiner Überraschung, daß Henning von Tresckow 1926 mit der Tochter des Generals von Falkenhayn in der Bornstedter Kirche getraut wurde (ich hatte die Garnisonkirche erwartet). Durch einen Besuch der zweiten Frau Martin Niemöllers erfuhren wir vom Ergehen ihres Vaters Ulrich von Sell, dessen Eltern dicht bei der Kirche begraben sind. Nach 9 Monaten Nazihaft konnte er am Ende des Krieges freikommen. Aber die Sowjets holten ihn wieder ab, so starb er im sowjetischen Lager Jamlitz bei Lieberose am 9. 11. 1945.

Diese erschütternden Schicksale ließen mich nicht mehr los, zumal direkt oder indirekt die Bornstedter Kirche oder der Friedhof einen Bezug zur Widerstandsbewegung des 20. Juli 1944 bekamen. So reifte langsam der Plan, noch lebende Angehörige berichten zu lassen. Aber das war unter DDR-Bedingungen gar nicht so einfach. 1980 durfte ich zum ersten Mal in den Westen reisen, da mein Vater 80 Jahre alt wurde. Da konnte ich auch Kurt von Plettenbergs Sohn besuchen und für einen Bericht in Bornstedt gewinnen. Aber Terminprobleme ließen die erste Bornstedter Gedenkstunde im Juli 1984 vom Vortrag des Generalsuperintendenten Günter Bransch aus Potsdam und dem Bericht Friedrich Wilhelm von Sells über seinen Vater bestimmt sein (siehe den Beitrag von Friedrich von Sell in diesem Buch, S. 181).

1985 konnte Karl Wilhelm von Plettenberg über seinen Vater sprechen, begleitet vom Gesang seiner Frau, einer englischen Sängerin. 1986 kam die Witwe Martin Niemöllers: Sibylle geb. von Sell. 1987 konnten wir Sohn und Tochter Henning von Tresckows begrüßen. Dr. Uta von Aretin geb. von Tresckow gab einen bewegenden Bericht und ermöglichte uns die Video-Aufführung des DDR-Films „Die Frauen des 20. Juli", in dem sie auftrat. Auch ein Bornstedter Gemeindeglied, Ulrich Teschner, hatte an diesem Film mitgewirkt (ohne in die BRD reisen zu dürfen!). Durch die Vermittlung der Bornstedter Kirchenältesten Dr. Ruth Bork kam Emmi Bonhoeffer zweimal zu uns, 1989 „assistierte" sie Bischof Schönherr bei seinem Bericht über den kirchlichen Widerstand im „Dritten Reich" und war bei der Aufstellung des Gedenksteins für Henning von Tresckow und seine Frau zugegen.

Diese Berichte und Zeugnisse von persönlich Betroffenen waren weit über die Gemeinde hinaus für viele Potsdamer und Berliner wichtig. Die Allgemeinheit wußte nicht allzuviel über den 20. Juli 1944 trotz der neuen Sicht in DDR-Publikationen und Medien. Die Begegnung mit Zeitzeugen war ein Stück „politischer Diakonie". Wie das Bornstedter Gedenken bei der Stasi ankam, bezeugt der nachstehend gedruckte „Bericht" vom 18. 7. 1988.

Für die durch einen Todesfall in der Familie verhinderte Tochter Goerdelers sprang Georg Lindemann 1991 ein. Er war wegen „Mitwisserschaft" zu 5 Jahren Zuchthaus verurteilt worden, weil sein Vater ihn in die Attentatspläne eingeweiht hatte. Im April 1945 war er der jüngste Gefangene, den die Russen im Zuchthaus Brandenburg befreiten.

Dr. Marianne Meyer-Krahmer sprach über Dr. Carl Goerdeler am 21. Juli 1991. 1992 berichtete Mechthild von Schilling aus dem Erleben einer Sekretärin des I.R. 9, aus dem so viele Widerständler stammen. 1993 gab der spätere Rias-Intendant Ludwig von Hammerstein, der am 20. Juli noch aus der Bendlerstraße fliehen konnte, einen bewegenden Einblick in die Berliner Ereignisse und die Folgen seiner Flucht für ihn und seine Familie (KZ-Haft für Mutter, Bruder und Schwester...)

In den letzten Jahren fand das Gedenken in der Gestalt von Gemeindegottesdiensten statt, in denen Angehörige der Widerständler die Predigt hielten (siehe „Gedenkveranstaltungen" in diesem Buch, S. 167).

Kreisdienststelle Potsdam

Potsdam, 18. 7. 1988
1/bö-sk

BERICHT   [Kopie BStU]

zur stattgefundenen Gedenkstunde in der Bornstedtischen Kirche

Thema: Gedenken an der „Kreisauer Kreis" und Widerstandsbewegung vom 20. Juli 44

Am 16. 7. 88 fand in der Bornstedtischen Kirche eine Gedenkstunde zum o. g. Thema statt.
Eingeladene Ehrengäste waren Rosemarie Reichwein und Emmi Bonhöffer.

Um 16.00 Uhr versammelten sich in der Kirche ca. 150 Personen. Es waren zu 70% ältere Personen (über
65 Jahre), 20% im Alter von 30–50 Jahren und 10% Jungerwachsene und Jugendliche. Pfarrer Kunzendorf
sprach einleitende Worte und begrüßte die so zahlreich Erschienenen. Er gab einen kurzen Ablauf bekannt.
Danach wurde ein Orgelstück gespielt. Nun kündigte er zwei Videofilme an. Die den Zusammengekom-
menen hintereinander gezeigt wurden. Das erste Video war über den Gefängnispfarrer Harald Pölchen
[Poelchau]. Darin wurden Fragen geklärt, wie:
– Wie gab er Unterstützung im Kampf gegen Hitler?
– Wie half er Inhaftierten?
– Welche Beziehungen hatte er zu Personen, die dem Kreisauer Kreis angehörten und zu denen, die am
   20. Juli 44 beteiligt waren?
Das Video gab Aufschluß über sein Wirken gegen Hitler.

Im zweiten Video wurden Angehörige (Kinder) der damals vom Naziregime ermordeten Personen vom 20.
Juli 44 interviewt. (Bsp. Staffenberg [Stauffenberg]) Dieser Film gab Aufschluß über das Leben und Wirken
der Persönlichkeiten, ihren Kampf gegen den Faschismus.

Nachdem die Anwesenden die Filme gesehen hatten, wurde durch eine Frau darauf hingewiesen, daß noch
anstehende Fragen, Probleme, die aufgeworfen wurden, diskutiert werden können. Zahlreiche Fragen wurden dann durch Frau Reichwein und Emmi Bonhöffer [Bonhoeffer] beantwortet.
Sie schilderten aus ihrem erlebten die Situationen. Frau Bonhöffer erzählte über ihren Schwager Dittrich
Bonhöffer [Dietrich Bonhoeffer]. Über seine Verbindungen zu denen im Kreisauer Kreis integrierten.

Insgesamt kann eingeschätzt werden, daß sie den Faschismus zutiefst verurteilen. Sie zeigten auf, daß kirchliche Kräfte im Widerstand gegen Unmenschlichkeit ihren Beitrag leisteten.

Gegen 18.00 Uhr wurden Gespräche abgebrochen.
Aus Anlaß zum Gedenken an den Kreisauer Kreis und an den 20. Juli 44 wurden zwei Orgelstücke von
einem mir nicht namentlich bekannten aus Kleinmachnow komponiert. Nachdem diese gespielt wurden,
gingen die Anwesenden hinaus.
Es wurde ein Kranz am erst errichteten Ehrenstein der Familie von Treskow [Tresckow] niedergelegt.

Zum Schluß lösten sich die Anwesenden auf. Manche gingen nach Hause, andere diskutierten mit Frau
Bonhöffer über noch nicht beantwortete Fragen.
Gegen 18.20 Uhr verließen dann fast alle den Bornstedtischen Friedhof.

Leiter der KD   Böttrich
Puchert   OS
Oberst

Verteiler
Abt. XX
KD Pdm.

Ökumenischer Taufgottesdienst in der Bornstedter Kirche 1987
(Pfarrer Gottfried Kunzendorf).

Epitaph für Bürgermeister Martin Plümicke (1660–1734).

*Die Epitaphien für Bürgermeister Plümicke und Freiherr von Gundling befinden sich
beidseitig des Kircheneingangs.*

Geschichte der Gemeinde Bornstaedt (Kreis Osthavelland)
von Fräulein Caroline Schulze zu Potsdam*

Schon vor vielen Jahren begann ich die Geschichte Bornstädts zu bearbeiten, es waren aber nur Bruchstücke, denn mir fehlten Quellen, aus welchen ich zu schöpfen vermochte. Erst nach Jahren fielen mir Akten aus der Registratur der königl. Regierung und Urkunden zu, aus welchen ich nunmehr schöpfen konnte. Das Lesen derselben hatte meine Augen aber so angegriffen, daß ich das Augenlicht meines rechten Auges einbüßte, mußte mich einer Operation unterwerfen, und durfte lange Zeit gar nicht schreiben, noch weniger lesen, und daher ist nun erst nach 2 Jahren die völlig umgearbeitete Geschichte von Bornstädt bis so weit, als bis wohin ich sie mir als Lebensaufgabe gestellt hatte, vollendet.

Im Mai 1877   Karoline Schulze

---

* Caroline Schulze unterschrieb sowohl mit „C" als auch mit „K"

Brief des Pfarrers Johann Heinrich Schubert
an Gotthilf August Francke[*]

Mein theuerster Bruder,
Wir stehen anjetzo in betrübten Umständen. Es ist allhier der Geh. R.
Gundling gestorben, der, wie ohne Zweifel bekannt ist, in seinem Leben
sehr gemißbraucht worden, wozu er auch selber viele Gelegenheit gegeben.
Deßen Cörper hat der König in ein dazu verfertigtes großes Faß, mit eisernen Rücken beschlagen, legen, und folgendes an daßelbe schreiben laßen:
Hierinn liege ein Wunder-Ding, halb Mensch, halb Schwein doch ohne
Haut; in der Jugend witzig, im Alter toll; des Morgens klug, des abends voll
etc. etc. Bachus traure drüber, daß er gestorben, und wenn es der Leser
wißen wolle, wer es sey, so sey das traute Kind der Gundeling. Den 11. früh
stirbet er; den Nachmittag stehet er schon im Faße zur Schau, hat eine Perücke auf, die ihm biß an die Lenden reichet, einen gräulich großen Huth in
der Hand, seinen ordentlichen Rock an, brokadene Beinkleyder, schwartze
Strümpfe mit rothen Bändern geziret etc. etc. etc. etc. Den Nachmittag geht
R. mit einem großen Gefolge in das Hauß, da er stehet, und der, der an des
Gundlings stelle kommen, u. eben so, wo nicht aerger, conditioniret ist, muß
ihn parentiren, mit ganz entsetzl. Gelächter derer Gegenwärtigen. Den
Abend kriegt Herr Insp. Schultze Ordre, uns Predigern anzudeuten, wir sollten den 12ten alle mit zu Grabe folgen, die Glocken sollten geläutet werden
(welches sonst hier in Potsdam bey keiner Leiche geschieht) der ganze Magistrat u. Bürgerschaft sollten gleichfalls folgen etc. etc. So bald ihm die Ordre
gebracht wird, wird er mit seinem Collegen, Herrn Diac. Kretzschmann,
eines, nicht zu folgen, sondern lieber alles zu leyden, kommt zu mir, sagt mir
R. Befehl u. ihrer beyder Entschluß. Ich kann nun nicht anders, als, nach
meinem Gewißen, mich ihnen confirmiren, wie denn auch der Herr Past.
Carstädt gethan. Und, wer hätte doch bey solchem Gräuel anders thun können, zumal, da obgedachter, bey dem Wegtragen der Leiche, wieder parentiren sollte, und auch parentiret hat? Wir kamen dann den 12ten früh zusammen
bey dem Herrn Insp. Schultze, u. da ward der Castellan von R. wieder an
uns geschickt, daß wir mitgehen sollten, wieß uns auch die Namen vieler
hoher Officirer, und derer reformirten Prediger, welche auch mitgehen sollten. Wir deklarirten aber uns insgeamt dahin, daß unser Amt u. Gewißen uns
das nicht verstatte, u. wir würden mit einem Memorial bei Sr. K. M. einkom-
men, und bitten, daß wir damit verschont würden. Die Reform. Prediger
habens auch alle abgeschlagen, und ist kein einziger mitgegangen. Bald dar-

---

[*] Aus dem Archiv der Franckeschen Stiftungen, Halle, entdeckt von Dr. Hannelore Lehmann, Potsdam (vgl.
ihren Beitrag im „Jahrbuch für Berlin-Brandenburgische Kirchengeschichte" 1991, Seiten 199 ff.: „Wurde
Jakob Paul Freiherr von Gundling (1673–1731) in seinem Sarg begraben, der die Gestalt eines Weinfasses hatte? Der Brief eines Potsdamer Pfarrers bestätigt es.")

auf kommt, nobis aliis absentibus, der Herr Ober=Lieuten. von Weyher jussu R. samt dem Castellan zu dem Herrn Inspector, der Castellan meldet, R. habe gesagt: wollen die Priester nicht mitgehen, u. haben Bedenken, so mögen sie zuhause bleiben; der Herr Obrist-L. aber fragt nomine R. nach den Ursachen, aus welchen wir uns weigern mitzugehen. Danach ihm denn folgende gegeben: 1) will könnten nicht anders, als glauben, es sey nicht R. ernstl. Wille, sondern nur eine Prüfung unsrer, ob wir uns, als rechtschaffenen Lehrern gebührt, verhalten würden; 2) wenn Gundling in einem Sarge begraben würde, wollten wir gerne folgen; 3) da er aber in einem Faße läge, und 4) mit einer solchen Aufschrift, durch welche er aus der Zaal der Menschen ausgemertzet, für ein Wunder-Thier, so halb Mensch halb Schwein wäre, declariret würde, und 5) das gantze Begräbnis nicht anders als ein Spiel zum Lachen angesehen werden könne, so hätten wir das allerunterthänigste Vertrauen, R. würde nicht verlangen, daß wir unser gantzes Amt an den Zuhörern, durch das mitgehen, sollten unfruchtbar machen, und der gantzen Stadt; ja nicht allein der Stadt, sondern allen, die es vernehmen würden, ein unüberwindl. Aergerniß gäben. Dabey blieb es, u wir sind nicht mitgegangen.

Nun mag die Versündigung vielleicht in dem Gemüthe aufgehen, und weil der Züchtigende Geist G. nicht recht haben soll, wird es uns für einen höchst straffbaren Ungehorsam ausgeleget, und ich in sonderheit werde angesehen als einer, der die andern alle zu solchem Ungehorsam aufgereitzet habe. Ich bin dann den 15. jussu R. von den Herrn Kr.R. Schumachern befraget worden: 1) was ich vor Ursachen gehabt, nicht mitzugehen? 2) warum ich die andern aufgewiegelt? Das letztere habe ich gantz verneinet; das erstere habe ich beantwortet mit vorigen Gründen. Nun kann ich nicht anders, als entweder meine höchl. dimission in Ungnaden, oder wohl gar eine mehrere Beschimpfung erwarten. Ich sehe aber auf den Herrn u bin gewiß, daß er mich nicht werde verlaßen, sondern in seinem Weinberge anderswo aus Gnaden gebrauchen.

Der arme Gundling, der mich auf seinem Todtenbette zu sich bitten laßen, hat mir mit vielen Jammern und Seufzen erzählet, wie man ihn gemißhandelt habe, und insonderheit erbärml. darüber geklaget, daß er für Unruhe, daß man ihn in einem Faße mit solcher Aufschrift begraben wolle, nicht recht zu sich selber kommen könne. Den 8ten dieses besuchte ich ihn, und ging über diese Sache recht betrübt von ihm. R. hat das erfahren, u läßt mich den 9ten früh befragen: warum ich so betrübt von Gundling gegangen wäre? Resp. es hätte mich sehr gebeuget, daß ich, wegen des Mannes Unruhe, an seiner Seele nichts ausrichten könnte, ließe R. allerunterthänigst u demüthigst bitten, Er möge sich der armen Seele erbarmen, und ihm die Versicherung geben laßen, daß er, wie andre Menschen begraben werden sollte. Aber leyder! Diese Bitte ist höchst ungnädig genommen worden. Die Schule hat (doch haben Rector und Conrector nicht mitgehen, sondern lieber die Stadt räumen wollen, sind auch nicht mitgegangen) unter harten Bedrohungen, mitgehen und singen müßen. Was dabey vor Versündigungen vorgegangen, ist nicht zu sagen. In Bornstedt ist er in der Kirche vor den Altar eingesenkt worden, und da das Lied hat müssen gesungen werden jußu R.: Nun laßt uns den Leib etc. etc. und man hat die Worte gesungen: er hat getragen sein Joch etc., haben viele laut gelachet, u geschrien: Nein, das ist nicht wahr, er hat getragen R. Joch etc. etc. etc.

So siehets, mein theuerster Bruder, hier aus. Ich bin zwar sehr beklemmt, aber ich sehe dabei in Christo auf den Vater, der wird für mich, da ich arm bin und nichts habe, auch nicht weiß wohin? väterlich sorgen. Halten Sie diesen Brief, Mein Bruder, geheim; doch schicken Sie ihn an des Herrn Grafen Henckels Hochgräfl. Gnaden damit Sie von unsern Umständen Nachricht kriegen. Gott hat mir eine Zeither wunderbar gewinckt, weßhalb ich so manche Predigt nacheinander drücken lassen, u war mir immer als ruffe man mir zu: wircke, weil es Tag ist, es kommt die Nacht, da niemand wircken kann! auch: zum Zeugniß über Potsdam gieb ihnen auch die Predigt in die Hände! etc. etc. etc. Sollte ich von hier gehen müßen, und Gott ließe meinen Liebsten Bruder, oder auch andern eine Gelegenheit vorfallen, da ich wieder meinem Vater dienen könnte an denen Seelen im Predigt-Amt, so werden Sie mein nicht vergeßen. Denn brache läge ich nicht gerne. Wie der Herr will! Beten Sie für uns! Sollte was mehrers geschehen, will es berichten, nur bitte hertzl. daß kein unvorsichtiger von meinen Schreiben etwas lese, oder höre, damit es nicht, zu einem noch größern Unheil, ausposaunet werde. Wir stehen hier alle vor einem Manne. Weil aber die Hohen meiner gerne loß seyn wollen, so liegen Sie R. an, auf mich allein zu gehen, als wäre ich der Aufwiegler etc. etc. etc. Wüsten Sie, was sie mir dadurch vor Gott, den himml. Heerscharen, und wahrhaftigen Frommen auf der Welt, für Ehre anthäten, sie würden sich besinnen, und aus Neyd mir sie nicht erweisen. Aber wie blind ist die Welt! und wie schwer drückt sie anjetzo das gerichte Gottes! Ich bin meines theuersten Bruders treuverbundener

H. Schubert

P. d. 16. April 1731

Wollen Mein Liebster Bruder antworten, so thun Sie es recta, u zwar nicht unter ihre Hand u Siegel, sondern laßen Ihr Schreiben in einem Couvert an Mstr. Metznern, Bürger und Hutmacher hieselbst, bey der Heil.Geist Kirche wohnhaft, abgehen, ohne daß Sie ein Wort an ihn schreiben ließen. Das Papier des Couv. aber muß stark sein, damit die Aufschrift ihres Briefes nicht durchschimmere.

Epitaph für Jakob Paul Freiherr von Gundling (1673–1731),
Gelehrter und seit 1718 Nachfolger von Leibniz als Präsident der Königlichen Societaet
der Wissenschaften, später Königlich-preußische Akademie der Wissenschaften.

Martin Sabrow

Intellektuelle oder Hofnarren?[*]

Zum Verhältnis von Geist und Macht am preußischen Hof unter
Friedrich Wilhelm I. und Friedrich II. am Beispiel von Jakob Paul von Gundling
(1673–1731) und Voltaire (1694–1778)

I. Tabagie und Tafelrunde

Unter den vielen Deutungsmustern, die in der wechselhaften Rezeptionsgeschichte des Aufstiegs Preußens im 18. Jahrhundert miteinander konkurrierten
und konkurrieren, behauptet eines halbwegs unangefochten seinen Rang, und
das ist der Glaube an den kulturellen Gegensatz zwischen dem *roi philosophe*
Friedrich II. und dem *roi sergeant* Friedrich Wilhelm I., also an das „Janusgesicht
Preußens" (Peter Baumgart), das sich in den Gegensätzen etwa von Militari-
sierung und Aufklärung manifestiere. Kaum etwas beleuchtet im allgemeinen
Verständnis die Differenz zwischen dem Sparta des Soldatenkönigs und dem
Athen seines Sohnes und Nachfolgers greller als die entgegengesetzten Formen
höfischer Geselligkeit, die beide Monarchen sich schufen und die im Gedächtnis der Nachwelt als der Kontrast zwischen Friedrichs Tafelrunde und Friedrich Wilhelms Tabagie oder Tabakskollegium aufbewahrt blieben. Aus dem
Rückblick von einhundert Jahren zeigt Adolph von Menzels berühmtes Bild
der Tafelrunde von Sanssouci, die Friedrich in Fortsetzung seines Rheinsberger
Freundeskreises in Potsdam um sich zu versammeln pflegte, den Monarchen
inmitten eines angeregt debattierenden Kreises von zehn Männern an einem
gedeckten Tisch, dessen Speisen ebenso in den Hintergrund treten wie die
Dienerschaft, die sie aufträgt. Nicht Zeremonien prägen die Zusammenkunft,
nicht die Geometrie einer auch die Natur unterwerfenden Herrschaft legibus
solutus, sondern allein das gesellige Gespräch, der intellektuelle Diskurs. Links
erkennen wir den zeit seiner dreijährigen Anwesenheit unbestrittenen Kopf
der Runde, Voltaire, der sich ein Wortgefecht mit dem Venezianer Algarotti
liefert, während die anderen Gäste teils amüsiert den beiden illustren Streit-
hähnen zusehen, teils in ein eigenes Zwiegespräch vertieft sind. Keiner von
ihnen schaut auf den König, der seine intellektuelle Autorität allein durch die
gelassene Aufmerksamkeit wahrt, mit der er, von Menzel absichtsvoll in die
Mitte des Bildes plaziert, das Wortgefecht verfolgt und durch eine Kopfneigung
dem esprit seines Freundes und poetischen Beraters Voltaire den gebührenden
Respekt erweist, dem im Reich des Geistes allein dem Geist und nicht dem
Stand oder der Macht zukommt.

---

[*] Für den Druck durchgesehene Fassung eines am 5. Juli 2000 vor dem Fachbereich Geschichts- und Kultur-
wissenschaften der Freien Universität Berlin gehaltenen Habilitationsvortrages.

Wie anders das Bild der Nachwelt von dem geselligen Kreis, den Friedrichs Vater regelmäßig an seinem bevorzugten Aufenthaltsort Königs Wusterhausen, zuweilen aber auch in den Schlössern Potsdam und Charlottenburg um sich zu scharen pflegte und der als Königliches Tabakskollegium in die Geschichte eingegangen ist. Auch hier besitzen wir ein Ereignisbild, das die Szene festhält. Es stammt vermutlich von Georg Lisiewski, einem zeitgenössischen Maler, der ursprünglich als Diener des Schloßarchitekten Eosander von Göthe nach Berlin gekommen war und sich bald einen gewissen Ruf als Porträtist Langer Kerls erworben hatte. Sein aller künstlerischer Feinheiten bares Gemälde datiert von 1737/38 und zeigt aus der Vogelperspektive einen weithin kahlen Schloßraum vermutlich in (Königs) Wusterhausen, dessen hauptsächliches Mobiliar aus einem rohen Wirtshaustisch mit ebensolchen Bänken besteht. An der Stirnseite erkennen wir den Soldatenkönig selbst, der zwei seiner gerade eintretenden Kinder begrüßt, während ein Dutzend erwachsener Gäste in starrer Haltung sich halb zum Betrachter kehrt und als wesentliches Attribut eine holländische Tonpfeife aufzuweisen hat. Zeitgenössische Beobachter haben uns den gewöhnlichen Verlauf dieser rein männlichen und überaus ungezwungenen Zusammenkunft geschildert, in der alle durcheinander reden durften und die oft nur sechs bis acht und selten mehr als zwölf Personen umfaßte, darunter Minister und Hofgelehrte, vor allem aber in Berlin oder Potsdam in Garnison stehende Generäle und Stabsoffiziere.

Trotz seiner scheinbaren Formlosigkeit war auch das Tabakskollegium zumindest im Verständnis seiner Betrachter von untergründigen Kraftlinien geprägt. Ebenso wie Menzels Tafelrunde von ihrer unausgetragenen Spannung zwischen dem Geistesfürsten Voltaire und dem Philosophenkönig Friedrich lebt, so durchzieht auch das armselige Bild Lisiewskis eine geheime Spannung zwischen zwei Polen. Denn dem den Vordergrund beherrschenden Friedrich Wilhelm I. gegenüber sitzt herabgesetzt an der unteren Stirnseite ein Mann, der aber anders als die übrigen Teilnehmer des Tabakskollegiums durch zwei Attribute hervorgehoben ist: In seiner Rechten hält er ein Papier, das ihn als Mann des Geistes ausweist, und zu seiner Linken sitzt eine Figur, die sich bei genauerem Hinsehen als ein Hase zu erkennen gibt, jener barocken Chiffre für einen Haselanten oder Spaßmacher, die im 17. und 18. Jahrhundert allgemein verbreitet war. Der so Charakterisierte läßt sich unschwer identifizieren als der Hofhistoriograph und Zeitungsreferent Jacob Paul von Gundling, der an der königlichen Tafel und vor allem in der Abendgesellschaft aus fremden Zeitungen zu berichten hatte und in der brandenburgisch-preußischen Historie einen kleinen Gedächtniswinkel als monströse Spottfigur des Soldatenkönigs bewahrt hat.

Im Gegensatzpaar von Gundling und Voltaire scheint der Kontrast zwischen Roheit und Kultur, zwischen Dunkelheit und Aufklärung am preußischen Hof des 18. Jahrhunderts seinen personifizierten Ausdruck zu finden. Auf der einen Seite der berühmte Autor der *Lettres philosophiques* (1734), der 1750 dem unablässigen Werben Friedrichs nach Potsdam gefolgt war und während seines dreijährigen Aufenthaltes am preußischen Hof nicht nur die Tafelrunde um französischen Geist bereicherte, sondern auch Theaterstücke schrieb, ja sogar aufführte und die *mémoires pour servir à l'histoire de Brandebourg* aus der Feder des Königs redigierte. Noch in seinen Memoiren bekannte Voltaire, daß wohl selten ein Schriftsteller mit solchem Respekt von einem Monarchen empfangen worden sei wie er, dem sein Gastgeber bei der Ankunft versicherte: „Man wird Sie hier als das Oberhaupt der Literatur und aller Leute von Geschmack achten. Bei mir werden Sie alle Tröstungen finden, die ein Mann Ihres Verdienstes von jemandem erwarten kann, der ihn zu schätzen versteht. Bon soir, Frédéric". Welch andere Aufnahme fand der königliche Zeitungsreferent Gundling, der im Februar 1717 sogar vom preußischen Hof nach Breslau floh, weil er einer Meldung der Vossischen Zeitung zufolge „ein auf Königliche Anordnung vor ihm verfertigtes Kleid von Plüschsammet mit goldenen Zindel doubliret, ein Veste und Paar Pantoffeln von gleichen Zindel und einen Huht mit einer weißen Feder gefürchtet und solches nicht anziehen wollen". Nichts enthüllt Gundlings demütigende Rolle in einer geistfeindlichen Welt der Macht drastischer als der Versuch, den Flüchtigen zur Rückkehr zu bewegen, wie dieselbe Zeitung eine Woche später mitteilte: „Der König verlangst denselben wieder bey sich, und hat man ihm schreiben müssen, daß Nasen und Maulschellen fürs Künfftige ganz abgestellet und er nach Meriten jederzeit tractiret werden solte". Tatsächlich wurde Gundling schließlich mit Waffengewalt nach Potsdam verschleppt, zur Feier seiner Wiederkunft in ein Narrenkostüm gesteckt und besonders von seinem Feind und Nachfolger David Faßmann mit Worten, Fäusten und glühenden Kohlen in einer Weise traktiert, daß ein Hofkorrespondent zu Ende desselben Jahres bündig schrieb: „Enfin, er soll öffters wegen starker Vexationen seine bittere Thränen weinen und zu Zeiten als gantz verwirrt im Kopfe seyn."

Ein Spottbild aus dieser Zeit hält die Verhöhnung des Gelehrten fest. Es zeigt Gundling in seiner erzwungenen Hoftracht samt wallender Perücke pfeiferauchend und biertrinkend, wie er als ständiges Mitglied des Tabakskollegiums in Erscheinung trat. Hinter ihm schwingt seine Frau den Pantoffel, während im Vordergrund schreibende Hasen die närrische Gelehrsamkeit und ein Affe die lächerliche Eitelkeit des Mannes andeuten sollen, der mit pedantischem Ernst über die tolle Wirtschaft hinwegblickt, in die seine Musen Affe und Hase ihn geführt haben.

II. Der Hofnarr als Gelehrter

In dieser Tradition haben Geschichtsschreibung und Literatur das Bild von der düsteren Armseligkeit eines geistlosen Monarchenstammtisches entwickelt, zu dessen Belustigung ein aus der Bahn geworfener Hofhistoriograph Gundling gedient habe. Infolge persönlicher Schwächen wie Pedanterie, Eitelkeit und Trunksucht sei er „vorzüglich mit dazu gebraucht [worden], um der Gelehrsamkeit, noch mehr aber ihren Verehrern einen Stoß beizubringen, der sie verächtlich machen und andere abschrecken sollte, in ihre Fußstapfen zu treten"; so Gundlings erster Biograph Anton Balthasar König 1795. Sichtbar steht dieses Urteil im Kontext der aufgeklärten Geschichtsschreibung, die den Verfall der Wissenschaften unter Friedrich Wilhelm I. und ganz besonders das Schicksal Gundlings mit dem Wunsch des Monarchen erklärte, den von ihm nach dem Tode seines Vaters vollzogenen Wechsel der Herrschaftsprinzipien vor den Augen des Publikums zu entziehen und jedes Räsonnement darüber zu unterdrücken. Doch auch im heutigen Verständnis wird dieses Urteil gern fortgeschrieben und das Schicksal Gundlings gar als Lehrstück über die Verhältnisse am preußischen Hof verstanden, an dem die Macht über den Geist triumphierte.

Nur gelegentlich ist der auffallende Kontrast zwischen dem ‚gelehrten Narren' und dem besessenen Gelehrten', in dem Gundling sich am preußischen Hofe bewegte, hervorgehoben und die Forderung nach einer ‚Wiederaufnahme des Falls' Gundling erhoben worden, die die Frage beantworten könnte, ob der Verlachte für die Rolle des „Intellektuellen als Märtyrer" (Ivan Goll) taugt. Den Eindruck, daß hier ein irritierender Widerspruch vorliegt, verstärkt sich noch bei einem genaueren Blick auf den Lebensweg dieses Mannes, dem es nicht in der Wiege gesungen war, daß er einstmals als verhöhnter Hofnarr in einem Weinfaß zu Grabe getragen werden sollte. Der am 19. August 1673 im fränkischen Hersbruck geborene Gundling stammte aus einer wohlsituierten bürgerlichen Gelehrten- und Pastorenfamilie und hatte sich vielleicht aufgrund einer Studienreise nach Holland und England, die ihn in Kontakt mit dem Erzbischof von Canterbury und selbst John Locke gebracht haben soll, soviel Ansehen erworben, daß in Berlin der preußische General-Kriegskommissar Daniel Ludolf von Danckelman auf ihn aufmerksam wurde und ihm 1705 eine Anstellung als Professor für Recht, Geschichte und Literatur an der neugegründeten Ritterakademie in Berlin verschaffte, die die Söhne des preußischen Adels auf ihre diplomatische oder militärische Laufbahn vorbereiten sollte.

In dieser Funktion, die Gundling bis zum Tod des ersten preußischen Königs 1713 innehatte, und als Historiker am Preußischen Oberheroldsamt erwarb er sich breite Kenntnisse vor allem auf dem Gebiet der Reichs- und Landesgeschichte, die ihn bald zu einem ungewöhnlich produktiven Geschichtsschreiber des frühen 18. Jahrhunderts werden ließen. Zwischen 1715 und 1731 erarbeitete Gundling teils auf deutsch, teils auf lateinisch mehr als zwei Dutzend Monographien, die sich vor allem mit der brandenburgischen Landesgeschichte befassen, aber auch mit der Reichsentwicklung und mit stadt- und rechtsgeschichtlichen Spezialuntersuchungen etwa zu Halle oder Florenz. In diesen Arbeiten stand Gundling in der Tradition einer dynastischen und vorpragmatischen Geschichtsschreibung, die ihre Feder unkritisch in den Dienst der regierenden Häuser stellte und dafür auch materielle und ideelle Anerkennung von der russischen Zarin Katharina wie von Kaiser Karl VI. in Wien erhielt. Doch nicht nur in dieser Hinsicht war der ‚Lustige

Rat', die ‚närrische Exzellenz' in Wirklichkeit ein gelehrter Neuerer, der wissenschaftsgeschichtliche Maßstäbe setzte, weil ihm das Verdienst zukommt, die Arbeit des empirisch arbeitenden Landeshistorikers mit der des Geographen und des Staatslehrers verbunden zu haben.

Gundlings weitgespanntes historisches Interesse, seine Produktivität und seine historiographiegeschichtliche Pionierstellung sichern ihm seinen fachlichen Rang in einer fälschlich lange als unhistorisch angesehenen Zeit, in der in Wirklichkeit die Historie auf ein neu erwachendes Interesses stieß – aber eben nicht mehr auf einen heilsgeschichtlich-universalen Interpretationsrahmen bezogen, sondern als praktische Erfahrungswissenschaft betrieben. Insoweit ist das Verdikt revisionsbedürftig, das die Aufklärungshistoriographie in bewußter Distanzierungsabsicht von der Geschichtsschreibung der „Stubengelehrten" (A. W. Schlegel) über den brandenburgischen Hofhistoriographen ausgesprochen hat. Ohne sich von der tradierten Regentengeschichtsschreibung zu lösen, hat Gundling sich in der Terminologie der modernen Historiographiegeschichte zwar nicht um die Verwissenschaftlichung, wohl aber um die Verfachlichung der Historie ein bleibendes Verdienst erworben, indem er ihren landesgeschichtlichen Gegenstandsbereich neu zu bestimmen und empirisch zu erschließen half. Der Rang seiner Arbeiten liegt in ihrer empirischen Fundierung, und er demonstrierte in der Nachfolge Pufendorfs die Bedeutung überlieferter Akten als Grundlage der historischen Darstellung. Insgesamt erweist sich der Historiker Gundling als typischer Vertreter barocker Geschichtsschreibung, deren entscheidenden Grundzüge Andreas Kraus herausgestellt hat: fürstlicher Auftrag und uneingeschränkte Loyalität gegenüber dem Auftraggeber, stoffreiche Gelehrsamkeit, praktischer Utilitarismus, das Interesse an genealogischen Fragen und – in Entwicklung der Hofhistoriographie – die territorialgeschichtliche Ausrichtung.

Nicht nur angesichts dieses Befundes verringert sich der scheinbar übergroße Abstand zwischen dem verspotteten Vorleser Gundling und dem gefeierten Dichter Voltaire. Denn auch dessen Aufenthalt am preußischen Hof verliert bei näherem Zusehen ein Gutteil der Strahlkraft, die ihm das Klischee im historischen Gedächtnis bewahrt. Als Annexion seiner schönsten Provinz hat Jean Orieux das erfolgreiche Bemühen Friedrichs des Großen um Voltaire bezeichnet, der im Juni 1750 von Paris aufbrach, um nach Potsdam zu reisen und in den Dienst des preußischen Königs zu treten. Dem überraschenden Landeswechsel des 55jährigen Dichters waren ein fünfzehnjähriger Briefwechsel und mehrere Begegnungen mit Friedrich vorausgegangen, der in Frankreichs berühmtestem Dichter das geistige Oberhaupt der Aufklärung sah, das ‚alleine eine ganze Akademie aufwöge', wie Friedrich später 1778 in seinem Nekrolog auf Voltaire sagen sollte. Als ein Ebenbürtiger im Reich des Geistes wollte Friedrich von Voltaire anerkannt zu werden. Doch wenn er mit Worten schmeichelte und mit materiellen Versprechungen lockte, um den französischen Aufklärer an den preußischen Hof zu ziehen, stand dahinter weniger die Hoffnung eines Philosophen und Dichters, sich mit einem anderen Philosophen und Dichter von

Gleich zu Gleich auszutauschen, als vielmehr der fürstliche Wille eines Herrschers, in seine Abhängigkeit zu bringen, wonach er strebte: „Falls Sie hierher kommen, werden Sie den ersten meiner Titel gewahren: Friedrich, von Gottes Gnaden König von Preußen, Kurfürst von Brandenburg, Eigentümer Voltaires etc. etc.", nannte er sich selbst ironisch in einem seiner zahlreichen Briefe, die Voltaire zum Kommen bewegen sollten. Er, der seit 1740 immer neue Versuche unternahm, um Voltaires Ruf am französischen Hof durch gezielte Indiskretionen zu ruinieren und ihn so ins preußische Exil zu zwingen, legte 1749 Algarotti gegenüber den instrumentellen Kern der schmeichelhaften Werbung des Königs um den Philosophen offen: Voltaire „hat die Freundlichkeit und die Bosheit eines Affen [...]; trotzdem, ich tue so, als wenn nichts wäre, denn ich brauche ihn für die französische Eloquenz. Man kann gute Dinge von einem Schurken lernen. Ich will sein Französisch können, was kümmert mich seine Moral."

Tatsächlich kam Voltaire erst zu Friedrich, als er dank seiner Kirchenfeindschaft und seiner zwielichtigen Stellung zwischen Preußen und Frankreich in Paris in Ungnade gefallen war, und er wurde am preußischen Hof zwischen Juli 1750 und März 1753 in eine Doppelexistenz gezwungen, deren Janusköpfigkeit mit der des Zeitungsreferenten Gundling durchaus vergleichbar ist. In der Tafelrunde freilich regierte seine Sprache, regierte sein Witz, verband ihn Freundschaft etwa mit Kombattanten Algarotti und d'Argens, wo Gundling nur spöttische Zuschauer seiner Demütigungen fand. Im übrigen aber glich der Potsdamer Aufenthalt Voltaires der Haft eines vornehmen Gefangenen, dessen Spaziergänge im Park von Sanssouçi von königlichen Grenadieren bewacht wurden und dessen Lage sich dank eigener Ungeschicklichkeiten immer weiter verschlechterte. Der Gunst des Königs aufgrund eigener Intrigen und einer Finanzaffäre mit preußischen Staatsanleihen zunehmend verlustig gegangen, mußte Voltaire sich von Friedrich sagen lassen, daß seine Anwesenheit bei Hofe entbehrlich sei, wenn er nicht wie ein Philosoph zu leben bereit sei, und er schrieb sich zur Rache ein kleines Wörterbuch für den Umgang mit Königen, das seine abhängige Stellung am Hof deutlich zum Ausdruck brachte: „‚Mein Freund' bedeutet ‚Mein Sklave'. ‚Mein lieber Freund' soll heißen: ‚Sie sind mir mehr als gleichgültig.' – ‚Ich werde Sie glücklich machen' ist zu verstehen als: ‚Ich dulde Sie, solange ich Sie brauche.' – ‚Soupieren Sie heute abend mit mir' bedeutet: ‚Ich werde mich heute abend über Sie lustig machen.' "

III. Der Krieg der Kulturen

Dennoch ginge eine Interpretation fehl, die gleichsam das tradierte Bild des Verhältnisses von Tafelrunde und Tabakskollegium einfach umkehrte, indem sie Voltaires intellektuellen Rang am Hofe Friedrichs leugnen und auf der anderen Seite den Gelehrten Gundling gegen den Hofnarren Gundling herausputzen wollte, um ihn so zu einem legitimen Vorgänger des französischen Philosophen am preußischen Hof zu machen. Zu zahlreich und erdrückend sind die Anekdoten schreibender Zeitgenossen, die besonders als Gäste im Tabakskollegium miterlebten, wie mal ein täuschend ähnlich gekleideter Affe dem königlichen Zeitungsreferenten als leiblicher Sohn angedient, mal ein ausgewachsener Bär auf ihn losgelassen wurde, wie laufend Spottgedichte auf seine Person vorgetragen oder der König selbst seinen Hofgelehrten mit Hasenohren konterfeite. Ein um das andere Mal mußte der trinkfrohe, aber nicht trinkfeste Gundling es erleben, daß er durch Zuprosten bis zur Besinnungslosigkeit alkoholisiert wurde und dann in einer Sänfte ohne Boden durch die Stadt geschleift, zum Gaudium der höfischen Gesellschaft nächtens mit wilden Tieren zusammengesperrt oder mit Knallkörpern und hölzernen Granaten beschossen wurde, die seine Perücke und seine Bettstatt in Brand setzten. Als er bei anderer Gelegenheit zur Abkühlung so unsanft in den gefrorenen Schloßgraben hinabgeworfen wurde, daß er mit dem Hintern einbrach und sich nur mit knapper Not vor dem Untergehen retten konnte, während Hut und Perücke davontrieben, gefiel die Szene dem Soldatenkönig so ausnehmend gut, daß er sie gleich mehrfach im Bild festhalten ließ.

Wie sich aus dieser unauflöslichen Doppelrolle des gelehrten und genarrten Gundling ergibt, ist die Abgrenzung der preußischen Hofkultur unter Friedrich Wilhelm I. von der unter seinem Sohn Friedrich II. weniger eindeutig, als das überlieferte Klischee gelten lassen möchte, und sie läßt sich nicht zureichend mit der Antinomie von Geist und Macht erschließen. Weder war Gundling nur das hilflose Opfer höhnischen Spottes und eigener Unzulänglichkeit, noch auch war er ein Intellektueller avant la parole als Märtyrer, zu der ihn insbesondere die literarische Rezeptionsgeschichte unter den Diktaturen des 20. Jahrhunderts etwa mit Jochen Klepper, Heiner Müller und Martin Stade hat machen wollen.

Als Typus repräsentiert Gundling weder den bloßen Gecken noch aber auch den reinen Gelehrten und schon gar nicht einen zweiten Galilei. Vielmehr bildet seine Biographie die kriegerische Schnittstelle dreier ganz unterschiedlicher kultureller Milieus und Wertordnungen. An erster Stelle steht dabei naturgemäß der Habitus der bürgerlichen Gelehrsamkeit, den Gundling aus eigenem Herkommen in die preußische Hofkultur hineintrug. Noch seine erbarmungslosesten Gegner kamen nicht umhin, das ‚herrliche Gedächtnis‘, die unvergleichliche „memoria“ des Historiographen zu loben, der nichts vergesse, was er einmal gelesen. Vor allem aber, und hier kommt schon das zweite Milieu ins Spiel, forderte gerade Gundlings unverstellter Gelehrtenhabitus den am Hof versammelten und großteils in der Armee dienenden Landesadel zur Schmähung förmlich heraus. In der Verhöhnung und Demütigung des durch die persönlichen Eigenarten seines Trägers angreifbar gewordenen Ideals bürgerlicher Bildung und Geisteskultur fand ein seiner politischen Funktionen beraubter, aber durch seine Verschmelzung mit dem Heerwesen zum ersten Stand im Staat emporgewachsener Offiziers- und

Dienstadel am Hofe des Soldatenkönigs Gelegenheit, seinen neuen esprit de corps zu demonstrieren und sein gleichsam militarisiertes Honnêteté-Ideal an einem Schwächeren zu erproben. In dieser Haltung schimmert die zornige Verachtung eines durch aristokratische Exklusivität geprägten und mit einem eigenen Ehrenkodex ausgestatteten Offizierskorps gegenüber dem bürgerlichen Parvenu durch, der nichts als ein aktenwühlender Pedant ohne praktische Nützlichkeit sei und seine bürgerliche Bedeutungslosigkeit in lächerlicher Weise durch Usurpation adeliger Vorrechte und überwundener höfischer Konventionen zu überspielen trachte. Gundlings Leben am Hofe war durch förmliche Verschwörungen adliger Militärs geprägt, die nach dem Urteil eines frühen Biographen „beständig ihre Erfindungskraft an(strengten), um etwas Neues auszubrüten": Offiziere als Hofleute waren es, die ihrem geadelten Opfer in scheinheiliger Weise das Du-Wort anboten, um es um so gründlicher bloßzustellen, die laufend holperige Spottgedichte auf den Zeitungsreferenten reimten oder selbst dessen Verehelichung mit der Tochter eines französischen Historikers und Diplomaten nutzten, um dem Bräutigam ein Abführmittel zu verabreichen, das den Hochzeitstag zu einem solemnen Spaß für die schadenfrohe Hofgesellschaft werden lassen sollte.

Zuweilen war es der König selbst, der Gundling vor den schlimmsten Nachstellungen der Hofgesellschaft halbherzig in Schutz nahm oder ihm wenigstens Gelegenheit zur Rache an seinen Peinigern gab. Sein eigener Umgang mit seinem Zeitungsreferenten war darum nicht weniger grausamer Art und entspringt zu einem großen Teil denselben Leitbildern und Wertordnungen, die Gundling in der militarisierten Hofgesellschaft zum verachteten Außenseiter machten: Während Offiziere und Hofadel in Gundling vor allem den bürgerlichen Gelehrtenhabitus zum Gespött machten, so suchte der König selbst in ihm darüber hinaus die höfische Repräsentation Ludwigs des XIV. der Lächerlichkeit preiszugeben, die sein Vater, der erste Preußenkönig, noch mit allen Kräften zu übernehmen bemüht gewesen war. 1717 wurde Gundling mit dem Amt eines „Ober-Ceremonien-Meisters" an einem Hof betraut, an dem das Zeremonienwesen mit dem Tod des ersten Preußenkönigs 1713 so gründlich abgeschafft worden war, daß der König im Tabakskollegium nicht einmal die Anrede als Majestät duldete und einen Zornesausbruch erlitt, wenn er anders denn als „Oberst" tituliert wurde. Seinen Zeremonienmeister aber zwang der Monarch in ein monströses Narrenkleid, das von der übermächtigen Staatsperücke über den mit goldenen Knopflöchern besetzten Samtrock bis hin zu den mit roten Absätzen gezierten Schuhen wie ein grotesker Zerrspiegel des Versailler Hofzeremoniells wirkte und auch wirken sollte, wie ein vom König in Auftrag gegebenes satirisches Gemälde bewies, das Gundling in Hofgala und Lebensgröße vorstellte und auswärtigen Besuchern zur Belustigung vorgeführt wurde.

Dabei blieb es nicht: Sieben Jahre später wurde Gundling in den Freiherrnstand erhoben und ihm darüber ein Diplom ausgefertigt, dessen umständliches Wortgepränge und manierierte Wappenbeschreibung nur zu deutlich verriet, daß es nichts als ein „Pasquill über die Narrheit" vorstellen wollte. 1726 machte der Monarch Gundling überdies zum Kammerherrn und verlieh ihm einen goldenen Kammerherrnschlüssel, den der Beehrte immerfort bei sich zu tragen hatte. Diese satirische Erhöhung gab Anlaß zu Szenen, die in der Geschichtsschreibung gern als „Gundlings Schwänke und lustige Begebenheiten" vorgestellt werden, den vermeintlichen Schwankhelden in Wirklichkeit aber zum Opfer eines doppelten Spottes gegen bürgerliche Gelehrsamkeit und französische Hofkultur machten.

Doch bestätigt sich hierin wirklich das tradierte Bild des kulturellen Gegensatzes zwischen dem hausväterischen Hof des Soldatenkönigs und dem geselligen Hof des Philosophenkönigs? Bei genauerem Hinsehen zeigt sich, daß ein nicht nur auf Unterschiede, sondern auch auf Ähnlichkeiten zielender Vergleich zwischen Tabakskollegium und Tafelrunde nicht so absurd ist, wie das Klischee einer unüberbrückbaren Kluft zwischen dem rohen Spaßmacher Gundling und dem kultivierten Freigeist Voltaire glauben machen will. Denn als ein homme de lettres am preußischen Hof kann nicht nur Voltaire, sondern auch Gundling gelten, der als Repräsentant bürgerlicher Gelehrsamkeit zugleich verhöhnt und gebraucht wurde. Beide empfanden ihren Dienst zugleich als Auszeichnung und als Bürde. Nicht nur Gundling haderte mit seiner Rolle, auch Voltaire trug, wie er in seinen Memoiren bitter bemerkte, an der zynischen Bemerkung Friedrichs, daß man die Orange auspresse und die Schale wegwerfe, wenn der Saft getrunken sei, und er rächte sich mit der gezielten Sottise, daß er als Friedrichs Stilkritiker und Grammatiker die Rolle eines Dieners spiele, der seinem Herrn die schmutzige Wäsche zu waschen habe. Beide hingen gleichermaßen von der schwankenden Gunst des Monarchen ab und wurden nach dessen Belieben zur königlichen Tafel zitiert oder auch von ihr verbannt. Die schmähende Titulierung als Narr mußte nicht nur Gundling aus dem Munde Friedrich Wilhelms I. erdulden; so nannte auch Friedrich seinen Freund-Feind Voltaire schon 1740, als dieser ihm in Rheinsberg seine beträchtliche Reisekostenrechnung präsentierte, und wieder nach dem Bruch von 1753, als Friedrich sein Urteil über Voltaire so knapp wie abwertend formuliert: „Was für einen Lärm ein Narr in einer Gesellschaft machen kann!" Selbst der Kammerherrenschlüssel, das ironische Symbol der aristokratischen Einordnung in das barocke Hofzeremoniell, wurde nicht nur an Gundlings Staatskleid geheftet. Auch Voltaire empfing Kreuz und goldene Schlüssel als Insignien seines Amtes als Kammerherr seiner Majestät und schickte sie zu Neujahr 1753 vergeblich zurück, um sich, wie er dem König schrieb, von ‚den Schellen und der Narrenkappe' zu befreien. Gleich Gundling, der dem preußischen Hof 1716 und 1717 gleich zweimal zu entfliehen gesucht hatte, entzog auch Voltaire sich schließlich seinem Ehrenamt durch eine sorgfältig vorbereitete Flucht unter dem Vorwand einer Kurreise, und er wurde in Frankfurt a. M. unter Umständen auf Wochen festgesetzt, die denen Gundlings bis hin zur körperlichen Bedrohung glichen.

IV. Staatsdiener mit Narrenkappe

Auf der anderen Seite stellt sich aber auch die Beziehung des Soldatenkönigs zu den Wissenschaften vielschichtiger dar, als die ständige Beschimpfung aller Geistigkeit als „Blackschisserei" durch Friedrich Wilhelm I. zunächst vermuten läßt, und trennt seine Beziehung zu Gundling von dem primitiven Überlegenheitsdünkel im höfisch-militärischen Milieu. Gundlings Nachfolger als Zeitungsreferent Salomon Jacob Morgenstern beispielsweise, gleich ihm studierter Philosoph und Historiker, wurde 1737 sogar gezwungen, an der Universität Frankfurt a. O. eine Vorlesung über die Narrheit zu halten, an der auf königlichen Befehl alle Frankfurter Professoren teilnehmen mußten und zu der sich auch Friedrich Wilhelm I. einfand. Gerade diese seltsame Veranstaltung kann in ein tieferes Verständnis der eigentümlichen Einheit von Abwertung und Anerkennung führen, die die Stellung des Gelehrten am preußischen Hof unter Friedrich Wilhelm I. ausmachte. Auf Befehl des Königs erschien Morgenstern vor der Frankfurter Professorenschaft aufgeputzt wie vordem Gundling, nämlich in einem blausamtnen Kleid mit roten Aufschlägen, dessen Stickereien aus lauter silbernen Hasen bestand, und drapiert mit einer bis zur Hüfte reichenden Perücke, auf der ein mit Hasenhaaren geschmückter Hut saß. Die Universität war sich ihrer Verhöhnung bewußt, und ein couragierter Professor, der Staats- und Völkerrechtler Johann Jacob Moser, weigerte sich sogar demonstrativ, an der Vorlesung teilzunehmen. Ausgerechnet er, der daraufhin von Friedrich Wilhelm persönlich herbeizitiert wurde, überlieferte später, daß in der höfischen Welt des Soldatenkönigs Narrheit und Gelehrsamkeit sich keineswegs ausschlossen: „Der König gieng hierauf hinweg, und sagte zu einigen Officiers, daß ich es hörte: der Morgenstern sei klüger, als wir alle; kam wieder zu mir, und sagte: Was habt ihr denn gegen den Morgenstern? [...] Gundling war ein gelehrter Mann, aber er ist mit dem Morgenstern nicht zu vergleichen."

Offenbar greifen die uns seit der Aufklärung geläufigen Ordnungsvorstellungen und Ausschließungsbeziehungen in diesem Fall nicht recht, mit denen wir Erhabenes und Lächerliches, Verstand und Unverstand einander gegenüberzustellen gewohnt sind. Der Eindruck, daß die vermeintliche Kluft zwischen Narrentum und Gelehrsamkeit Produkt einer aufgeklärten und modernen Sicht a posteriori ist, aber die tatsächlichen Verhältnisse am Hofe des Soldatenkönigs verfehlt, verstärkt sich noch, wenn wir uns Gundlings tatsächlicher Stellung im Herrschafts- und Verwaltungsapparat des zweiten Preußenkönigs, also außerhalb seiner Auftritte im Tabakskollegium vor Augen führen.

Unhaltbar scheint vor allem aber die in der Literatur immer wieder angeführte Auffassung, daß die Bestallung Gundlings als Nachfolger des großen Leibniz zum Präsidenten der 1700 gestifteten Brandenburgischen Societät der Wissenschaften 1718 einen bloßen Tiefpunkt der Wissenschaftsverachtung unter dem Soldatenkönig markierte. Ebenso revisionsbedürftig ist die bis heute fortgeschriebene Annahme, daß der mit Ämtern überhäufte Gundling sich infolge seiner fortschreitenden Trunkenheit und Verwahrlosung um die Societät schon bald gar nicht mehr gekümmert und sie dadurch an den Rand des Ruins gebracht habe. Die Conciliumsprotokolle der Societät lassen aber keinen Zweifel daran, daß ihr Präsident bis zu seinem Tod nicht nur seine Funktion wahrnahm, sondern vor allem in dem fortbestehenden Dauerkonflikt zwischen König und Societät zu vermitteln suchte, in dem der König seine Akademie mit ständig neuen finanziellen Belastungen heimsuchte.

V. Der gelehrte Höfling zwischen repräsentativer und moderner Öffentlichkeit

Mit dieser bedingten Ehrenrettung eines in der Literatur fälschlich zum Narren abgestempelten Gelehrten lassen sich natürlich die denkbar schroffen Gegensätze zwischen dem drittrangigen Hofhistoriographen Gundling und dem Heros der Aufklärung Voltaire nicht hinwegreden, dessen Kommunikation mit dem König, wie Ernst Hinrichs es beschrieb, dem Zusammentreffen zweier selbsternannter öffentlicher Einrichtungen und Repräsentanten europäischer Großmächte glich. Dennoch teilte Voltaire mit Gundling das Schicksal eines gelehrten Höflings, der keine administrative, militärische oder sonstige Funktion wahrnahm, sondern als Landesfremder an den Fürstenhof gerufen wurde, um der Hofgesellschaft eine gesellige Unterhaltung zu verschaffen, zu der sie aus eigenen Kräften nicht imstande war. Nicht nur Gundling diente der höfischen Gesellschaft zur unterhaltenden Zerstreuung. Auch Voltaire, der sich noch 1742 und 1743 nach dem ersten schlesischen Krieg im Auftrag des französischen Königs als heimlicher Sonderbotschafter bemüht hatte, Friedrich politische Geheimnisse über seine künftige Außenpolitik zu entlocken, wurde von Friedrich systematisch von politischen Angelegenheiten ferngehalten und auf die Rolle eines königlichen Grammatikers und geistreichen Spötters in der Tafelrunde beschränkt: „Die politischen Geschäfte und die Verse sind Dinge von ganz verschiedener Qualität; die einen legen der Phantasie Zügel an, die anderen wollen sie beflügeln", schrieb der König seinem Dichter, dessen er nur in den Ruhepausen und zur Aufmunterung abseits der Geschäfte benötigte. Insoweit verkörpern Gundling wie Voltaire vergleichbare Formen einer höfischen Geselligkeit, die sich von der zeremoniellen Prachtentfaltung nach dem Versailler Vorbild losgesagt hatte, aber in gewisser Hinsicht noch unschlüssig zwischen dem Herkommen einer fürstlich-repräsentativen Öffentlichkeit und der Herausforderung einer bürgerlich-räsonnierenden Öffentlichkeit schwankte.

War in dieser Hinsicht die Tafelrunde überhaupt die überlegene, stärker zukunftsweisende Form der Geselligkeit? Unerreicht blieb die in Friedrich verkörperte Bereitschaft eines aufgeklärten Fürsten, sein Tun dem Maßstab der Vernunft zu unterwerfen – eines Fürsten, der gleich zu Beginn seiner Regierung einen Anti-Machiavell publizieren ließ, der Religion für Aberglauben und standesgemäße Geburt für Zufall hielt. Eben dies trug Friedrich die jubelnde Zustimmung der Aufklärer ein und schon bald auch die erste Ehrung mit dem Beinamen „der Große". Aber Friedrichs Ideal blieb die ältere französische Aufklärung, die strikt zwischen politischer und geistiger Freiheit trennte und nicht lange nach 1740 in die Defensive geriet. Die Tafelrunde von Sanssouci blieb abgeschottet vom Denken deutscher Aufklärer, und der zu ihr zugelassene Personenkreis beschränkte sich auf französische oder französisch ausgerichtete Adlige. In ihr galten das freie Wort und die Klarheit des Urteils, aber politische Fragen wurden nicht verhandelt, und der *roi philosophe* kehrte sich als *roi connetable* wenig an seine philosophischen Grundsätze, als er im Winter 1740/41 Schlesien überfiel, um – wie er selbst eingestand – seinen Ruhm zu mehren. So stellt die Tafelrunde das Modell einer räsonnierenden, modernen Öffentlichkeit dar, deren Bestehen aber von ihrer Abgeschlossenheit und Unverbindlichkeit abhing – und erweist sich damit ihrem aufgeklärten Habitus zum Trotz letztlich als eine Spielart höfischer Geselligkeit.

Spricht umgekehrt nicht manches dafür, daß sich spiegelbildlich hinter der kulturlosen Roheit des Tabakkollegiums eine Keimform neuzeitlicher Öffentlichkeit verbarg? Auch der Soldatenkönig Friedrich Wilhelm I. ließ in ihm Standesunterschiede nicht gelten und gestattete das freie Wort nicht nur, sondern forderte es mitunter gewalttätig. Anders als unter seinem Sohn aber schloß sich die Abendgesellschaft unter Friedrich Wilhelm I. nicht von der sozialen Welt des Landes ab, sondern holte sie gezielt in die Tabaksrunde hinein. Zu eben diesem Zweck war Gundling als Zeitungsreferent bestellt worden und kam er seiner Aufgabe nach, führende deutschsprachige und ausländische Zeitungen auszuwerten – darunter auch die bekannt freiheitliche *Courante von Haarlem*, die anders als die Berliner Zeitungen keiner Zensur unterlag und mit spöttischer Kritik an der preußischen Regierung nicht sparte. Der abendliche Diskurs über die Entwicklung der öffentlichen Meinung in Europa im Tabakskollegium Friedrich Wilhelms I. diente der abendlichen Zerstreuung des Königs und seiner Vertrauten, aber er diente auch der Orientierung über die Verhältnisse im Inneren und Äußeren des Landes, und er beeinflußte die politischen Entscheidungen des Königs maßgeblich.

In dieser Konfiguration bildeten Narrentum und Gelehrsamkeit nicht die sich wechselseitig ausschließenden Gegensätze, als die sie bis heute oft gesehen werden, sondern zwei Seiten derselben Medaille. Gemeinsam nämlich stehen sie für die Vorboten eines kulturellen Umbruchs am paternalistischen Hof Friedrich Wilhelms I., mit dem erste Elemente einer bürgerlichen Öffentlichkeit in die höfische Geselligkeit einzudringen beginnen, die im weiteren Verlauf des Jahrhunderts unter Friedrich II. zunächst wieder zurückgedrängt werden sollten. So roh und barbarisch das mit dem Namen des verspotteten Gundling verbundene Tabakskollegium des *roi sergeant* sich gegenüber der Freundschaft seines Sohnes mit dem gefeierten Voltaire auch zeigt, trägt es gleichzeitig doch in mancher Hinsicht modernere und stärker zukunftsweisende Züge als die ungleich kultiviertere Tafelrunde des *roi philosophe*.

Lageplan Friedhof Bornstedt

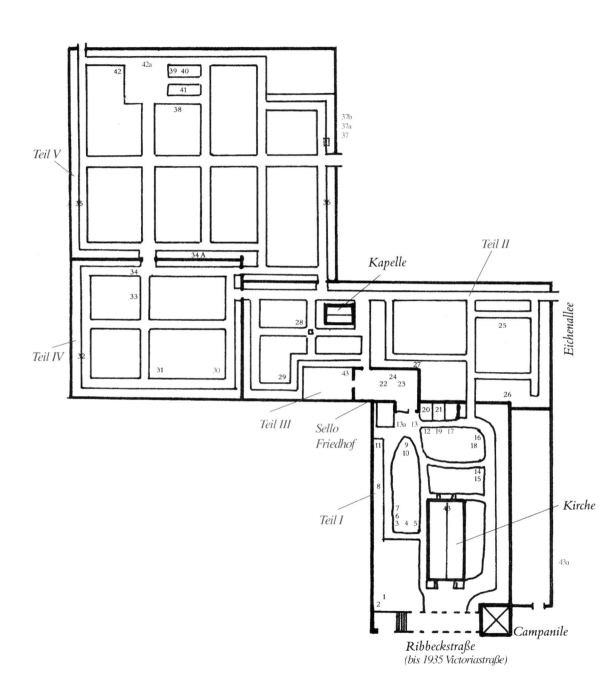

Erklärungen zum Lageplan

25   *Blick vom tiefer gelegenen Friedhofsteil II auf Glockenturm und Kirche.*

18 *Auffallend ist eine Vielzahl kunstvoll geschmiedeter und mit reichem Filigran versehener Eisenkreuze. Der Überlieferung nach soll ihr häufiges Vorhandensein auf einen nostalgischen Modetrend um die Jahrhundertwende zurückzuführen sein.*

13 a
*Grabstein des
Hauptmanns und
Waisenhaus-
administrators
Friedrich Wilhelm
Ehrenreich von
Pfuhl
1714–1793.*

„Gleich dem Wanderer am / schwülen Tage drückte dich Er / blaßten oft die Last des Lebens am / Staube. Noch deine letzten Stunten / waren dier ein bittrer Kelch der / Leiden. Gott sah deinen Schmertz / rief dich zur stillen Ruhe des Gra / bes. Ruhe sanft bis zum großen / Tage der Auferstehung / wo [Beginn neuer Inschriftenseite] wo dich Jesus Christus Hehr / und Groß dich und uns alle / die an deinem Grabe weinten / wird [...] versammeln."

43a
*Grabplatte der
Eheleute
Johann Friedrich Pietsch
und
Catharina Mangelsdorffin.*

„Trit heran / Zu diesem Grabmal / aufmercksamer Wanderer / denn du triffst / den Hoch Erfahrnen / Ober Regiments Feldscher / Herrn / Johann Friedrich Pietsch / unter diesem Stein verscharret. / Deßen Gott befohlner Leib / hier der Auferstehung haart / da bereits / Zwey Jahr vorhero / Seine tugendsame Frau / Catharina Mangelsdorffin / Ihren früh zerbrochenen Bau dieser Hütten / in den Staub dieser Gräber eingesencket / und den hocherlösten Geist / ohne Quaal zu Gott gelencket / 17Hundert41 paart sich hier / Dis seelge Paar / das durch Tugend Treu und Liebe / 19 Jahr verbunden war." Der Text schließt mit dem frommen Sinnspruch: „Mercke dir / mein Wandersmann / daß die Aertzte nebst den Frommen / nur durch ihren Seelen-Artzt / zu dem Heil und Leben kommen."

1   *Versteckt unter schattigen Eiben dieses malerisch anmutende Ensemble.*
Im Vordergrund das gußeiserne Grabkreuz von Johann Wilhelm Hackel (1743–1796),
Kastellan auf Schloß Sanssouci.
Links daneben das steinerne Grabmal eines Kindes seines Amtsnachfolgers.

HIER RUHT IN GOTT
WILHELMINE
VON MEYERINCK
STIFTSDAME
IN WOLLMIRSTADT
* BERLIN 6. 12. 1786
POTSDAM 12. 2. 1860
LUDWIG
VON MEYERINCK
KÖNIGLICHER KAMMERHERR,
OBERSCHLOSSHAUPTMANN
U. WIRKL. GEHEIMER RAT
* BERLIN 2. 5. 1789
SANSSOUCI 25. 6. 1860

2   *Ludwig von Meyerinck –*
ein Familienvorfahre des bekannten Schauspielers Hubert von Meyerinck.

3 *Eine der wohl schönsten Denkmalsgruppierungen des Friedhofs befindet sich an der Südseite der Kirche. Es ist die Familiengrabstätte des Weinhändlers Johann David Mahler (links), seiner Ehefrau (Mitte) und Henriette Wilhelmine Kochs geb. Mahler.*

4 Grabmal der
Wilhelmine Erdmuthe
Mahler geb. Krempel
(gest. 1776)
im Winter 1985.

5 Inschrift am
Grabmal von Henriette
Wilhelmine Koch
geb. Mahler
(1781–1799).

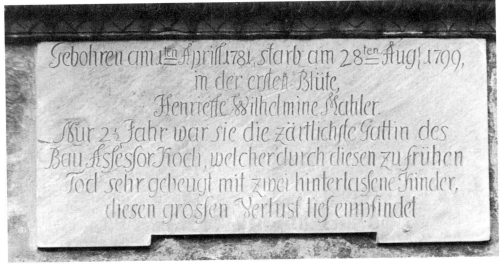

Gebohren am 1ten April 1781, starb am 28ten Aug! 1799,
in der ersten Blüte,
Henriette Wilhelmine Mahler.
Nur 2½ Jahr war sie die zärtlichste Gattin des
Bau Assessor Koch, welcher durch diesen zu frühen
Tod sehr gebeugt mit zwei hinterlassene Kinder,
diesen grossen Verlust tief empfindet

6   Grabstelle von Sell. Der Kapitänleutnant Fritz von Sell ging mit dem leichten Kreuzer „Breslau" am 20. 1. 1918 unter. Die „Breslau" war Begleitschiff im 1. Weltkrieg im Bereich der Dardanellen und im Schwarzen Meer des unter türkischer Flagge operierenden deutschen Schlachtkreuzers „Goeben".

Im Vordergrund die Gedenktafel an Ulrich von Sell (historische Aufnahme); er überstand neun Monate Einzelhaft unter Hitler, danach in einem sowjetischen Haftlager in Jamlitz bei Lieberose umgekommen. Am 12. Dezember 1945 fand ihn der damals mitinhaftierte Schauspieler Gustav Gründgens tot neben seiner Pritsche und hat ihn begraben.

7   Grabstätte der früher in Potsdam ansässigen Familie von Kretschmann. (Marianne von Weizsäcker, Ehefrau des ehemaligen Bundespräsidenten, stammt aus dieser Familie.) In der Mitte ein schwerer Sandsteinsockel mit dem Relief eines Stahlhelms und der verwitterten Inschrift „Durch Kampf zum Sieg". Darüber sehr eindrucksvoll auf schlichten Eisentafeln das bittere Ende: gestorben, gefallen, vermißt – in Gefangenschaft, in Arras bei Mogilev, in Stalingrad.
Im Vordergrund die Grabplatte des amerikanischen Germanisten Henry Wood, ein Schwiegersohn der Familie von. Kretschmann, der sich nach dem 1. Weltkrieg Verdienste um die Quäkerspeisung der vom Hunger bedrohten deutschen Kinder erworben hat.

8 Erinnerung an eine Tragödie – mit falschem Datum. Das Ende des Schlachtschiffes
„Bismarck" war nicht am 27. 5. 1940, sondern auf den Tag genau ein Jahr später gekommen.
Dabei fanden 2106 Menschen einen grausamen Tod.

9 1983 stand er noch, der mächtige von Efeu umrankte Ulmenstamm, der mit einer kräftigen
Seitenwurzel das Grabmal des Heinrich Wagenführer umklammert hielt.
Im Oktober 1984 fiel der alte Baum einem Sturm zum Opfer.

10 *Grabplatte des Heinrich Wagenführer im Jahr 1983, noch in jenem Zustand, den einstmals Fontane bewundert und auf eindrucksvolle Weise in seinen „Wanderungen durch die Mark" beschrieben hat.*

Grabinschriften

Die Menschen
Leben
damit sie wieder
sterben
und alle sterben
damit sie ewig
Leben

Maria Johanna
Calefice
gebohren Anno
1710
zu
Lüttig

Starb im Herrn
Anno 1778
den 20ten
February

Wittwe
des Heinrich
Wagenführers
Weis und Wein
Händlers
zu
Potsdam

11 *Hans Mackowsky – Professor der Kunstgeschichte und bedeutender Schinkel- und Schadow-Forscher. Er war Förderer der wissenschaftlichen Grabmalsforschung und u. a. Autor des Buches „Häuser und Menschen im alten Berlin" (1923). Das Grabmal wurde 1984 durch die umstürzende Ulme vom Wagenführerschen Grab beschädigt. Auf ihm befindet sich die Nachbildung eines Schadow-Reliefs, dessen Original in Berlin vermutlich durch Kriegseinwirkung verlorenging. Mackowsky wohnte in Bornstedt hinter dem Friedhof.*

12 *Antike Kulisse oder märkische Wirklichkeit? Die unregelmäßig stehenden alten Grabsteine des Friedhofs schaffen ein romantisches Flair. Eine Stimmung von Harmonie und Friedlichkeit breitet sich aus, macht nachdenklich und versöhnlich auch zu Gräbern, auf denen Erinnerungen an schlimme Zeiten wachgehalten werden.*

13 *Unterdrücktes und verfälschtes Geschichtsbewußtsein, purer Vandalismus und natürlicher Verfall hatten hier vor Jahrzehnten ganze Arbeit geleistet. Dem rastlosen Einsatz von Pfarrer Gottfried Kunzendorf und den Freunden und Anhängern dieses schönen Ortes ist es zu verdanken, daß der jetzige Zustand in jahrelanger Arbeit hergestellt wurde.*

14 Mit der Bestattung des Generals von Albedyll im Jahre 1897 wurde der seit 1864 geschlossene alte Friedhof (Teil I) wiedereröffnet. Der einsetzende Abbau alter kulturhistorischer Bereiche wurde durch den Restaurationserlaß Wilhelms II. 1912 beendet.

15 Das Segelschiff „Niobe" war Kadettenausbildungsschulschiff der Reichsmarine. Es wurde am 26. Juli 1932 im Fehmarn-Belt in der Ostsse, unter fast voller Besegelung fahrend, von einer Fallbö überrascht und kenterte augenblicklich. Dabei kamen 69 Kadetten ums Leben.

ZUM GEDENKEN AN
HENNING UND ERIKA
VON TRESCKOW
GEB·VON FALKENHAYN
UND·DIE WIDERSTANDS-
BEWEGUNG VOM
20·JULI 1944

16 1987 wurde dieser Gedenkstein an Henning und Erika von Tresckow aufgestellt und
    am 20. Juli des gleichen Jahres eingeweiht. Er steht auf der Begräbnisstätte des
    Generals Erich von Falkenhayn, des Schwiegervaters Henning von Tresckows.

17
Dr. Johann Goercke,
Königlich-preußischer
Generalstabsarzt der Armee.
Begründer der Pépinière –
sog. Pflanzschule
(Ausbildungsstätte) der
preußischen Militärchirurgen,
gestorben 1822.

19 *Eindrucksvolles Reliefdetail der Grabplatte von Johann Gottlieb Ranft, verstorben 1787.*
Ranft war Feldscher und Leibarzt des Prinzen von Preußen (später Friedrich Wilhelm II.).

20 *Heinrich Ludwig Manger, Oberhofbaurat und Garteninspektor unter Friedrich II. und Friedrich Wilhelm II. Hatte jedoch mit dem ausgeprägten knauserigen Mißtrauen Friedrichs II. große Schwierigkeiten. 1789 beendete er seine berühmte „Baugeschichte von Potsdam".*

21 *Ahnengalerie am Erbbegräbnis der Fähr-Müller zu Nedlitz. Fontane schreibt, daß die Fähr-Müller zu Nedlitz wohlhabende Leute gewesen und deren Töchter zumeist nach Sanssouci hin verheiratet worden seien.*

22
Grabstelle von
Peter Joseph Lenné
und seiner Frau Friederike,
geb. Voss
auf dem Sello-Friedhof.

23   *Sello-Friedhof im Winter 1985. Zum 1. Mai 1984 wurde von dem in der Bildmitte befindlichen Denkmalsockel der Tochter von Ludwig Persius die Figur eines betenden Engels gestohlen. Im Hintergrund links das Grabmal von Aline und Hermann Sello.*

FRIEDRICH LUDWIG PERSIUS
Architect des Königs
geboren den 15ten Febr: 1803
gestorben den 12ten July 1845

24   *Relief aus carrarischem Marmor in der Grabstele des Architekten Friedrich Ludwig Persius*
(Entwurf August Stüler).
Metaphorische Darstellung des vom irdischen Dasein abschiednehmenden Persius.

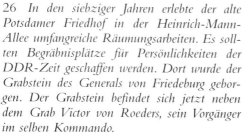

Semper talis!
Meine Augen sehen auf die Treuen
im Lande.

Friedrich v. Friedeburg
Kgl. Pr. Generallt. General a la suite
Sr. Majestät des Kaisers Wilhelm II.
Letzter Friedenskommandeur
des Ersten Garde Regt. z. F.
Ritter des Ordens Pour le merite
geb. 5.3.1866   gest. ?.?.1933.

Es fiel bei A... ...deburg
Lt. u. Komp.? ...Regt. z. F.
...

ZUM GEDENKEN AN
GEORG POTENTE
KGL. HOFGÄRTNER
UND STAATLICHER
GARTENDIREKTOR
IN SANSSOUCI
* 13. 2. 1876
† 27. 4. 1945

26 In den siebziger Jahren erlebte der alte Potsdamer Friedhof in der Heinrich-Mann-Allee umfangreiche Räumungsarbeiten. Es sollten Begräbnisplätze für Persönlichkeiten der DDR-Zeit geschaffen werden. Dort wurde der Grabstein des Generals von Friedeburg geborgen. Der Grabstein befindet sich jetzt neben dem Grab Victor von Roeders, sein Vorgänger im selben Kommando.

27 Georg Potente. Seit 1902 in Sanssouci tätiger besonders verdienstvoller Gartenarchitekt. 1938 mußte er sein Amt aus politischen Gründen verlassen. Er schied durch Selbstmord aus dem Leben und wurde in Potsdam auf dem neuen Friedhof in ein Massengrab gelegt. Zur Erinnerung wurde ihm an der Mauer des Sello-Friedhofteiles in Bornstedt diese Gedenktafel gewidmet.

SEID FRÖHLICH IN HOFFNUNG, GEDULDIG
IN TRÜBSAL, HALTET AN AM GEBET!

OBERST A. D.
VICTOR FREIHERR VON FORSTNER
† 10. 8. 1864   † 23. 8. 1939

THERESE FREIFRAU VON FORSTNER
GEB. FREIIN VON FORSTNER
† 31. 3. 1869   † 11. 9. 1954

OBERLEUTNANT
FRIEDRICH FREIHERR VON FORSTNER
UNSEREM SOHN ZUM GEDÄCHTNIS † 16. 5. 1904
GEF. AM 31. 1. 1942 IN POGOSTJE SÜDL. D. LADOGA-
SEES IM STURMANGRIFF ALS FÜHRER D. 2. PANZ.
JAG. 269 AUSGEZ. M. D. EISERNEN KREUZ II. u. I. Kl.
UND DEM STURMABZEICHEN

WENN EINMAL DIE GANZE WELT ZERSCHLAGEN
WIRD, IN STAUB ZERFÄLLT AM JÜNGSTEN TAG
NACH GOTTES RAT, DANN BLEIBEN AUF DEN TRÜM-
MERN STEHN UND WERDEN SICH INS AUGE
SEHN: „DER EWIGE GOTT UND DER SOLDAT"
GEFUNGEN IN SEINER BRUSTTASCHE

28   *Eine Grabinschrift, nach einem Fund in der Brusttasche Friedrich von Forstners.*
„Wenn einmal die ganze Welt zerschlagen wird, in Staub zerfällt . . ."
Ein Angehöriger der Familie Kurt von Forstner wurde vom Reichskriegsgericht zu mehreren
Jahren Haft verurteilt, weil er ein Memorandum gegen Hitler verfaßt hatte.

29 *Anni von Gottberg (1885–1958). Aktives Mitglied der Bekennenden Kirche in der
Pfingstgemeinde in Potsdam und Mitglied des brandenburgischen Bruderrates der
Bekennenden Kirche.*

30 *Ernst von Mirbach (1844–1925). Oberhofmeister der Kaiserin Auguste Viktoria und Vorsitzender des „Evangelisch-Kirchlichen Hilfsvereins“, der sich besondere Verdienste bei der Durchführung des umfangreichen Kirchenbauprogramms um 1900 erwarb.*

37b   *Grabstein der Familie von Chappuis. Jutta von Chappuis ist mutmaßliches*
      „Euthanasie"-Opfer (siehe Seite 219).

31   *Herbert Wassermann war von den Nazis ins KZ gebracht und dort so mißhandelt worden,*
     daß er 1946 an den Spätfolgen verstarb.

32   *Grabmal der Familien von Lucanus und Krummacher. Bemerkenswert ist das*
besonders gut erhaltene schmiedeeiserne Einfassungsgitter.
Lucanus war Chef des Geheimen Zivilkabinetts Wilhelms II. Theodor Krummacher war
Pfarrer an der Potsdamer Pfingstgemeinde. Der spätere Bischof Krummacher, Greifswald,
der sich nach seiner Gefangennahme bei Stalingrad dem „Nationalkomitee Freies Deutschland"
angeschlossen hatte, war ein Sohn von ihm.

33 Konteradmiral a. D. Wilhelm Weniger. Ein Bruder von Dr. Jenny Deetz. Er starb 1945 an Hunger und Entkräftung.

34 Werner Alfred Pietschker. Bekannter Flugpionier. Enkelsohn des Industriellen Werner von Siemens. Verunglückte mit einem von ihm selbst konstruierten Flugzeug am 15. 11. 1911. Er hatte testamentarisch verfügt, daß aus seinem Erbteil vom Großvater für die Stadt Potsdam das Werner-Alfred-Bad in der Hegelallee gebaut wurde und daß aus den verbleibenden Mitteln die ständige bauliche Unterhaltung des Bades beglichen werden solle. Letztere Verfügung wurde 1946 von der damaligen Potsdamer Stadtverwaltung per „Enteignungsverfügung" außer Kraft gesetzt.

34a Gedenkstein für Dr. Gustav Herzfeld, jüdischer Rechtsanwalt aus Bornim, für sein
soziales Engagement bekannt. Die Familie Herzfeld ließ nach dem 1. Weltkrieg ihren in
Frankreich gefallenen Sohn Joachim auf dieser Grabstelle beisetzen.

35 Gillis Grafström. Erfolgreichster Eiskunstläufer aller Zeiten. Gewinner olympischer
Goldmedaillen 1920, 1924 und 1928. Weltmeistertitel 1922, 1924 und 1929. Er lebte in
Potsdam und war verheiratet mit Cäcilie Grafström geb. Mendelssohn-Bartholdy,
die neben ihm begraben liegt.

36   Otto Rindt, preußischer Oberförster (* 26. 9. 1884, † 28. 2. 1946 in Sachsenhausen).
*Der Hinweis auf den Ort des Todes ist bemerkenswert, da hierzu in DDR-Zeiten zweifellos
ein gewisser Mut gehörte.*

37   Admiral Ludwig von Reuter. *Er gab als Chef der an England ausgelieferten
Kaiserlichen Hochseeflotte am 21. 6. 1919 in der Bucht von Scapa Flow den Befehl zu
deren spektakulärer Selbstversenkung.*

37 a   *Richard Schäfer, Diakon,*
enger Mitarbeiter von Pfarrer Dr. Johannes Lepsius
(siehe Seite 214).

38   *Arno Rauscher. Während seiner Amtszeit erfolgte die Eingemeindung des heutigen Babels-*
berg nach Potsdam. Rauscher war Repräsentant einer konservativ-royalistischen Kommunal-
politik, wofür auch sein Grabstein Zeugnis ablegt: „Oberbürgermeister der Residenzstadt".

97

KURT FREIHERR
VON PLETTENBERG

GENERALBEVOLLMÄCHTIGTER
DES HAUSES
BRANDENBURG-PREUSSEN

GEB. 31.1.1891
IN BÜCKEBURG
GEST. 10.3.1945
IN BERLIN

ER GAB SEIN LEBEN
FÜR SEINE FREUNDE
IM WIDERSTAND DES
20. JULI 1944

39   *Kurt Freiherr von Plettenberg. Vermutlich eine der wenigen Grabstätten von*
Opfern des Rachefeldzuges der Nazis gegen die Verschwörer des 20. Juli.
Die meisten der Hingerichteten wurden durch die Henker des NS-Regimes verbrannt
und ihre Asche verstreut. Bis 1989 stand an dieser Stelle ein schlichtes Eichenholzkreuz, das
nun in der Kirche aufbewahrt wird.

GEHEIMRAT PROF. DR. DR.
LUDWIG
JUSTI
GENERALDIREKTOR
DER STAATLICHEN
MUSEEN ZU BERLIN
14. MÄRZ 1876 IN
MARBURG AN DER LAHN
† 19. OKTOBER 1957
POTSDAM-ORANGERIE
~
ADELHEID REGINA
JUSTI
GEBORENE FREIIN
FRITSCHKO
V. FÜRSTENMÜHL
31. JULI 1892
9. OKTOBER 1975
~
CLARA MARIA
ELSHORST

R.I.P.

40 *Ludwig Justi. Wurde 1933 wegen seines engagierten Einsatzes für die nach Meinung der Nazis „entartete Kunst" aus seinem Amt als Direktor der Nationalgalerie in Berlin entlassen. Von 1946 bis 1957 war er Generaldirektor der Staatlichen Museen zu Berlin.*

41　*Gedenktafel für Ernst von Harnack an der Grabstelle der befreundeten Familie von Heeringen. Harnack war sozialdemokratischer Regierungspräsident in Merseburg und wurde aus diesem Amt von Papen auf diskriminierende Weise entfernt. Bei seiner Tätigkeit als Grabstellenforscher hatte er engen Kontakt zu den Kreisen des Widerstandes gegen Hitler. Nach der Verhaftung Julius Lebers betreute er dessen Kinder, bis die Nazis auch ihn verhafteten und am 5. März 1945 hinrichteten.*

42a   *Grabstein der Familie*
von Kriegsheim.
Der Sohn Kurtheinz ist ein mutmaßliches
„Euthanasie"-Opfer (siehe S. 219).

42   *Ganz am südwestlichen Ende des*
Friedhofs die bewegende Inschrift
auf dem Grabstein einer Bornstedter Mutter:
Dr. Jenny Deetz, geb. Weniger 1882–1974.
Sie verlor im 2. Weltkrieg alle vier Söhne.

Günter Bransch

Liberalität und preußischer Protestantismus

Kaiser Friedrich III. zum 100. Todestag[*]

Einleitung

Am 15. Juni 1888, vormittags gegen 11.15 Uhr, erlosch nach schwerem Leiden das Leben Kaiser Friedrichs III., des zweiten deutschen Kaisers nach der Reichsgründung von 1871, und mit ihm für viele seiner Zeitgenossen die Hoffnung auf ein liberales, bürgerlich-demokratisches Reich unter der Führung der Hohenzollern.

Unter teils peinlichen, teils unwürdigen Umständen – Schloß Friedrichskron (das neue Palais) wurde durch Militär abgeriegelt und eine Nachrichtensperre verhängt – wurde die Beisetzung des toten Herrschers hastig organisiert und schon am 18. Juni vollzogen. Bei dem weitgehend militärischen Trauerzeremoniell fehlten Kaiserin Victoria und drei ihrer jüngsten, noch bei ihr lebenden Töchter. Diese, zusammen mit einigen Angehörigen des Hofes, waren nach Bornstedt gegangen. Hier in der Bornstedter Kirche, deren letzte bauliche Gestalt das Kronprinzenpaar wesentlich mitbestimmt hatte, ließen sich Victoria und ihre Begleitung vom Ortspastor das Wort Gottes sagen, zur gleichen Stunde, in der drüben in Potsdam in der Friedenskirche der offizielle Trauerakt stattfand. Von nun an nannte sich Victoria „Kaiserin Friedrich".

An ihre Mutter, die Queen Victoria, schrieb sie unter der Gewalt des Schmerzes (18. 6. 88) einen langen und bitteren Brief, fast ein Nachruf auf ihren Mann und eine Anklage an die Geschichte, auch eine Rechtfertigung gegenüber den Feinden, Bismarck voran: „Wir waren treu, was wir als Recht erkannt hatten, an das wir glaubten … Wir haben uns eifrig bemüht zu lernen, zu studieren, uns für die Zeit vorzubereiten, die uns zum Werk an der Nation rufen würde. Viel Erfahrung hatten wir gesammelt. Bitter hart erkaufte Erfahrungen!!! Und nun ist alles umsonst gewesen…"

99 Tage hatte Friedrich, vom 9. März bis 15. Juni, regieren können. Er war schon vom Tode gezeichnet und nach der Kehlkopfoperation ohne Stimme, mit 56 Jahren fast zu alt und vom langen Warten auf seine Stunde zermürbt. Wie immer man ihn und seine Möglichkeiten beurteilen mag, wenn er zu einem früheren Zeitpunkt zur Herrschaft gelangt wäre – die Tragik seines unerfüllten Lebens ist offenkundig. Für viele Zeitgenossen war er das Symbol einer anderen Möglichkeit, eines anderen Weges in die Zukunft für Preußen-Deutschland. Und dieser Weg wäre nicht ohne Zusammenhang mit der preußischen Tradition gewesen vom Großen Kurfürsten über Friedrich II., bis zu den Reformern der Befreiungskriege, ja den bürgerlichen Revolutio-

---

[*] Vortrag in Bornstedt, 1988

nären der 48er Revolution: der Tradition der Offenheit und Toleranz, der bürgerlichen Aufklärung auf der Grundlage protestantischer Religiosität und Ethik. Ob sich diese Tendenzen in der Person Friedrichs III. hätten politisch durchsetzen können, muß man wohl rückschauend verneinen. Bismarck war der Stärkere und das, was in ihm zum Tragen kam: die radikale Veränderung der deutschen, ja teilweise der europäischen Landschaft von oben her, eine Revolution von oben als politischer Wille der Staatsmacht. Friedrich und Bismarck haben nie zueinander finden können, trotz temporärer Gemeinsamkeiten und der Kapitulation des Kronprinzen nach dem Sieg 1866 über Österreich vor dem Genie des Kanzlers und seinen Erfolgen. Bismarcks gewagter und nur durch dessen hohe staatsmännische Kunst akzeptabler Maxime setzte Friedrich seine rechtschaffene, aber auch wieder bei ihm fast naive Alternative entgegen. „Macht geht vor Recht" – so der eiserne Kanzler, „Recht geht vor Macht", so der Kronprinz, ohne doch auch nur die geringste Macht zu haben, dies Recht durchsetzen zu können.

Beiden gemeinsam ist die Tragik, daß das, was nach ihnen kam, in Geist und Willen, Stil und Gestalt, nämlich der großsprecherische und imperialistische Wilhelminismus, auch nur annähernd nicht dem entsprach, was beide, der eine innenpolitisch, der andere außenpolitisch, für die Zukunft erhofft hatten.

Friedrich III., Kronprinz Friedrich Wilhelm, ist zu seinen Lebzeiten eine durchaus populäre und beliebte Gestalt gewesen. Er galt im Umgang als gütig, herzgewinnend und menschlich. Seine spätere Krankheit weckte zusätzliche Sympathie. Dazu war er von Körpergestalt und Aussehen imponierend. In den Kriegen teilte er den Tag mit den Soldaten, ließ sie spüren, daß er den Krieg als etwas Furchtbares empfand, war weder „Draufgänger" noch „Leuteschinder". Sein Bild mit Tabakspfeife, in schlichter Uniform zu Pferde, hing damals in vielen Stuben einfacher Menschen. Gerade wenn er sich unbeobachtet fühlte, konnte er von gewinnender Einfachheit und Normalität sein, die ihm die Bezeichnung „Unser Fritz" eintrug. Dem kontrastierte, daß er dann, wenn er sich beobachtet wußte, zu unnatürlicher Pose neigte, besonders bei fotografischen Aufnahmen – das begann damals – und darin „Rollenprobleme" erkennen ließ. Bornstedt, aber auch Golm, Eiche, Alt-Geltow (heute ein Teil von Geltow) und Potsdam erlebten ihn, aber auch Victoria und die kronprinzliche Familie, am echtesten und natürlichsten. Mancherlei harmlose Geschichten und Geschichtchen waren im Umlauf, die seine Popularität spiegelten. „Auf seinem Rittergut in Bornstedt, das nahe dem Neuen Palais in Potsdam lag, bot er das Beispiel einer musterhaften Gutsherrschaft. Der Kronprinz betätigte sich auf den Feldern, die Kronprinzessin in Haus und Stall, sie bewirteten die Bauern beim Erntedankfest und beschenkten deren Kinder zu Weihnachten. Kranke wurden gepflegt, Bedürftige unterstützt, und mitunter, wenn der Dorfschullehrer verhindert war, trat Friedrich Wilhelm höchstselbst vor die Klasse", so Franz Herre.

Wenigstens ein Beispiel für die erwähnten Geschichten: Friedrich Wilhelm und Victoria inspizierten in Abständen und stets unangemeldet die Dorfschulen im Gutsbereich. Friedrich Wilhelm liebte es dabei, eingehender die Kinder und damit die Lehrer zu prüfen. Bei einer solchen Inspektion erreichte einen Lehrer namens Matthies ein Telegramm, das ihn zur sterbenden Mutter rief. Der Kronprinz erklärte sofort dem Lehrer, daß derselbe unverzüglich abreisen müsse, um noch den letzten sehnsüchtigen Wunsch seiner Mutter zu erfüllen. „Gehen Sie", sagte der Kronprinz, „die Schule werde ich übernehmen, bis um 11 Uhr der Herr Prediger zum Konfirmanden-Unterricht kommt; eilen Sie nur, daß Sie Ihre gute Mutter womöglich noch lebend antreffen." Und so übernahm der Kronprinz in der Tat das Amt des Lehrers in der ersten Klasse der Bornstedter Schule und prüfte die Kinder von 10 bis 11 Uhr in der Geschichte der Reformation, hier und da Schilderungen geschichtlicher Persönlichkeiten und Tatsachen jener großen Zeit einflechtend. Übrigens hospitierte er dann auch noch den Konfirmandenunterricht, lobte die Leistungen der Kinder, tadelte aber den abgenutzten Zustand der Bibeln und spendierte neue.

Was bei den einfachen Leuten Sympathie und Popularität in bezug auf den Kronprinzen war, das war bei den politisch wachen und progressiven Angehörigen des Bürgertums die Hoffnung und Erwartung, daß dieser Mann mit Herz und Verstand, Bildung und Weltoffenheit, Fortschritt und ein modernes Staatswesen befördern würde. Er galt als „liberale Hoffnung" (Herre). Sebastian Haffner schreibt: „Friedrich III. war ein Liberaler. Er hätte unter dem Einfluß seiner sehr regen englischen Frau ... die preußische Monarchie zu einer parlamentarischen Monarchie nach englischem Vorbild gemacht... Von Bismarck hätte man unter dem Königspaar Friedrich und Victoria nie etwas gehört. Es ist sehr unwahrscheinlich, daß ein parlamentarisch regiertes Preußen Deutschland gegen den Widerstand Frankreichs, Rußlands, Österreichs und der deutschen Mittelstaaten nur mit Hilfe der Liberalen und der Sympathie Englands je hätte einigen können. Aber es ist durchaus vorstellbar, daß Preußen dann heute noch existierte."

Vernichtend war das Urteil, das Bismarck bald nach dem Tode Kaiser Friedrichs über diesen am 3. Dezember 1888 fällte: „Daß Kaiser Friedrichs Liberalismus seiner unglaublichen politischen Schwachköpfigkeit entsprang, muß den Leuten erst noch klarwerden. Er war ja ein ganz gutmütiger Mensch, wenn er nicht von Eitelkeit betört, von Leidenschaft verblendet, von anderen beeinflußt war."

Zwei Wege in Deutschland

Man muß sich vor Augen halten, daß Friedrich Wilhelm in den Tagen des Vormärz aufwuchs. Als 17jähriger erlebte er die 48er Revolution in Berlin direkt mit, übrigens auch das etwas ängstliche und hilflose Verhalten seines Vaters und dessen Flucht nach England. Noch war dieser nicht der „Kartätschenprinz" und „Heldenkaiser". Er erlebte auch das unsichere Hin und Her des Verhaltens des Königs, des „Onkel König" Friedrich Wilhelm IV. Mit der Mutter lebte er in jenen Tagen zurückgezogen im Potsdamer Stadtschloß; am Abend gab es oft nichts anderes auf den Tisch als auch in den Häusern der Kleinbürger, Pellkartoffeln und Hering.

Sprach der jugendliche Prinz anfänglich die Meinung der ihm nahestehenden Männer aus, indem er die Aufrührer „Schufte und Kanaillen" nannte, so wurden seine Erfahrungen doch ein erster Anlaß, über Politik und Macht, Herrschaft und Verantwortung nachzudenken. Zwei Seelen wohnten fortan in seiner Brust, repräsentiert in beiden Elternteilen. Die Mutter Augusta, Prinzessin aus Weimar, war einem humanistisch geprägten, gemäßigten Liberalismus verpflichtet, der Vater konservativ, auf die Rechte der Krone bedacht und fast ausschließlich in militärischen Kategorien denkend. Verstanden haben sich die Eltern nie, weder politisch noch menschlich. Beide versuchten, den Sohn jeweils in ihrem Sinne zu erziehen. Ohne Verbindung wohnten beider Ansichten in dem jungen Prinzen. Als der Vater auszog, in der Rheinpfalz und in Baden die Revolution mit Gewalt niederzuwerfen, wäre der Sohn zu gern mitgezogen gegen die „Demokraten". Als aber der General Gerlach zum jungen Prinzen im Blick auf die am 5. Dezember 1848 erlassene Verfassung bemerkte, er beneide ihn wegen seiner Jugend, da „er wohl noch das Ende des absurden Konstitutionalismus erleben werde", entgegnete dieser: Eine Volksvertretung müsse doch sein.

Der Vater verfolgte seine Ziele beim Sohn über eine konsequente militärische Erziehung; die Mutter über liberale Erzieher und Begleiter. Dem jungen Major von Roon, späteren Kriegsminister und engen Mitarbeiter Bismarcks, schrieb sie: „Er (der Sohn) gehört der Gegenwart und der Zukunft; er muß daher die neuen Ideen in sich aufnehmen und daselbst verarbeiten, damit er das klare und lebendige Bewußtsein seiner Zeit gewinne und nicht außerhalb derselben, sondern in und mit ihr lebe."

Sarkastisch schreibt Franz Herre: „Der Vater pochte auf das Erbe der Ahnen. Die Mutter erhoffte sich Bewegung auf den neuen Bahnen. Der Sohn sah freudig zu beiden auf und hörte auf sie beide."

Fast wie Mephisto im Faust stellte sich, wie beiläufig und mit klarem Angebot in diesen aufregenden Tagen des März auch ein Landjunker aus Schönhausen ein, der voller Loyalität und Anhänglichkeit an das Herrscherhaus das Angebot machte, auf den Ruf des Königs hin mit seinen märkischen Bauern anzurücken und zu erreichen, was das Heer sich offensichtlich nicht getraute, dem Spuk in Berlin ein Ende zu machen. Sein Name war Otto von Bismarck. Seine nach Pulver und Blut riechende Offerte erweckte nur Grauen und Furcht. Dem jungen Prinzen wurde der Umgang mit diesem „Gottseibeiuns" verboten. Bismarck erinnerte sich 1888: „Damals war er (Friedrich Wilhelm) noch sehr dünn und schlank. Er zeigte große Anhänglichkeit an mich, und als man ihm dies in Potsdam verbot, da pflegte er in der Abenddämmerung auszugehen und mir dann die Hand zu drücken."

Damit sind die Linien vorgezeichnet, in deren Bereich sich Denken und Wollen Friedrich Wilhelms, des „ewigen Zweiten in Preußen", künftig bewegen sollten.

Zunächst schien die Saat der Mutter innerlich am stärksten im Prinzen aufzugehen. Ihr kam ein Bundesgenosse zur Hilfe, ein Land und später ein Herz und ein Verstand aus diesem Land, das damals auf viele dem Fortschritt und einer liberalen Staatsverfassung aufgeschlossene Bürgerliche von großem Einfluß war: England. Preußen-Deutschland stand, als Land in der Mitte, immer im Spannungsfeld zwischen westeuropäischer und osteuropäischer Orientierung. Beides kam oft gegenläufig zum Zuge, Neigung des Geistes und kulturelle Prägung ließen in Richtung Westeuropa blicken. Realpolitik bis hin zu Rathenau, Stresemann und Reichswehr setzte die Priorität der Politik oft in Richtung Osten, Rußland, Ideenpolitik bürgerlich-demokratischer Färbung in Richtung Westen, die Niederlande, Frankreich, England. Der kommende Mann Bismarck favorisierte mit entschiedener Einseitigkeit Rußland, zusammen mit seinen konservativen Freunden. Prinz Friedrich Wilhelm träumte von einem preußischen England, zusammen mit liberalen Gleichgesinnten.

Es waren hochpolitische, nicht ohne Intrigenspiel durchwirkte Vorgänge, die zur Englandreise Friedrich Wilhelms im Jahre 1851, formell aus Anlaß der Weltausstellung in London, führten. Die Konservativen in Preußen waren strikt gegen diese Reise. Die Londoner Ausstellung war dazu angetan, dem künftigen Monarchen den Zusammenhang von technischem und wirtschaftlichem Fortschritt einerseits und liberalen Freiheiten der Bürger, ihre Mitwirkung an Staat, Gesetzgebung und freisinniger Gesellschaftsgestaltung andererseits vor Augen zu stellen. Fortan wird England sein heimliches Leitbild bleiben, auch wenn später die Einsicht da ist – die Resignation –, daß das englische Modell nicht übertragbar sei, er auch nicht gewillt war, in wirkliche Verzichte auf die Rechte der Krone einzuwilligen.

Nun aber auch das Herz – heimliches Ziel der von Augusta und ihrem Anhang inszenierten Reise. Hier in London begegneten sich der 19jährige Prinz und die 10jährige Princess Royal Victoria, Vicky genannt, und erste Hochzeitspläne wurden vorsichtig in Erwägung gezogen. In Begegnungen und Briefen wuchs tatsächlich Liebe zwischen den beiden, und am 25.1.1858 konnte die Vermählung vollzogen werden, Liebesheirat und politischer Vorgang in einem. Bismarck war entschieden dagegen, zum damaligen Zeitpunkt aber war er noch ohne Einfluß. Er wird der haßerfüllte Feind dieser Frau werden, wie Victoria umgekehrt eine kompromißlose Gegnerin Bismarcks sein und bleiben wird. So bestürzend und menschlich schwer erträglich der deutliche Haß Bismarcks dieser Frau gegenüber uns heute erscheint, ehrt er doch Victoria. Bismarck hat mit dem ihm eigenen Instinkt die Bedeutung, die geistige Überlegenheit und Kraft und den Ernst und die Tiefe der diese Frau erfüllenden politischen Ideen erfaßt und den Einfluß, den sie auf ihren Mann hatte, richtig eingeschätzt. Sie war mit Sicherheit um vieles bedeutender als ihr Mann – das war ihr unverzeihlicher Fehler. Auch Augusta war bedeutend, aber ihr Liberalismus war mehr allgemein, Nachklang der Weimarer Klassik. Victoria aber hatte eine Denkschrift zur Ministerverantwortlichkeit verfaßt, ein brisantes Thema auf dem Wege des europäischen Parlamentarismus, das die Hochachtung des Vaters, Albert, Prinzgemahl der Queen, erlangte, „eine ganz vortreffliche Arbeit, die man einer Dame kaum zutrauen würde". Um den preußischen Thron haben nicht unbedeutende Frauen sich befunden, von den Tagen des Großen Kurfürsten an bis zu Friedrich III. Es war ihr Verhängnis, daß sie in einem militär-orientierten Männerstaat leben mußten, wo ihre Gedanken und Dienste nicht gewollt wurden, anderenfalls es dem jeweiligen Mann nur den Vorwurf der Abhängigkeit, ja, wie tatsächlich bei Friedrich III. den des „Pantoffelhelden" eingebracht hätte, egal wie richtig, wahr und hilfreich ihr Denken und Wollen gewesen sein mochte. Nicht nur das Bürgertum des 19. Jahrhunderts hatte bedeutende Frauen in Literatur und Kunst in den Berliner Salons zu bieten, auch an der Seite von Fürsten waren kluge Frauen, mehr noch, zukunftsorientierte, die Entwicklungen und Notwendigkeiten der Zeit ahnende und verstehende Frauen, deren Schicksal es war, daß die Borniertheit der Männer in ihrer Umgebung sie unbeachtet ließ. Um auf Victoria zurückzukommen; als Bismarck in das Ministerium berufen wurde, stieß sie einen Schreckensruf aus: „Nur um Gottes willen den nicht zum Minister" und urteilte in einem Brief. „Es ist eine ganz falsche Rechnung zu glauben, daß ein Mann wie Bismarck unserem Lande dienen kann, der gewiß alles wagt und der Schrecken aller ist, weil er keine Grundsätze hat."

Bismarck hat sich revanchiert und sie zur Agentin und Spionin Englands, zur Sachwalterin englischer Interessen und zur deutschfeindlichen Ausländerin erklären lassen durch eine wohlfeile Presse. Selbst am unglücklichen Krankheitsverlauf des Krebsleidens ihres Mannes, an den in der Tat etwas eigenartig berührenden Umständen der Diagnosefindung und Therapie wurde ihr die Schuld gegeben. Gewiß wurde sie innerlich nie zur Preußin. Aber sie wußte sich ihrem Mann und dessen Land verpflichtet, und es ist aufrichtig, wenn sie an die Mutter nach England am Beisetzungstage schreibt: „Wir liebten Deutschland und wünschten es stark und groß zu sehen, nicht nur durch das Schwert, sondern in allem, was Gerechtigkeit, Kultur, Fortschritt und Freiheit bedeutete."

Die große Entscheidung

Vielleicht hat es einen Augenblick gegeben, daß beide, Friedrich Wilhelm und Victoria, die Chance gehabt hätten, zu einem frühen Zeitpunkt zur Regentschaft zu kommen und eine demokratischere Entwicklung in Preußen einzuleiten, wenn auch klassenmäßig beschränkt auf das Bildungs- und Besitzbürgertum, unter Ausschluß der Sozialdemokratie, des Proletariats. Preußen versuchte unter Wilhelm I. europäische Großmacht zu werden und konzentrierte sich dabei auf den Ausbau und die Modernisierung seiner Militärmacht. Über die Fragen der Dienstzeit für die Rekruten, der Rolle

der Landwehr, der Kosten kam es zwischen dem Abgeordnetenhaus und der Krone zum Konflikt. Als der König in der Frage der Dienstpflichtzeit hartnäckig blieb, verweigerte das Parlament die Bewilligung der Mittel. Die Minister wollten einlenken, der König nicht; ihm wurde als letzte Lösung die Berufung Bismarcks empfohlen, aber dies wollte er auch nicht. So ließ er den Kronprinzen kommen und eröffnete ihm die Absicht, zu dessen Gunsten abzudanken. Der Kronprinz sei in allen anstehenden Fragen unbelastet und könne frei handeln. Er solle von der ausgefertigten Urkunde, die nur noch Datum und Unterschrift brauche, Kenntnis nehmen. Der Sohn weigerte sich. Er wagte nicht, die Stunde zu ergreifen und zu handeln, aus welchen ehrenwerten Gründen auch immer. Beschwörend aber auch ungewollt prophetisch – schrieb Victoria dem Mann: „Wenn Du es (das Thronangebot) nicht annimmst, glaube ich, daß Du es einst bereuen wirst, jedenfalls möchte ich nicht die Verantwortung auf mich nehmen, abgeraten zu haben."
Es war wohl die wichtigste Entscheidung im Leben Friedrich Wilhelms, einen Monat vor dem 31. Geburtstag. Ein Thronwechsel, der nicht nur Personenwechsel, sondern Tendenzwechsel, Richtungswechsel bedeutet hätte, war nahegerückt, freilich für den Preis einer Niederlage der Krone gegenüber dem Parlament und einem entsprechenden Widerstand der Konservativen. Der Sohn vermochte nicht gegen den Vater zu stehen. Er tat alles, um dem Vater seine Absicht auszureden. Am 19. September 1862 entschied sich der Kronprinz gegen die Annahme der Krone. Am 22.9.1862 wird Bismarck ins Ministerium berufen, zwei Tage später zum preußischen Ministerpräsidenten ernannt. Mit unerschrockener Härte geht dieser nun den anderen Weg. Vor der Budget-Kommission des Parlaments erklärt er: „Nicht auf Preußens Liberalismus sieht Deutschland, sondern auf seine Macht ... nicht durch Reden und Majoritätsbeschlüsse werden die großen Fragen der Zeit entschieden – das ist der große Fehler von 1848 und 1849 gewesen –, sondern durch Eisen und Blut." Vergeblich versuchte der Kronprinz nun, Vater und Minister vor einem offenkundigen Verfassungsbruch zu warnen. Ihm wurde rauh bedeutet, sich in acht zu nehmen, da er ohnehin viel zu liberal sei. Sein Rückzug in Schweigen und Unterordnung begann. Er wollte und konnte wohl auch nicht die Rolle des Oppositionellen spielen – zur Verzweiflung Victorias. Niemand aber konnte ahnen, daß erst 25 Jahre später die Krone an ihn kommen würde, zu spät, nicht nur auf Grund von Krankheit und Alter, sondern weil durch 25 Jahre die Gleise anders gelegt waren von dem Mann, den weder Vater noch Sohn, weder Mutter noch Ehefrau mochten, später widerstrebend respektierten und der sie alle überspielte, benutzte oder kaltstellte, dem eisernen Kanzler.

Zwischen Luther und Lessing

Bei der Unfähigkeit zur Rebellion spielte für Friedrich Wilhelm sein Gewissen, sein Empfinden für eine christlich gebotene Treuepflicht und Anerkennung der gottesgewollten Ordnung gegenüber dem Vater und König eine entscheidende Rolle. Er war auch sonst sehr stark von konservativ-ethischen Grundsätzen in seinem Denken und Urteilen bestimmt. Obwohl nicht hervortretend religiös gehörte doch eine evangelische Grundhaltung wie selbstverständlich zu seinem Wesen. Zu seiner Konfirmation ließ ihm der königliche Onkel ein *common prayer book* überreichen mit einer eigenhändigen Widmung:

„Du hast, mein geliebter Fritz, ein gutes Bekenntnis bekannt, die heilige Bestätigung Deines Taufbundes empfangen und bist unter die Zahl der Streiter Christi aufgenommen worden an dem Tage, der von alters her den Namen Michaels, des Erzengels, und aller Engel trägt. So möge denn durch des Herrn Gnade, Liebe und Segen, daran Allen gelegen, das Wort des begeisterten Liedes an Dir zur Wahrheit werden:

Ps. 91: Er hat seinen Engeln befohlen über Dir, daß sie Dich behüten auf allen Deinen Wegen u. s. f

Im Frieden (Christi) Sieg

Der königliche Weg des heiligen Kreuzes ist jedem wahren Christen zu wandeln beschieden. Küsse darum das Kreuz, das der Herr Dir auferlegt, um es ihm nachzutragen, und erkenne seine Herrlichkeit, die verborgene in dieser Welt, die ewig offenbare in der zukünftigen."
Diese Worte Friedrich Wilhelms IV. wurden später als Vorausahnung des Leidens Kaiser Friedrichs gedeutet.
Wie anders klingt es beim Neffen, wenn er sich bei der 400. Wiederkehr des Geburtstages von Martin Luther in Wittenberg 1883 äußert:
„Möge diese seinem Gedächtnis gewidmete Feier uns eine heilige Mahnung sein, die hohen Güter, welche die Reformation uns gewonnen, mit demselben Muth und in demselben Geist zu behaupten, mit dem sie einst errungen worden sind! Möge sie insbesondere uns in dem Entschlusse festigen, alle Zeit einzutreten für unser evangelisches Bekenntnis, und mit ihm für Gewissensfreiheit und Duldung! Und mögen wir stets dessen eingedenk bleiben, daß die Kraft und das Wesen des Protestantismus nicht im Buchstaben beruhen und nicht in starrer Form, sondern in dem zugleich lebendigen und demüthigen Streben nach der Erkenntnis christlicher Wahrheit!
In diesem Sinne begrüße ich den heutigen und die noch folgenden Luthertage mit dem innigen Wunsche, daß sie beitragen mögen, unser protestantisches Bewußtsein zu stärken, unsere deutsche evangelische Kirche vor Zwietracht zu bewahren und ihren Frieden fest und dauernd zu begründen!"
Der Onkel sprach noch die Sprache strenger Orthodoxie. Der Neffe, der erste der Hohenzollern, der einige Semester an der Universität studierte und in der Lage war, aus eigenem Vermögen eine Rede auf Kant zu formulieren, er drückt sich in der Sprache eines milden Kulturprotestantismus aus. Er be-

wegte sich in den Bahnen Lessings, den er hoch verehrte, und den Ideen der deutschen Aufklärung, wie sie nach der geistigen Erneuerung der Befreiungskriege verstanden wurde, in der weltanschaulichen Luft des Freimaurertums und wußte alles mit protestantischer Innerlichkeit zu verbinden.

Es gibt wenig religiöse Äußerungen von ihm. Am ehesten tritt seine Gläubigkeit, wenn auch manchmal konventionell, in den Kondolenzschreiben hervor, vor allem beim Tode ihm persönlich verbundener oder nahestehender Menschen. Auch beim Eingehen auf eigene Leiderfahrungen finden sich persönliche Bekenntnisaussagen. Sonst aber sind es mehr allgemeine Grundsätze, denen er öffentlich Ausdruck gibt. Besonders bei feierlichen Anlässen der Freimaurerloge – die Hohenzollern wie auch andere protestantische und anglikanische Fürsten und Angehörige des Hochadels waren vielfach Logenbrüder – tauchen die für ihn wichtigen, vom christlich-protestantischen Hintergrund bestimmten Begriffe wie Duldung, also Toleranz, Gewissensfreiheit und tätige Nächstenliebe auf.

Zwei Zitate dafür:

„Die Nationalitäten haben Grenzen ins Leben gerufen. Die Freimaurerei will Liebe, Toleranz und Freiheit ohne Berücksichtigung dieser Grenzen."

Er versteht in dieser Ansprache von 1876 die Freimaurerloge als einen Orden, dem er wünscht, „daß derselbe im Kampf für Volksaufklärung und Geistesfreiheit endlich den Sieg davontragen möge".

Bei einer anderen Gelegenheit vor der Straßburger Loge:

„Zwei Grundsätze aber bezeichnen vor allem unser Streben: Gewissensfreiheit und Duldung."

Er hat auf seine Weise und in seinen Grenzen versucht, auch zu praktizieren, was er als seine Überzeugung öffentlich vertrat.

Dazu gehörte, daß er gegen die beginnende Flut antisemitischer Äußerungen und Handlungen, die vor allem auch im Berlin der Gründerjahre aufkamen, aber natürlich aus einer viel älteren Einstellung erwuchsen, Stellung bezog. Er hat den Antisemitismus eine „Schmach des Jahrhunderts" genannt und bewußt für ein Lessing-Denkmal, dem Dichter des „Nathan" geworben als Ausdruck der Gesinnung, die nach seiner Meinung im Reich und in Preußen walten sollte. Die preußische Großloge hatte in ihrer Satzung Festlegungen, daß jüdische Bürger nicht aufgenommen werden konnten, jüdische Logenbrüder aus anderen Ländern nicht als Gäste an den Zusammenkünften teilnehmen durften. Eine Intervention des Kronprinzen erreichte die Aufhebung der letzteren Bestimmung, die erste über die Nichtaufnahme jüdischer Bürger konnte aber auch er nicht beseitigen.

Noch beeindruckender ist seine Haltung zum Krieg. Obwohl selbst ein bedeutender Militär und von der Notwendigkeit von Armeen fraglos überzeugt, verabscheute er den Krieg und sah in ihm keine wirkliche Möglichkeit zum Fortschritt, zur Entwicklung der Völker. Er lehnte ihn im Gegensatz zu Bismarck als Mittel der Politik ab. Die Augenblicke, in denen Friedrich Wilhelm sich in Übereinstimmung und im Zusammenwirken mit Bismarck

fand, betrafen fast immer Situationen, in denen Bismarck selbst Frieden ansteuerte. Natürlich konnte auch Friedrich Wilhelm sich nicht der Wirkung des Erfolges preußischer Waffen in den drei Kriegen der Ära Bismarck entziehen. „Nichts ist so erfolgreich wie der Erfolg", sagt ein Sprichwort. Aber selbst auf den Höhen preußischer Triumphe trug er einen Rest von Zweifel in sich, ob der kriegerische Weg der richtige und unumgängliche war. 1866, nach der Schlacht bei Königgrätz, schreibt er in sein Tagebuch: „Das Schlachtfeld zu bereiten, war grauenvoll, und es lassen sich die entsetzlichsten Verstümmelungen, die sich in den Blicken darstellen, gar nicht beschreiben. Der Krieg ist doch etwas Furchtbares, und derjenige Nichtmilitär, der mit dem Federstrich am grünen Tisch denselben herbeiführt, ahnt nicht, was er heraufbeschwört." Als es um die Beendigung des Krieges von 1866 ging, der König wollte nach den Erfolgen nun Österreich demütigen und vernichtend schwächen und zu diesem Zwecke Wien einnehmen, Bismarck aber wollte gerade dies nicht wegen der Folgen für die Zukunft, kam es zu einem echten Bündnis zwischen Kronprinz und Ministerpräsident gegen den König, der dann auch nachgab. Bismarck war vor diesem Nachgeben voller Verzweiflung über die Uneinsichtigkeit des Königs. In seinem Zimmer am Fenster stehend, in ohnmächtigem Grimm an Selbstmord denkend, trat der Kronprinz ein und legte ihm die Hand auf die Schulter mit den Worten: „Sie wissen, daß ich gegen den Krieg gewesen bin. Sie haben ihn für notwendig gehalten und tragen die Verantwortlichkeit dafür. Wenn Sie nun überzeugt sind, daß der Zweck erreicht ist und jetzt Friede geschlossen werden muß, so bin ich bereit, Ihnen beizustehen und Ihre Meinung bei meinem Vater zu vertreten." Nach seinem Sieg bei Wörth im deutsch-französischen Krieg 1870/71, der Preußen 15 000 Tote und Verwundete kostete, sagte er zu dem Schriftsteller Gustav Freytag:
„Ich verabscheue dieses Gemetzel, ich habe nie nach Kriegsehren gestrebt, ohne Neid hätte ich solchen Ruhm jedem anderen überlassen, und es wird nicht gerade mein Schicksal, aus einem Krieg in den anderen, von einem Schlachtfeld über das andere geführt zu werden und in Menschenblut zu waten, bevor ich den Thron meiner Vorfahren besteige."
Als dann der Generalstab beim Friedensschluß mit Frankreich die Annektion von Elsaß und Lothringen durchsetzte – auch Bismarck hatte hier Bedenken –, notierte Friedrich Wilhelm ahnungsvoll:
„Es kommt mir fast vor, als wenn wir zu viel gewonnen hätten, um ohne saure Stunden das Errungene behaupten zu können. Möge nur Metz nicht einst der Grund sein, daß der heute erlangte Frieden ein bloßer Waffenstillstand wird." Und schließlich, als die Reichsgründung vollzogen war:
„Freilich aber war mein Streben auf eine friedliche, unblutige Durchführung dieser Tat gerichtet, und vielleicht hätte man auch ohne Krieg zu dem nämlichen Ziele gelangen können."
Der Verlauf der Geschichte hat ihn bestätigt, was das deutsch-französische Verhältnis betraf, und im Blick auf die Reichsgründung wird uns heute auch

manche Nachdenklichkeit ankommen, weil die geschichtliche Erfahrung sich hier zusammenfassen läßt in der alten Volksweisheit: „Wie gewonnen, so zerronnen."

Zu den großen innenpolitischen Auseinandersetzungen der damaligen Zeit gehörte neben dem Kampf des Staates und den ihn tragenden konservativen und bürgerlich-liberalen Kreisen gegen die aufstrebende Sozialdemokratie der Kampf gegen die römisch-katholische Kirche, der sogenannte „Kulturkampf"; nach einer Formulierung von Rudolf Virchow. Es ist nicht einfach, die Gründe und Zusammenhänge dieses Kulturkampfes kurz darzustellen. Nach dem ersten Vaticanum war die katholische Kirche endgültig zu einer straff zentralistischen, in Lehre und politischer Doktrin geschlossen handelnden, internationalen Organisation geworden, die zudem durch ihr loyal ergebene Verbände und Parteien ihren politischen Willen in die Gesellschaft einbringen konnte. Nach der Reichsgründung stellte sich die Frage verstärkt: Wie würden sich beide, römisch-katholische Kirche und säkular-protestantischer Staat mit evangelischem Herrscherhaus, zueinander verhalten? Vergleichbare Auseinandersetzungen fanden auch in anderen europäischen Staaten, vor allem in Frankreich, statt. Im Kern ging es um einen Säkularisierungsprozeß, bei dem die modernen europäischen Staaten die Ablösung von jedem Einfluß der Kirchen, ja des christlichen Glaubens überhaupt auf die Staatsgewalt vollzogen und damit von jeder Einflußnahme auf die Politik, die Rechtsordnung und die gesellschaftliche Lebensgestaltung, ohne dabei die Grundlagen der geschichtlich überkommenen, christlich-humanistisch geprägten Ethik und Moral in Frage zu stellen. Bismarck meinte, er müsse, um jede Einflußnahme der katholischen Kirche zu verhindern, auch auf deren interne Dinge, vor allem Besetzung von Bistümern, Schulunterricht der Geistlichen, ihre Ausbildung etc. Einfluß nehmen. Hier entbrannte der Widerstand der katholischen Kirche. Sie wollte ihre Freiheit und die ihrer Gläubigen verteidigen. Bismarck sah darin den Versuch des Papstes hineinzuregieren – Ultramontanismus – und die Absicht der katholischen Kirche, sich außerhalb des geltenden Rechts zu stellen bzw. Gesetze nach ihrem Willen zu machen. Die Angriffe gipfelten in dem Vorwurf: Die Katholiken sind „Reichsfeinde": Bismarck ließ sich mit der ihm eigenen Leidenschaft auf diesen Kulturkampf ein und verfocht ihn mit brutalsten Mitteln. Ihm zur Seite stand auch der Kronprinz. Friedrich Wilhelm vergaß alles, was er über Toleranz und Duldung, Gewissensfreiheit und bürgerliche Freiheiten zu sagen wußte, wenn es gegen „Jesuitismus" und „Ultramontanismus" ging. Freilich weniger aus Gründen vermeintlicher Staatsraison, sondern mit Argumenten des Liberalismus, „dem täglich mehr und mehr um sich greifenden Einfluß der Jesuiten und Ultramontanen" entgegenzuwirken. Franz Herre urteilt: „Friedrich Wilhelm schwankte zwischen der Toleranz eines Fortschrittsgläubigen gegenüber einem Kirchengläubigen und der freisinnigen Doktrin einer kirchenfreien, verweltlichten Kultur. Er war sich nicht klar, ob er für die Entscheidungsfreiheit des Staatsbürgers auch in religiösen Angelegenheiten eintreten oder ob er auch auf geistlichem Gebiet ausgedehnten Machtanspruch des Staates unterstützen sollte."

Friedrich Wilhelm sah im Papst den „altbösen" Feind des evangelischen Glaubens und in Luther einen Reformator, der zugleich ein nationaler Prophet gegen eine Vorherrschaft Roms war. Bismarck wollte nur die Disziplinierung der katholischen Kirche unter die Staatsgewalt des Reiches, ohne Wenn und Aber. Dazu ließ er Bischöfe verhaften, ganze Orden aus Deutschland ausweisen, führte die Ziviltrauung ein, nahm Einfluß auf die Ausbildung des Klerus, erließ einen Kanzelparagraphen und manipulierte auch mit den finanziellen Staatsleistungen an die Kirche. Friedrich Wilhelm aber meinte, zuerst gegen reaktionäre katholische Ideen kämpfen zu müssen. Darum wollte er die Staatsmacht in der Kirche durchgesetzt sehen. Schon 1864/65 kam es zu Konflikten mit der Kurie über die Besetzung der Bischofssitze von Trier und Köln. Gegen die bisherige Praxis einer einvernehmlichen Regelung zwischen Domkapitel und Obrigkeit über den zu wählenden Kandidaten versuchte die Kurie, Vorschlagslisten vorzulegen, aus denen das Domkapitel dann einen Bischof wählen sollte. Friedrich Wilhelm setzte sich mit Leidenschaft dafür ein, daß der Kandidat vor der Wahl zwischen dem staatlichen evangelischen Regierungskommissar und dem Domkapitel ausgehandelt sein müsse, ehe das Domkapitel diesen dann formal wählen könne. So blieb Friedrich Wilhelm bei seiner Einstellung während des ganzen Kulturkampfes, der am Ende zu ungunsten Bismarcks ausging. Zu sehr hatte sich dieser auf einen Gegner eingelassen, den er in seiner Kraft und Festigkeit unterschätzte, auch kaum verstand und dazu mit Methoden der Gewalt und Willkür, der Widerrechtlichkeit und Brutalität anging, durch die er sich völlig ins Unrecht setzte. Als auf Pius IX. ein gemäßigter, am Ausgleich interessierter Papst, Leo XIII. folgte, lenkte auch Bismarck ein und brach den Kampf ab. Er mußte die meisten Maßnahmen gegen die katholische Kirche rückgängig machen. Die Folgen dieses Kulturkampfes waren noch bis 1933 wirksam.

Trotz allem Freimaurertum, aller liberalen Fortschrittsgläubigkeit gab es aber noch eine tiefere, emotionale Schicht der Frömmigkeit in Friedrich Wilhelm. Sie blieb vor den Augen der Öffentlichkeit verborgen, war eine Sache zwischen Gott und dem Menschen allein. Er war ein regelmäßiger Kirchgänger, auch in Bornstedt. Wenn er dort zum Gottesdienst ging, war es dem Geistlichen untersagt, in Richtung auf die königliche Familie (nach der Praxis der Hofkirche) beim Betreten der Kanzel eine Verbeugung zu machen. „...ich liebe es nicht, daß man im Angesicht des Altars meine Person besonders berücksichtigt. Wie auch Rang und Stand nach Gottes Ordnung draußen im Leben uns Menschen untereinander trennen möge, hier in der Kirche sind wir alle gleich, alle gleich arme Sünder, alle gleichberechtigte Gotteskinder."

Am deutlichsten trat seine Frömmigkeit in den Tagen der Krankheit und angesichts des nahenden Endes hervor. Da war vor allem die Bereitschaft, sich in den Willen Gottes zu ergeben. „Der alleinige Arzt dort droben wird alles nach seinem Willen anordnen, dem ich mich jetzt, wie zu allen Zeiten meines Lebens unterordne."

So schrieb er am Beginn des Todesjahres an den Hofprediger Kögel. Und nach der großen Kehlkopfoperation aus San Remo an Pastor Persius: „Sie haben recht, von Geduld und Ergebung zu reden; denn ohne sich also in die göttlichen Fügungen zu schicken, wäre es nicht leicht, eine Lebensweise, wie solche mir auferlegt ist, zu führen ... Da blicke auch ich oftmals in das gewisse Buch (Thomas a Kempis, Nachfolge Christi), welches Abschnitte enthält, die wie für meine Lage geschrieben scheinen und ungemein aufrichtend und tröstend wirken."

Zwischen Barbarossa und Friedrich II.

Versuchen wir noch etwas vom liberalen Denken Friedrichs III. in den Blick zu bekommen. Im Verhältnis zum eisernen Kanzler und zu seinem Vater war er liberal, d. h. bürgerlich-demokratischen Tendenzen aufgeschlossen, für Freizügigkeit und Säkularität in Kultur und Wissenschaft, Sozialwesen und Wirtschaftsentwicklung. In der Ära Bismarcks hatte sich der politische Liberalismus, die Fortschrittspartei gespalten. Es gab den Flügel der Radikaldemokraten bis hin zu republikanischen Gruppen unter dem alten Namen und den anderen, neueren Flügel, die nunmehrigen „Nationalliberalen"; die mit Bismarck ihren Frieden gemacht hatten und eine rechtsgerichtete Partei des Bürgertums wurden. Friedrich Wilhelm neigte diesem Flügel zu, weil für ihn trotz aller Liberalität die Souveränität der Krone vor der Volkssouveränität, die Staatsgewalt vor der Parlamentsgewalt rangierte. Aber er war doch auf eine Rechtsordnung hin orientiert, die die Macht der Staatsgewalt begrenzen, die Krone nicht absolut setzen und die Bürger am Geschehen im Staate institutionell beteiligen sollte. Am deutlichsten wurde dies sichtbar im sogenannten Verfassungskonflikt und der Danziger Rede. Wie bereits erwähnt, ging der frisch berufene Bismarck rigoros daran, die Interessen der Krone gegen das Abgeordnetenhaus durchzusetzen und auch ohne bewilligten Etat zu regieren, mit einer Auslegung der Verfassung, von der nur er selbst überzeugt sein konnte, daß sie zulässig sei. Friedrich Wilhelm war entschieden dagegen; die Stimmung im Land schlecht. Auf dem Höhepunkt der Auseinandersetzung hatte Bismarck eine harte Pressezensur eingeführt, die sogenannte Preß-Ordonnanz, die weitere Proteste auslöste. Friedrich Wilhelm hatte gegen deren „gesetzwidrigen und gefährlichen" Charakter Einspruch erhoben, aber an der entscheidenden Sitzung im Staatsrat nicht teilgenommen. Bei einer Truppeninspektionsreise durch Pommern kam er auch nach Danzig und wurde dort vom Magistrat kühl empfangen und auf diese Vorgänge angesprochen. In seiner Erwiderungsrede äußerte er: „Auch ich beklage, daß ich zu einer Zeit hergekommen bin, in welcher zwischen Regierung und Volk ein Zerwürfnis eingetreten ist, welches zu erfahren mich im hohen Grade überrascht hat. Ich habe von den Verordnungen, die dazu geführt haben, nichts gewußt. Ich war abwesend. Ich habe keinen Theil an den Ratschlägen gehabt, die dazu geführt haben."

Diese Rede hat ihm der Vater lange nicht verziehen, und Bismarck war seitdem entschlossen, den Kronprinzen so weit wie möglich aus dem wirklichen politischen Geschehen auszuschalten. Der Vater verbot dem Kronprinzen kurzerhand, jemals wieder so zu reden bei Androhung von Maßnahmen, und der Sohn hat sich fortan danach gerichtet. Intern hat er noch in Briefen und Abhandlungen seine Meinungen darzulegen versucht. Er galt aber fortan als „Abweichler"; als unsicherer Kantonist. Als Wilhelm I. nach dem 2. Attentat durch Dr. Nobiling so verletzt war und gesundheitlich auf Grund seines Alters so geschwächt, daß er die Regierungsgeschäfte nicht mehr ausüben konnte, wurde Friedrich Wilhelm nicht zum Regenten, sondern nur zum Stellvertreter eingesetzt. Er durfte keine eigene Politik machen, mußte dem Vater laufend berichten und dessen Weisungen befolgen und konnte auch keine personellen Entscheidungen treffen. So unterschrieb er das ihm etwas mißbehagende Sozialistengesetz, weil er nach den Attentaten sich von der von Bismarck geschickt geschürten Hysterie gegen die Sozialdemokraten hatte anstecken lassen. Zu den katholischen „Reichsfeinden" waren nun die „vaterlandslosen Gesellen" der Linken gekommen. Friedrich Wilhelm ahnte, daß auch dies nicht stimmte, hatte aber nicht mehr die Kraft, aus dem Fahrwasser Bismarcks auszuscheren. Nicht einmal das Todesurteil gegen den ersten Attentäter, Rödel, konnte er aufheben, trotz der Intervention Vickys und eines herzbewegenden Briefes der Mutter des Todeskandidaten. Vergeblich hatte sich Friedrich Wilhelm wiederholt bemüht, die Abschaffung der Todesstrafe zu erreichen. Er scheiterte am „Heldenkaiser" und am „eisernen Kanzler". So zog er sich resignierend mehr und mehr zurück, verzettelte sich als Festredner und Repräsentationsreisender, in Vereinen und Komitees. Nicht einmal im Militär erhielt er seinem Können und seinem Rang entsprechende Aufgaben. Er versuchte karitativ tätig zu sein, richtete Fröbelsche Anstalten für Kinder in Berlin und Bornstedt ein, war ein Förderer der Bodelschwinghschen Anstalten, kümmerte sich um Wohnungen und Kolonien für Arbeiter, zusammen mit Victoria. Aber der Vorwurf des „Almosensozialismus", den er erhielt, ist nicht ohne Berechtigung, obwohl beide weit über das, was man an Interesse und Einsatz für soziale Belange in der damaligen Oberschicht für vertretbar hielt, hinausgingen.

Merkwürdig war auf dem Hintergrund liberaler Einstellung, wie durchdrungen Friedrich Wilhelm von einem Sendungsbewußtsein für die geschichtliche Rolle der Hohenzollern war. Mit der Reichsgründung und der Einführung des Kaisertums verband er reichsromantische, vom mittelalterlichen Kaiserbild bestimmte Ideen, die schon ein wenig ans Phantastische, ans Wagnerische grenzten. Friedrich II. machte sich über alle ideologischen Überhöhungen der Monarchie und ihrer Herrscherhäuser lustig. „Gottesgnadentum" und „Heiligkeit der Krone" hielt er für Unsinn. Sein Nachfahre bemühte Kaiser Barbarossa, um auszudrücken, wie er seine künftige Kaiserwürde verstand. Das war nun etwas völlig anderes, als was Kaiser Wilhelm und sein Kanzler in der Kaiserkrone sahen. „Als der Großherzog von Oldenburg in seiner Denkschrift äußerte, der Kaiser sollte nur *Primus inter pares* sein, schrieb der Kronprinz ‚Oho‘ an den Rand. Dies war mehr als eine Marginalie, ein Verweis auf den Kern seiner Auffassung: Der Kaiser sei der alleinige Hoheitsträger und Machthaber, der den Landesfürsten ihre Stellungen zuweise und ihre Aufgaben zuteile." (Herre) Und so notierte er dann in sein Tagebuch, 24. 10. 1870, im Blick auf die geplante Reichsgründung, mit diesem neuen Deutschland „gewönne man ein Bollwerk gegen den Sozialismus, gleichzeitig würde aber auch die Nation vom Druck der Bürokratie, des Despotismus und der Pfaffenherrschaft befreit, der Jesuitismus und die Orthodoxie würden auf den Kopf getroffen, und es wären damit die Geister von der Bevormundung der Kirche erlöst."

Auch wohlwollende Betrachtung wird hier den Beginn jenes deutschnationalen Chauvinismus, wie er in der Ära Wilhelms II. voll zum Tragen und von Heinrich Mann im „Untertan" so schonungslos zur Darstellung kam, nicht verkennen. Hier war Bismarck um ein Vielfaches nüchterner, realistischer, auch humanistischer und christlicher. Die Zeichen werden schon bei Friedrich III. erkennbar, in denen sich der Niedergang des alten Preußen ankündigte, lange vor dem eigentlichen Untergang. Friedrich stand gleichsam auf der Grenze zwischen den Möglichkeiten des künftigen Weges des Reiches. Der Kampf der beiden Seelen in seiner Brust, nie entschieden, war der Grundkonflikt aller in Preußen-Deutschland. War Friedrich III. eine liberale Hoffnung, d. h., hätte er die Kraft und die Einsicht gehabt, seine liberalen Gedanken in politische Realität umzusetzen? Er trug die Gefährdungen seiner Zeit nicht weniger in sich wie – wenn auch entgegengesetzt – Bismarck. Die Entscheidung fiel, als beide abgetreten waren, durch Tod der eine, durch Sturz der andere. Wir kennen sie. Aber am Ende, auf dem Krankenlager, war doch auch eine Abklärung in Friedrich III. erreicht, die Respekt einflößt. Aus seinem Schreiben beim Regierungsantritt an Bismarck, nun seinem Kanzler, seien zwei Abschnitte abschließend zitiert, weil sie auch uns Nachgeborenen in einer völlig veränderten Staatlichkeit und Gesellschaft noch etwas zu sagen haben:

„Ich will, daß der seit Jahrhunderten in Meinem Hause heilig gehaltene Grundsatz religiöser Duldung auch ferner allen Meinen Unterthanen, welcher Religionsgemeinschaft und welchem Bekenntnisse sie auch angehören, zum Schutze gereiche. Ein jeglicher unter ihnen steht Meinem Herzen gleich nahe, haben doch alle gleichmäßig in den Tagen der Gefahr ihre volle Hingebung bewährt."

„Nur ein auf der gesunden Grundlage von Gottesfurcht in einfacher Sitte aufwachsendes Geschlecht wird hinreichend Widerstandskraft besitzen, die Gefahren zu überwinden welche in unserer Zeit rascher wirthschaftlicher Bewegung, durch die Beispiele hochgesteigerter Lebensführung einzelner, für die Gesamtheit erwachsen. Es ist Mein Wille, daß keine Gelegenheit versäumt werde, in dem öffentlichen Dienste dahin einzuwirken, daß der Versuchung zu unverhältnismäßigem Aufwande entgegengetreten werde."

Iselin Gundermann

Princess Royal Victoria –
Kronprinzessin und Kaiserin (1840–1901)

„In Deutschland lobte sie alles Englische, in England alles Deutsche", beschreibt Kaiser Wilhelm II. unter Berufung auf ein Wort König Eduards von England das Wesen seiner Mutter. Sie war eine ungewöhnliche Frau, die sich für Politik interessierte und ihre liberale Denkweise einem starken Mann wie Bismarck gegenüber überzeugend vertrat. Sie war künstlerisch begabt, sozial engagiert, eine treue Gefährtin ihres Mannes während seiner langen Kronprinzenzeit und in den Monaten seiner schweren Krankheit.

Als ältestes Kind der Queen Victoria von England und des Prinzen Albert von Sachsen-Coburg und Gotha wurde Victoria am 21. November 1840 geboren und galt bis zur Geburt ihres Bruders Albert (1841) als Thronerbin. Zu ihren Paten gehörte der preußische König Friedrich Wilhelm IV., so daß unter diesem Gesichtspunkt die später so engen familiären Beziehungen zwischen England und Preußen nicht überraschen, bedenkt man darüber hinaus, daß Prinz Wilhelm I. von Preußen, der Bruder Friedrich Wilhelms IV., 1861 dessen Nachfolger und 1871 Deutscher Kaiser, 1844 die Patenschaft bei Alfred, dem zweiten Sohn der englischen Königin, übernommen hatte.

Die Erzählungen über das glückliche Familienleben am englischen Königshof sind sicher nicht übertrieben. Prinz Albert leitete die Erziehung seiner Söhne und Töchter, während die Queen einen gangbaren Weg suchen mußte, Herrscherin über ein Weltreich und Mutter zu sein. Albert regelte – seinem auf Ordnung und Planmäßigkeit bedachten Sinn entsprechend – auch den Unterricht und die Ausbildung der Kinder. Dazu gehörte, daß sie von Anfang an gleichsam spielerisch in fremden Sprachen unterwiesen wurden. Bei Hofe galten zwar feste moralische Grundsätze, aber sie engten ihre freie Entwicklung oder Unbefangenheit nicht ein. Das galt besonders für Vicky, wie Victoria im Familienkreis genannt wurde, deren Intelligenz und Wachheit nicht nur ihre Eltern in Erstaunen versetzten. Es wird berichtet, daß sie es mit ihren Temperamentsausbrüchen der Erzieherin oft recht schwer machte, diese andererseits aber durch originelle Bemerkungen zu erheitern verstand. Ihre schnelle Auffassungsgabe, ihre Gesprächigkeit und eine nie nachlassende Wißbegier und Freude an den Dingen ihrer Umwelt fielen um so mehr auf, als ihr ein Jahr jüngerer Bruder Albert das ganze Gegenteil von ihr zu sein schien: ruhig, etwas schwerfällig und trotzdem, wie einer seiner Erzieher überliefert, nicht leicht zu lenken. Die Eltern taten alles, um Vickys Anlagen und Begabungen zu fördern. Neben Gegenständen, die den Verstand ansprachen, zeigte sie Freude an den Künsten und war im Zeichnerischen wie im Bildnerischen begabter, als von einer Dilettantin normalerweise erwartet wird. Sport und Bewegungsspiele während der Sommermonate in Schottland oder auf der Isle of Wight gehörten bei allen Kindern des englischen Königspaares bereits zum Erziehungsprogramm, als man an anderen europäischen Höfen noch weit davon entfernt war, das Turnen in den Stundenplan aufzunehmen.

Prinz Albert hatte manches „Deutsche" in seiner Familie eingeführt, so zum Christfest den Weihnachtsbaum. Die deutsche Sprache war so sehr im privaten Gespräch gebräuchlich, daß die Kinder sie nicht als fremd empfanden, sondern unbewußt übten. Vickys deutsche Briefe aus ihren Ehejahren in Potsdam und Berlin, aber auch aus ihrer Witwenzeit in Kronberg im Taunus weisen nicht die geringsten sprachlichen und stilistischen Unebenheiten auf – im Gegenteil! Bei ihrer Lektüre muß man sich in Erinnerung rufen, daß die Schreiberin in Preußen immer die „Engländerin" blieb.

Victoria sah ihrer Mutter sehr ähnlich. Ihr rundes Gesicht und ihre kleine Gestalt ließen sie lange recht kindlich erscheinen. Wer sie jedoch nicht sah, sondern hörte, so berichtete ihre Gouvernante einmal, als Vicky eben sieben Jahre alt war, der glaubte, eine junge Dame von siebzehn Jahren zu vernehmen, so vernünftig und gewandt verstand sie, eine Unterhaltung zu führen. Sie war stolz auf ihren Titel einer Princess Royal: an Selbstbewußtsein gebrach es ihr nicht. Prinz Albert und die Queen hielten es für richtig, ihre Kinder bei offiziellen Anlässen bei sich zu haben und ihnen gelegentlich kleine Aufgaben im Rahmen der Repräsentation zu übertragen. Das gehörte ihrer Ansicht nach zur Erziehung, diente der Übung von Selbstbeherrschung und sicherem Auftreten und sollte besonders bei Vicky bewirken, ihre Lebhaftigkeit zu zügeln und Gefühle unter Kontrolle zu halten. So war es auch selbstverständlich, daß sich die Queen und der Prinzgemahl 1851 bei der Eröffnung der Weltausstellung im Londoner Kristallpalast von ihren ältesten Kindern Vicky und Albert begleiten ließen.

Auf Anregung ihres Vaters entwickelte die Princess Royal ein zunehmendes Interesse an politischen Fragen. Albert hatte ausgeprägte wissenschaftliche Neigungen. Seine Studienjahre an der preußischen Rhein-Universität in Bonn waren für ihn nicht nur ein gesellschaftliches Ereignis gewesen. Auf Reisen in die Schweiz und nach Italien suchte er das Bildungserlebnis und ließ sich in Probleme aller Art einführen. So gelang es ihm nach seiner Heirat mit der englischen Königin und der Übersiedlung nach London 1840 ohne Schwierigkeiten, nicht nur Prinzgemahl zu sein, sondern seiner Stellung einen befriedigenden Inhalt zu geben. Seine Einsichten ließ er in den Unterricht seiner Kinder einfließen, und in Vicky fand er eine überaus gelehrige Schülerin. Er lenkte ihren Blick auf die Realitäten des englischen Verfassungslebens, lehrte sie die Unterschiede zu den Verhältnissen in anderen europäischen Staaten und vermittelte ihr seine Vorstellungen von der Einigung Deutschlands auf der Grundlage einer liberalen Verfassung. Die Förderung der liberalen Bewegung in den deutschen Kleinstaaten und ihr Zusammenwachsen bis zu einer endgültigen Vereinigung – das waren Gedanken, die er seit langem vertrat und die er nicht müde wurde, auch den Verwandten in Preußen nahezubringen. Preußen hielt er für geeignet, als Vermittler in diesem Prozeß zu wirken, vorausgesetzt, daß dieser von konservativen Kräften getragene Staat Raum für einen liberalen Wandel bot und bereit war, das Verfassungsproblem zu lösen. In dem preußischen Prinzenpaar Wilhelm und Augusta glaubte Albert Ansprechpartner für seine Pläne zu finden.

Wilhelm hatte in den Revolutionstagen 1848, als ihm von König Friedrich Wilhelm IV., seinem Bruder, die Flucht aus Berlin nahegelegt worden war, Aufnahme in London gefunden und in England ein vom Parlament mitgetragenes politisches System kennengelernt. Augusta, die aus Sachsen-Weimar stammte, wo die Verfassungsfrage längst gelöst worden war, pflegte ihre Freundschaft zur englischen Königin seit langem; 1846 hatte sie mehrere glückliche Wochen in England verbracht und in Albert einen aufgeschlossenen Partner für Gespräche über politische Tagesthemen gefunden. Die Reise zur Eröffnung der Weltausstellung im Londoner Kristallpalast befestigte 1851 die Freundschaft zwischen den beiden Paaren. In Begleitung von Wilhelm und Augusta befanden sich ihre Kinder Friedrich Wilhelm und Luise. Schon damals scheint zwischen ihnen und den Londoner Gastgebern Einigkeit darüber bestanden zu haben, die freundschaftlichen Bande auf Dauer durch eine Ehestiftung zu befestigen. Die Queen und Albert fanden Gefallen an dem zwanzigjährigen Friedrich Wilhelm, der, wie seinerzeit Albert, in Bonn Jurisprudenz und Geschichte studierte. Er war ein wohlerzogener, sehr gut aussehender junger Mann, der sich von Albert gern in die englischen Verhältnisse einführen ließ. Vicky, der er während der Eröffnungsfeier zum ersten Mal begegnete, war noch ein Kind von kaum elf Jahren, aber im Auftreten schon so sicher und unbefangen, daß sie ihn tief beeindruckte. So hatte der Besuch der Londoner Weltausstellung ungeahnte Folgen. In den nächsten Jahren wurde die angestrebte preußisch-englische Heirat der Princess Royal mit Prinz Friedrich Wilhelm im Briefwechsel zwar nicht ausführlich erörtert, aber, wie beiläufigen Bemerkungen zu entnehmen ist, von beiden Elternpaaren, insbesondere von den Müttern, im Auge behalten.

1848 hatte die englische Königin im schottischen Hochland das Schloß Balmoral erworben und es zum Sommersitz ihrer Familie erklärt. 1853 erfolgten Veränderungs- und Erweiterungsbauten, die einen Aufenthaltsort nach ihren architektonischen Vorstellungen entstehen ließen. Im Herbst 1855 waren die Arbeiten nahezu abgeschlossen. Prinz Friedrich Wilhelm von Preußen war der erste Gast in dem neuen Balmoral, dem einer mittelalterlichen Burg nachempfundenen Schloß mit seinen vielen Türmchen und Giebeln. Er traf eine Woche nach der Königsfamilie am 14. September in Schottland ein in der festen Absicht, um die Hand der Princess Royal Victoria anzuhalten. Seine Briefe und Tagebuchaufzeichnungen aus dem vierzehntägigen Aufenthalt verraten, daß ihm die Werbung wirklich eine Herzensangelegenheit war. Er war sich der Zustimmung seiner Eltern sicher, hatten sie ihm doch zu dieser Reise geraten. Die Berichte aus Schottland zeigen eine Mitteilsamkeit, die man bei seiner sonst eher zurückhaltenden Art nicht erwartet hätte.

Wie schon 1851, so erfreute sich Friedrich Wilhelm auch jetzt, vier Jahre später, der besonderen Liebenswürdigkeit der Queen und Alberts, und das Wiedersehen mit der noch nicht fünfzehnjährigen Vicky ergriff ihn tief. In einem Brief beschreibt er sie seinen Eltern folgendermaßen: „Princess Royal hat sich sehr formiert, und obwohl nicht viel größer als die Königin, sieht sie doch viel hervorragender aus wie sie. Ihr Ausdruck ist seelenvoll und spricht von Verstand, besonders viel sagen die Augen; Haltung und Gang sind sehr graziös, ohne gemacht zu sein. Kurz, das ganze Auftreten ist vorteilhaft und zeigt ein Gemisch kindlicher Unbefangenheit wie einiger Gewohnheit, sich unter Menschen zu bewegen. Beim Empfange war sie im einfachen schottischen Morgenkleide, und nachdem ich der Königin die Hand geküßt, kam sie auf mich zu und reichte mir die Hand, welchem Beispiel alle Kinder folgten. Bei Tisch erschien sie in Damentoilette, weiß mit roten Schleifen und Bändern in den Haaren, ganz erwachsen gekleidet... Sie spricht geläufig Deutsch, mit einem etwas fremden Akzent, und scheint heitere Laune zu besitzen. Dies der erste Eindruck, der nicht ungünstig sein konnte..." Victoria hatte in Begleitung ihrer Eltern kürzlich ihre erste größere Reise nach Paris unternommen, wo sie eine dichte Abfolge von Empfängen, Ausstellungsbesuchen und festlichen Veranstaltungen erlebte, über die sie jetzt – noch unter dem unmittelbaren Eindruck dieser Erlebnisse stehend – ihrem Tischpartner anschaulich berichtete. Sie und ihr Bruder Albert hatten die Probe, sich in der Öffentlichkeit korrekt und doch ungezwungen zu benehmen, gut bestanden, wie Prinz Albert mit Genugtuung bemerkte. „Die Kinder benahmen sich so gut. Niemand kann unbefangener, bescheidener und freundlicher sein. Sie haben sich sehr beliebt gemacht", teilte er einem Freunde mit.

Kronprinzessin Victoria
1880

Zu diesem Zeitpunkt hatte die von ihrem Vater geleitete Ausbildung der Prinzessin einen gewissen Abschluß erreicht. Was sie in sich aufgenommen hatte, überstieg bei weitem das Pensum, das für die weiblichen Mitglieder fürstlicher Häuser in der Regel für notwendig erachtet wurde. Ernst von Coburg, der Bruder Prinz Alberts, beobachtete seine Nichte: „Ich habe selten ein Mädchen gefunden, bei dem die Eigenschaften des Gemüts und des Geistes so gleichen Schritt gehalten hätten, und so erschien sie mir auch immer als ein sehr bedeutendes Kind. Rasch ist sie nun zur Jungfrau herangeblüht, das Bild der Heiterkeit und die Lust all derer, die sie kennen...“

Friedrich Wilhelm von Preußen verlobte sich in Balmoral schneller mit Victoria, als selbst die Queen es erwartet hatte: „Er hatte uns schon am 20. September seinen Wunsch mitgeteilt, aber wir waren wegen ihrer großen Jugend unentschieden, ob er mit ihr sprechen oder ob er damit warten solle, bis er wieder zurückkommen würde. Indessen, wir fühlten, es wäre besser, wenn er es doch tun würde, und heute Nachmittag während unseres Rittes nach Craig-na-Ban pflückte er ein Stück weißes Heidekraut, das Zeichen guten Glücks, und gab es ihr. Dabei nahm er Veranlassung, eine Anspielung auf seine Hoffnungen und Wünsche zu machen, die dann zu diesem glücklichen Schritt führte...“ Die amtliche Bekanntgabe des Verlöbnisses geschah aber erst im Mai 1856 nach Vickys Konfirmation und einem zweiten Besuch des Bräutigams, der dieses Mal die Familie in Osborne traf. Im August fanden sich Wilhelm und Augusta zu einem Besuch in England ein, und im November war es noch einmal Friedrich Wilhelm, der seine Braut wiederzusehen wünschte.

Das Echo auf die offizielle Anzeige der Verlobung war in England und in Preußen geteilt. Es war eben doch eine politische Verbindung, die durch die Heirat des preußischen Thronfolgers mit der Tochter der englischen Königin geknüpft werden würde. Die Londoner Zeitungen kommentierten die politischen Bündnisse Preußens und wiesen auf seine rußlandfreundliche Haltung im Krimkrieg hin. Die TIMES fragte: „Ist es nun eigentlich nötig oder nicht, daß eine Tochter Englands ihren Platz auf dem Thron Preußens einnehmen sollte?“ Auf preußischer Seite machte sich Bismarck zum Sprecher aller, die Vorbehalte äußerten: „Haben Sie diesen eselsmäßigen Artikel der TIMES in letzter Zeit gelesen, besonders den über die etwaige Heirat unseres Prinzen? Dabei ist letzterer die beste Partie in Europa, und eine englische Prinzessin als Gattungsbegriff betrachtet eine der schlechtesten. Über die Person der jetzigen Princess Royal habe ich kein Urteil...“ Und in einem späteren Schreiben findet sich die Bemerkung: „Sie fragen mich in Ihrem Briefe, was ich zu der englischen Heirat sage. Ich muß beide Wörter trennen, um meine Meinung zu sagen: das Englische darin gefällt mir nicht, die Heirat mag aber ganz gut sein... Gelingt es daher der Prinzessin, die Engländerin zu Hause zu lassen und Preußin zu werden, so wird sie ein Segen für das Land sein...“ Die liberalen Blätter dagegen begrüßten die bevorstehende Vermählung, und Augusta, die Mutter Friedrich Wilhelms, zeigte ihre große

Freude: „Gott segne diese Verbindung für die geliebten Kinder, für unsere Familie und für das arme deutsche Vaterland, das sich naturgemäß nur im Bunde mit England aus seiner jetzigen Lage erheben kann."

Auf Wunsch der Queen fand die Vermählung in London statt: „Man heiratet nicht jeden Tag die älteste Tochter der Königin von England." Prinz Albert bereitete alles sorgfältig vor. Vicky und Friedrich Wilhelm wurden am 25. Januar 1858 in der Kapelle des St. James Palastes getraut. Nach dem Ende der Feierlichkeiten begaben sich die Brautleute nach Windsor, wo sie die ersten Tage ihrer Ehe verlebten. Dann nahte der Abschied von der Familie und von England. Niemand hielt seine Gefühle zurück und verbarg seine Trauer über die Trennung. Mit der Yacht „Victoria & Albert" fuhr das junge Ehepaar über den Kanal. Die anschließende Reise mit der Eisenbahn, unterbrochen von Aufenthalten in Brüssel und Köln, glich einem Triumphzug. Auch die Potsdamer veranstalteten einen glänzenden Empfang. Dann folgte am 8. Februar bei klarem kalten Winterwetter der Einzug in Berlin, durch das Brandenburger Tor, die Straße Unter den Linden entlang zum Schloß. Vicky ertrug alle Anstrengungen lächelnd, war Mittelpunkt der Veranstaltungen, begrüßte die neuen Familienmitglieder, die Persönlichkeiten aus Verwaltung und Diplomatie freundlich und in vollendeter Haltung. Die Menschen auf den Straßen hatten ihr zugejubelt, in den Kreisen des Hofes wurde sie herzlich willkommen geheißen – kein Zweifel: Die englische Heirat schien sich überaus gut anzulassen.

Und so sahen die Berliner die Prinzessin: „Victoria ist klein und etwas stark. Auch die Züge sind nicht regelmäßig; ein derbes, frisches und rundes Gesichtchen, aber sehr schöne dunkle Augen und ein wirklich reizendes Lächeln... Sie ist eine gesunde, frühreife Natur... von der einnehmendsten Liebenswürdigkeit, sieht einen mit ihren dunklen Augen gar gut und zutraulich an, lächelt angenehm, spricht sehr gut Deutsch und plaudert in kindlicher Weise ganz allerliebst, dankbar von der herzlichen Aufnahme, die sie überall im Lande gefunden, und schließt mit den Worten: ‚Ich bin stolz darauf, dem Lande anzugehören.'" Dabei war nicht zu verkennen, daß Victoria trotz der guten Vorbereitung durch Prinz Albert die neue Heimat als fremd empfand. Die provisorische Wohnung im Berliner Schloß wirkte kalt und unwirtlich, die Geschwister fehlten ihr, der Zuspruch des Vaters und die Wärme des familiären Umgangs. Heimischer fühlte sie sich erst nach dem Umzug nach Babelsberg und schließlich ins Neue Palais mit seiner ländlichen Umgebung.

Unberührt von allen Enttäuschungen und inneren Ängsten blieb dagegen die eheliche Gemeinschaft mit Friedrich Wilhelm. Prinz und Prinzessin verbargen ihr Glück nicht und ergänzten sich, wie sich bald herausstellte, in Temperament und Veranlagung hervorragend. Während Friedrich Wilhelm seine junge Frau um Haupteslänge überragte, war sie ihm an Lebhaftigkeit und Willen überlegen und an Intelligenz mindestens ebenbürtig. Er, der es immer allen recht machen wollte und zu Gehorsam und Rücksichtnahme

Prinz Friedrich Wilhelm und
Prinzessin Victoria, 1858

Kaiserin Victoria, 1888

erzogen worden war, fand in seiner spontanen, klugen Gemahlin Halt und immer wieder ermunternden Zuspruch. Böse Stimmen meinten, sie beherrsche ihren Mann ganz und gar; sie tat es, wenn man ihren Einfluß in dieser Weise umschreiben will, um seinetwillen und unternahm niemals etwas, was sich gegen „Fritz" hätte auswirken können. Was die ihr zu Anfang entgegengebrachte öffentliche Zuneigung auf die Dauer etwas erkalten ließ, war die Tatsache, daß die Prinzessin allzu oft in der ihr eigenen direkten Art Vergleiche zwischen Preußen und England anstellte, die in der Regel nicht zu Gunsten ihrer neuen Heimat ausfielen. Sie blieb die Engländerin, und es trat eben das nicht ein, was Bismarck sich für sie gewünscht hatte, daß sie als Preußin denkend sich für Preußen eingesetzt hätte. Daß sie beide Länder miteinander verglich und auf Unterschiede hinwies, war verständlich und hätte ihr nicht angelastet werden sollen. Trotzdem reagierte man in der Umgebung des Berliner Hofes empfindlich auf kritische Bemerkungen, empfand sie als taktlos und beobachtete „die Engländerin" mit zunehmendem Mißtrauen. Was sie vertraulich und privat äußerte, gelangte nicht selten in weitere Kreise, und schließlich war man nicht mehr frei von der Unterstellung, daß sie geheime

Nachrichten nach England weitergab. Daß Vicky einen überaus regen Brief-wechsel nach London unterhielt, wußte man. Sie war in ihren Schreiben ebenso offen wie ihre Mutter es in ihren Antwortbriefen war. Die Urteile über Menschen ihrer Umgebung waren beiderseits oft schonungslos; daß Vicky als „Botschafterin der englischen Königin" am preußischen Hof wirk-te, ist ihrer Korrespondenz schwerlich zu entnehmen. Nur selten suchte sie die Gelegenheit, sich innerlich von allem Englischen zu lösen und unbe-schwert mit der neuen Umgebung zu verwachsen. Überdies waren die Brie-fe der Queen stets voll guter Ratschläge und Stellungnahmen zu Ereignissen in Preußen, so daß sich die Prinzessin kaum eine eigene Meinung zu bilden vermochte.

Von ihrer politischen Einstellung her müßte Augusta ihrer Schwiegertochter nahegestanden haben. Aber abgesehen davon, daß sie nicht die Gabe besaß, auf Menschen zuzugehen und Wärme auszustrahlen, verfocht und verlangte sie im Tagesablauf einen Stil erstarrter und ausgehöhlter Regelmäßigkeiten, denen sich Victoria nur schwer oder gar nicht unterordnen konnte, da sie ihr die Möglichkeit verwehrten, heimatliche Gepflogenheiten einzuführen. So waren die Unterschiede in der Lebensweise der beiden Fauen größer als ihre Gemeinsamkeiten im politischen Denken. Vickys Briefe nach London lassen erkennen, wie sehr sie sich um ein gutes Auskommen mit Augusta bemühte, doch die kritischen Töne waren nicht zu überhören, und sie kehrten immer wieder: „Du sagst, daß Du über das gute Verhältnis zwischen meiner Schwie-germutter und mir froh bist; wie unerträglich mein Leben aber ist, wenn dies einmal nicht der Fall ist, weißt Du nicht. Ich bin nur zu froh, wenn sie mir erlaubt, in gutem Einvernehmen mit ihr zu sein. Niemand kennt ihre wirk-lich guten und großen Qualitäten besser als ich oder ist glücklicher, sie in guter Laune zu sehen. Was ich jetzt sagen will, mag vielleicht anmaßend klingen, aber ich glaube nicht, daß die Kaiserin [Augusta] eine Schwieger-tochter haben könnte, die besser ihre guten Eigenschaften zu schätzen wüß-te – die mehr der Sache, der sie gedient hat, mit Herz und Seele ergeben wäre, die tiefer in ihre Interessen eindringen könnte oder bereitwilliger den Faden dort, wo sie ihn fallen ließ, aufnehmen und in derselben Richtung weiterarbeiten würde..."

Seit Sommer 1858 freute sich Victoria auf die Geburt ihres ersten Kindes und sah der Entbindung mit großer Zuversicht entgegen. Da die Queen Mißtrauen gegen die deutschen Ärzte hegte, schickte sie ihren Leibarzt und eine Hebamme nach Preußen, die ihren Berliner Kollegen Dr. Wegner und Professor Martin zur Seite stehen sollten. Bei der sehr schweren Entbindung wurde die linke Schulter des Kindes verletzt, so daß ein uneingeschränkter Gebrauch des Armes nicht mehr möglich war. Der medizinische Bericht von Professor Martin läßt indessen keine Zweifel an der Sorgfalt der Ärzte zu. Es war ein Sohn, der am 27. Januar 1859 das Licht der Welt erblickte. In Berlin wie in London herrschte gleichermaßen Freude. Er erhielt den Namen Friedrich Wilhelm Victor Albert und wurde Wilhelm gerufen. Lange glaubten seine Eltern und die Ärzte, durch Massagen und Training den Arm kräftigen und voll gebrauchsfähig machen zu können und ließen über den medizinischen Befund vorerst nichts an die Öffentlichkeit gelangen. Die Tagebucheintragungen Friedrich Wilhelms lassen jedoch erkennen, daß er die Entwicklung Wilhelms mit einer gewissen Sorge beobachtete und jeden kleinen Fortschritt erleichtert zur Kenntnis nahm.

Sobald die kalten Wintermonate vorüber waren, verließen Friedrich Wilhelm und Victoria die sie oft bedrückende Atmosphäre des Berliner Hofes und lebten in dem für sie hergerichteten geräumigen Neuen Palais bei Potsdam. Nachdem ihnen Bornstedt übertragen worden war, erfreuten sie sich des Lebens auf dem Lande; als Gutsherr ritt der Prinz durch die Felder und beobachtete den Stand der Saat, als Patrone nahmen er und Victoria Kirche und Schule in ihre Obhut. Die Kinderschar vergrößerte sich. Nach Wilhelm (1859) folgte 1860 eine Tochter, Charlotte, 1862 kam wieder ein Sohn, Heinrich, auf die Welt; zwei Jahre später wurde Sigismund geboren, der jedoch schon 1866 an einer Gehirnhautentzündung starb. Die kleine Victoria, 1866 kurz vor Sigismunds Tod geboren, vermochte die Eltern in ihrem Schmerz nicht zu trösten. Erst die Geburt Waldemars 1868 ließ die Wunde langsam vernarben. Er war der Liebling Friedrich Wilhelms und Victorias. Sie hielten ihn für den begabtesten ihrer Söhne, und vielleicht war er es wirklich. Ganz gewiß war er der liebenswürdigste Sohn und bei aller Zähigkeit, die sein Vater an ihm bemerkte, weniger schwierig als Wilhelm. Waldemar starb 1879 an Diphtherie. Friedrich Wilhelm und Victoria waren untröstlich. Noch nach vielen Jahren gedachten sie in ihren Briefen regelmäßig seines Geburts- und Todestages. Nichts konnte die Erinnerung an ihn verdrängen. Sophie, geboren 1870, und Margarethe, geboren 1872, waren die jüngsten Kinder des Kronprinzenpaares.

Friedrich Wilhelms Tagebücher und Victorias Korrespondenz mit ihrer Mutter in London vermitteln Einblicke in das Familienleben im Neuen Palais. Die Zuneigung des Prinzen zu seinem „Frauchen" erkaltete nie. Sie war für ihn „das zweite Ich"; die Partnerin an seiner Seite. Als moderne Frau stillte sie ihre Kinder selbst. Sie unterhielt ihren Mann mit ihrem Klavierspiel; die gemeinsame Lektüre, ihre Besuche von Kunstausstellungen und Gespräche über wichtige und alltägliche Probleme bereicherten ihr Leben. Das geräumige Palais in Potsdam täuschte über die Bescheidenheit der kronprinzlichen Hofhaltung hinweg. Die Sparsamkeit Wilhelms I. war sprichwörtlich, aber vielleicht auch notwendig; denn neben Friedrich Wilhelm und Victoria mit ihren Kindern waren noch zahlreiche andere Verwandte des Hohenzollernhauses zu versorgen. Hierzu zählten nicht zuletzt der Vetter Friedrich Karl von Preußen und seine Frau Anna Maria von Anhalt mit ihren vier Kindern auf Schloß Glienicke. Seit ihren Kindertagen verband Friedrich Wilhelm und Friedrich Karl eine enge Freundschaft, in die auch ihre Gemahlinnen und die Kinder hineinwuchsen. So ergab es sich fast zwangsläufig, daß große Familienfeste (Konfirmation und Hochzeit) mit den Glienickern zusammen gefeiert wurden, um

Aufwand und Kosten zu sparen. Auch Hoffeste waren selten. Berühmt wurde jedoch das 1875 im Kronprinzenpalais Unter den Linden veranstaltete „Fest am Hofe der Medicäer in Florenz", in Kostümen und Ausstattung eine Huldigung an die italienische Kunst des 15. Jahrhunderts. Erst die Hochzeit des Thronfolgers Wilhelm mit Auguste Victoria von Schleswig-Holstein-Augustenburg am 27. Februar 1881 wurde wieder zu einem gesellschaftlichen Höhepunkt. Friedrich Wilhelm und Victoria waren mit der Wahl ihres Sohnes sehr zufrieden. Die Braut entstammte zwar keiner macht- und glanzvollen Fürstenfamilie, doch bedeutete diese Heirat die Aussöhnung Preußens mit dem Hause Schleswig-Holstein, das nach den Kriegen 1864 und 1866 seine fürstliche Stellung und politischen Einfluß eingebüßt hatte.

Seit 1862 leitete Bismarck die preußische Politik. Wenn er später in „Gedanken und Erinnerungen" schrieb, er habe den Eindruck gewonnen, daß die Prinzessin Victoria gegen ihn eingenommen gewesen sei, so täuschte er sich nicht: Sie lehnte ihn ab und versuchte – ohne Erfolg – seinen Einfluß einzudämmen. Wegen der Presseverordnung vom 1. Juni 1863, die Zeitungen und Zeitschriften wegen fortdauernder, die öffentliche Wohlfahrt gefährdender Berichte das Erscheinen untersagen konnte, kam es zwischen Friedrich Wilhelm und Bismarck zum Konflikt, wobei der Prinz die bereitwillige Unterstützung der Queen in London fand. Auch Victoria reagierte empört: „Das Benehmen der Regierung und die Art, in der sie Fritz behandelt hat, erweckt in mir mein tiefstes Gefühl der Unabhängigkeit. Gott sei Dank, daß ich in England geboren bin, wo die Menschen keine Sklaven und zu gut sind, um zu erlauben, daß mit ihnen oder anderen in einer derartigen Weise umgegangen wird..." Nur während des Deutsch-Französischen Krieges fühlte sie sich als „zu einer großen Nation gehörig" und war stolz auf die große Zahl französischer Gefangener: „Ist das nicht wunderbar? Dazu kommen noch 50 Generäle und der Kaiser selbst, und auch jetzt wollen die Franzosen noch nicht glauben, daß sie wirklich in fairer Weise geschlagen worden sind..."

Sich für soziale Belange einzusetzen, sah Victoria vom Augenblick ihrer Übersiedlung nach Preußen als eine ihrer wichtigsten Aufgaben an. Während des Krieges unterstützte sie die Pflege der Verwundeten in Hospitälern und Lazaretten. Sie erkannte die Notwendigkeit der Förderung und Fortbildung erwerbstätiger Frauen, übernahm die Schirmherrschaft über das Pestalozzi-Fröbel-Haus, eine Anstalt für Kindergarten, Arbeitsschule, Haushaltungsunterricht, Kochschule und Ausbildungsstätte für Erzieherinnen; sie gründete einen Verein für Gesundheitspflege und ein Haus für häusliche Krankenpflege. Die „Kaiserin-Friedrich-Stiftung für das ärztliche Fortbildungswesen" erinnert an ihren Einsatz. Der Lette-Verein, der die „Förderung der Erwerbstätigkeit des weiblichen Geschlechts" zum Ziel hatte, verdankt auch ihrem Engagement seine fruchtbare Entwicklung. Jährliche Basare im Kronprinzenpalais besserten die verfügbaren finanziellen Mittel für wohltätige Einrichtungen auf.

Fühlte sich Victoria in der Wahrnahme sozialer Aufgaben ihrer Schwiegermutter Augusta, der Protektorin des Roten Kreuzes in Preußen, besonders verbunden, so erkannten sie und Friedrich Wilhelm in der Wissenschafts- und Kunstpflege ihr eigentliches Betätigungsfeld. 1871 hatte der Prinz das Protektorat über die Königlichen Museen übernommen und mit dem systematischen Auf- und Ausbau der Sammlungen begonnen. Begeistert nahmen er und Victoria eine Anregung aus England auf, auch Zeugnisse des Kunstgewerbes auszustellen und das Augenmerk über das Praktische hinaus auf die Ästhetik handwerklicher Produkte zu lenken. Mit großer Energie setzten sich Friedrich Wilhelm und Victoria für den Bau eines besonderen Kunstgewerbemuseums mit modernsten Werkstätten und Übungssälen ein, das nach dem Entwurf des Architekten Martin Gropius endlich errichtet und am 21. November 1881 (Victorias Geburtstag) eingeweiht werden konnte.

Die lange Kronprinzenzeit Friedrich Wilhelms endete am 9. März 1888 mit dem Tode Kaiser Wilhelms I. Zu diesem Zeitpunkt war er bereits ein dem Tode geweihter Mann. Mit Heiserkeit hatte sich die Krankheit im Herbst 1886 erstmals bemerkbar gemacht. Im Gegensatz zu früheren Halserkrankungen, über die er immer wieder einmal zu klagen hatte, trat auch nach einem Kuraufenthalt in Bad Ems keine Besserung ein. Victoria versuchte noch Zuversicht auszustrahlen, als bereits feststand, daß es sich um keine harmlose Kehlkopferkrankung handelte. Sie klammerte sich an die beruhigenden Diagnosen des englischen Arztes Sir Morell Mackenzie und sah doch das Unausweichliche immer näher auf sich zukommen. „Meine Sorgen sind namenlos"; schrieb sie. „Was ich leide, kannst Du kaum ahnen und doch habe ich noch Mut, und er soll ruhige und heitere Gesichter um sich sehen und nicht merken, wie mir zumute ist..."

Im Mai 1887 vertrat Friedrich Wilhelm Kaiser Wilhelm I. beim 50jährigen Regierungsjubiläum der Queen in London. Victoria und die jüngeren Kinder begleiteten ihn. Nach den Feiern begaben sie sich auf die Isle of Wight, wo sich der Zustand des Kronprinzen ebensowenig besserte wie anschließend in Schottland. Im Herbst zog die Familie nach Baveno am Lago Maggiore, wo Friedrich Wilhelm am 18. Oktober seinen 56. Geburtstag feierte. Seit Anfang November war die Villa Zirio in San Remo Wohnstätte und kronprinzliche Residenz. Hier stellte sich bald ein Tagesrhythmus ein, in dessen Rahmen der Kronprinz seinen Aufgaben nachging, Korrespondenzen erledigte und Besucher empfing. Die Krebsgeschwulst auf dem linken Stimmband hatte sich jedoch inzwischen so sehr vergrößert, daß Atem- und Schluckbeschwerden eintraten, die im Februar 1888 eine Notoperation notwendig machten. Von nun an atmete Friedrich Wilhelm durch eine Kanüle. Seine Sprechfähigkeit verlor er; was er zu sagen hatte, schrieb er auf kleine Zettel. Mehr und mehr sah Victoria ihre Aufgabe darin, alle Lasten von ihm fernzuhalten und auch die Zahl der Besuche einzuschränken. Vergeblich versuchte Friedrich von Bodelschwingh, ein Freund aus Jugendtagen, ihn wenigstens kurz zu sehen. Enttäuscht schrieb er nach Hause: „Komme eben von der Kronprinzessin. Sie war sehr freundlich, aber fest entschlossen, mich weder jetzt noch später zum Kronprinzen zu lassen. Selbst als ich sagte, ich wollte acht, ja vierzehn Tage warten, wies sie es ab... Ich sprach die drei Doktoren Bergmann, Bramann und Krause. Es sieht offenbar trübe genug aus..."

Nach der Rückkehr nach Berlin-Charlottenburg am 11. März 1888 konnte Victoria ihren Mann nicht mehr abschirmen. Für die Wahrnahme von Regierungsgeschäften als König von Preußen und Deutscher Kaiser blieb ihm eine Frist von 99 Tagen. Alle politischen Pläne, die bei der Heirat mit Victoria eine Rolle gespielt hatten, waren gegenstandslos geworden. Bismarck blieb im Amt und bestimmte weiterhin die Richtlinien der Politik. Zwischen ihm, dem kranken Kaiser, der den Namen Friedrich III. angenommen hatte, und Victoria herrschte das Bemühen um Eintracht und Nachsicht. Der Kanzler wußte, daß es sich nur um eine Übergangszeit handeln würde und Kronprinz Wilhelm II. für die Nachfolge längst bereitstand. Victoria erlebte Wochen größter Anspannung: „Wenn es nur nicht zu spät ist! Zu spät! Der furchtbare Gedanke verfolgt mich Tag und Nacht. Ja, wir sind jetzt unsere eigenen Herren, aber sind wir dazu bestimmt, die Arbeit ungetan zu lassen, die wir so lange und sorgfältig vorbereitet haben? Werden wir die Möglichkeit haben, das Richtige zu tun? Wird uns Zeit gelassen werden, nützliche Maßnahmen, nötige Reformen durchzuführen? Jeder wohlmeinende Deutsche legt sich diese Frage mit bitterem Schmerz vor! Es ist hart und grausam! Ich hoffe und lebe von einem Tag zum andern..."

Am 24. Mai 1888 heiratete Prinz Heinrich, der jüngere Sohn des Kaiserpaares, in der Charlottenburger Eosander-Kapelle seine Kusine Irene von Hessen. Es war die letzte Familienfeier im Beisein Friedrichs III. Am 1. Juni kehrten er, Victoria und die jüngeren Töchter auf seinen Wunsch nach Potsdam ins Neue Palais zurück. Hier starb er am 15. Juni 1888. Nach einer von Wilhelm II. veranstalteten Feier wurde Kaiser Friedrich III. in der Potsdamer Friedenskirche beigesetzt. Victoria, die sich jetzt Kaiserin Friedrich nannte, folgte dem Trauerzug nicht, sondern zog sich nach Bornstedt zurück, wo sie, ihr Mann und die Kinder glückliche Tage verlebt hatten. In der Bornstedter Kirche ließ sie für den Verstorbenen einen schlichten Trauergottesdienst ausrichten.

Ein Testament Friedrichs III., das auch einen Bestätigungsvermerk Wilhelms II. trug, sicherte Victoria und den unverheirateten jüngeren Töchtern ein angemessenes Auskommen zu, aber das Neue Palais mußten sie räumen, da es Wilhelm für sich und seine Familie beanspruchte. Von nun an hielt sich Victoria häufig in England auf, lebte zeitweise in Berlin und Bad Homburg, bis ihr durch eine Erbschaft der Kauf eines Grundstücks in Kronberg im Taunus und der Bau eines kleinen Schlosses im englischen Landhausstil ermöglicht wurden. Sie nannte es „Friedrichshof" und richtete es nach ihrem Geschmack ein. 1893 war es vollendet. Da alle offiziellen Ämter sofort auf ihre Schwiegertochter, die junge Kaiserin Auguste Victoria, übergegangen waren, schuf sich Victoria in Kronberg einen neuen Aufgabenkreis. Sie ließ die mittelalterliche Burg Cronberg restaurieren und rekonstruieren, sie förderte den Bau des Kronberger Krankenhauses und veranlaßte die Wiederherstellung der Stadtkirche. Sie vervollständigte ihre Sammlungen, reiste gern nach Italien, zeichnete und malte. Ihre Briefe nach England waren nach wie vor voll politischer Gedanken und Analysen, verbunden mit kritischen Bemerkungen über das Handeln ihres Sohnes Wilhelm und die gegen England gerichtete Entwicklung Deutschlands: „... Natürlich muß es unser Bestreben sein zu sorgen, daß die Beziehungen zwischen England und Deutschland trotz Fürst Bismarcks Falschheit und Wilhelms Torheit nicht leiden. Du und der liebe Bertie [Prince of Wales], ich und Deine Minister werden alles tun, um ein gutes Einvernehmen zu erhalten, aber ich hoffe, da in England die Verhältnisse nicht unbekannt sind, daß alle Sorgen und Leiden Deiner Tochter ebenso wie deren Quellen und Gründe zur allgemeinen Kenntnis gebracht werden...", schrieb sie an die Queen.

Seit einem Reitunfall im Sommer 1898 litt Victoria zunehmend unter heftigen Schmerzen an der Wirbelsäule. 1899 teilte sie einer Vertrauten mit, daß sie an Krebs leide, doch fehlt für diese Äußerung eine Bestätigung in ihren Briefen, die im übrigen ihre Mutter über einzelne Symptome der Krankheit auf dem laufenden hielten. Die Schmerzen wurden mit Morphium gedämpft. Victoria starb am 5. August 1901 im 61. Lebensjahr. In einer Ahnung ihres nahen Todes hatte sie den Briefwechsel mit ihrer Mutter nach England bringen lassen. Nun war die in aller Offenheit geführte Korrespondenz vor Zugriffen sicher: alle spontanen Äußerungen, Urteile über Persönlichkeiten in der Regierung und bei Hofe und die vielen, vielen teilweise überspitzten Bemerkungen über Zeitgenossen und ihre Handlungen. Victorias Leichnam wurde in der Kronberger Kirche aufgebahrt und dann nach Potsdam überführt. An der Seite Friedrichs III. fand Victoria im neuen Mausoleum neben der Friedenskirche ihre letzte Ruhestätte.

Eine kluge, selbständig denkende Persönlichkeit war zu Grabe getragen worden. Lebte Victoria heute, hätte sie ihren Platz in der politischen Welt sicher gefunden. Aber vor hundert Jahren wurde den Frauen kaum mehr zugebilligt als die drei K: Kinder, Küche, Kirche. Vor diesem Hintergrund mußten ihr Scharfblick und ihre politischen „Kommentare" als störend empfunden werden. Das „Englische", das Bismarck von Anfang an gestört hatte, haftete ihr nun einmal an, obwohl sie sich auf sozialem Gebiet für das Land, in dem sie seit 1858 lebte, ebenso wie die Kaiserinnen Augusta und Auguste Victoria vorbildlich eingesetzt hatte. Egon Cesar Conte Corti, einer ihrer Biographen, betitelte seine Darstellung mit dem Wort „Wenn..." und stellte damit die Frage nach den Möglichkeiten, die die Kaiserin Friedrich an der Seite ihres Mannes ergriffen und in die Tat umgesetzt hätte. Ähnlich hatte sich Victoria geäußert, als sie in einem Rückblick ihr Leben in wenigen Worten zusammenfaßte: „Ich bin nur ein Schatten von dem, was ich hätte sein können."

Rena Noltenius

Kronprinzessin Victoria und das Krongut Bornstedt

Als König Wilhelm I. von Preußen (1797–1888) seinem ältesten Sohn Friedrich Wilhelm (1831–1888), dem späteren Kaiser Friedrich III., das Krongut Bornstedt 1867 zum „Nießbrauch und Naturalbesitz" übergab, war die Freude darüber bei Kronprinzessin Victoria (1840–1901) wohl am allergrößten. Das idyllisch am See gelegene Krongut mit seinem prägnanten Turm erinnerte sie sehr an Osborne House, das Schloß im heimischen England, in dem sie mit ihren Eltern Königin Victoria (1819–1901) und Prinz Albert (1819–1861) sowie den Geschwistern viele glückliche Ferien verbracht hatte.

Georg Lapieng (1846–1905), Krongut Bornstedt. Gartenseite des Herrenhauses 1882. Aquarell, KPM-Archiv Berlin.

Das ehemalige Rittergut Bornstedt, das einst der alteingesessenen Familie von der Groeben gehörte, war 1664 vom Großen Kurfürsten (1620–1688) erworben worden. Nachdem das Gut 1846 einem verheerenden Brand zum Opfer gefallen war, ließ Friedrich Wilhelm IV. (1795–1861) es durch den Königlichen Hofbaumeister Johann Heinrich Haeberlin (1799–1867) in dem von ihm bevorzugten italienischen Landhausstil in den Jahren 1847/48 wieder aufbauen. In der Art eines typisch brandenburgischen Gutshofes des 19. Jahrhunderts, mit Herrenhaus, Kuhstall, Remise, Federviehhaus, Scheunen und Wasch-, Back- und Schlachthaus entstand ein „Point de vue in der Landschaft"[1], der damals zahlreiche Künstler zu malerischen Darstellungen des Ensembles anregte, so u. a. Wilhelm Ludwig F. Riefstahl (1827–1888) und Carl Graeb (1816–1884).

Von ihrem Vater hatte Vicky, wie sie in der Familie genannt wurde, die Liebe zur Natur, zum Garten und zu den Tieren geerbt und von ihm auf den königlichen Gütern viel darüber gelernt; sie kannte z. B. die ausgefallensten Namen seltener Blumen und Sträucher, und auch das Anlegen von Blumen, Obst- oder Gemüsebeeten war ihr vertraut. Darum verwundert es nicht, daß sie sich von Anfang an vehement für das Krongut engagierte, wohl auch mit der Absicht, es zu einem „Mustergut" für Brandenburg zu entwickeln und damit die Wartezeit bis zur Thronnachfolge Wilhelms I.

William Leighton Leitch (1804–1883), Osborne House/Insel of Wight um 1838.
Aquarell, Windsor Castle.

sinnvoll zu nutzen und auszufüllen. Wenn das Kronprinzenpaar sich auch viel in Berlin im Kronprinzenpalais oder in Potsdam im Neuen Palais aufhielt, so zog es sie doch fast täglich auf ihr nahegelegenes Krongut, wo sie „regieren" konnten, frei von allen offiziellen Pflichten des Königlich-Kaiserlichen Hofes. Hier lebten sie als „Gutsherr und Gutsherrin von Bornstedt", genauso wie die Großeltern des Kronprinzen, König Friedrich Wilhelm III.

(1770–1840) und Königin Luise (1776–1810), damals auf ihrem Gut in Paretz.

Als das Kronprinzenpaar Bornstedt übernahm, lebten und arbeiteten die Gutsangestellten und Tagelöhner dort noch unter elenden Bedingungen: „Sie mußten auf dem Boden schlafen, ohne Matratzen und Bettzeug und zogen sich niemals aus, wenn sie zu Bett gingen, immer behielten sie ihre Kleider und ihre riesigen Lederstiefel an. Auch wuschen sie sich nicht und hatten keinen Platz, wo sie ihre Mahlzeiten einnehmen konnten; irgendwo im Hof oder im Stall oder auf der Treppe aßen sie."[2] Victoria und Friedrich Wilhelm änderten all dies so schnell sie konnten. Von Anfang an identifizierten sie sich mit ihrer „kleinen Farm". Der Kronprinz ordnete dabei die Feldarbeiten an und überwachte diese, und Vicky kümmerte sich vor allem um die Ställe, die Tiere und das Heu. In einem Brief vom 19. Juni 1868 schreibt sie aus dem Neuen Palais in Potsdam an ihre Mutter: „Hier auf unserer kleinen Farm sind wir alle sehr beschäftigt. Einen großen Teil des Heus haben wir eingefahren, und die Wolle geht auf den Markt nach Berlin – aber unglücklicherweise ist in diesem Jahr der Preis dafür sehr niedrig."[3] Die letzte Bemerkung der Kronprinzessin zeigt, wie sehr das Paar wirtschaftlich auf sich selbst gestellt war und offenbar nur wenig Unterstützung aus der königlichen Schatulle erwarten konnte.

Victoria kümmerte sich auch um die Schaf- und Schweinezucht und fragt ein anderes Mal in einem Brief an ihre Mutter, ob die Möglichkeit bestehe, zu einem geringen Preis in Windsor je drei Eber und drei Schweine sowie drei Böcke und drei Schafe zu erwerben, um die Tierzucht auf ihrer Farm zu verbessern. Sie bittet die Mutter, sich von einem Fachmann beraten zu lassen, wie die Tiere gefüttert und gemästet werden sollen. Das Fleisch der Tiere auf dem Krongut sei sehr ausdruckslos im Geschmack, und sie wollten versuchen, es zu verbessern.[4]

Das Krongut entwickelte sich tatsächlich zu einem „Mustergut". So gab es dort z. B. zweiundsiebzig vorzüglich gehaltene Kühe, von denen die bekanntesten „Nattar" und „Leontine" hießen und in ganz Brandenburg bekannt waren. Wenn das Kronprinzenpaar sich nicht auf dem Gut aufhielt, kamen die Bauern aus der Umgebung herbei, um die Tiere und die Ställe zu inspizieren, wo alles nach der neuesten Technik und nach den modernsten Erkenntnissen ausgestattet war und wo, wie man im Dorf munkelte, es die Kühe in ihrem Stall besser hatten als mancher Einwohner von Bornstedt in seiner bescheidenen Behausung. Täglich wurden enorme Quantitäten Milch und entsprechend viel Butter, Eier, Gemüse, Obst etc. an den kronprinzlichen Haushalt abgeliefert.

Eine besondere Vorliebe der Kronprinzessin galt auch dem Federviehstall, der für 100 Hühner, 30 Puten, 30 Gänse, 36 Enten und 50 Paar Tauben eingerichtet und mit einer kleinen Poulardie zur Lieferung an die „Königliche Mundküche" verbunden war, um junges Geflügel jeder Art zu mästen. Im „Handbuch des Landwirtschaftlichen Bauwesens" von Friedrich Engel wird der Königliche Federviehstall als vorbildlich aufgeführt und beschrieben.[5]

Johann Heinrich Haeberlin (1799–1867), „Bornstedt von Sans-Souci aus gesehen", um 1848.
Farblithographie, SPSG, Plankammer. Von links: das Back-, Wasch- und Schlachthaus,
der Bogengang zum Herrenhaus, der Fruchtspeicher, der Kuhstall, das Federviehhaus,
die nördliche Seite des Kuhstalles, die Bornstedter Kirche, die kleine Scheune, die große Scheune,
das Wohnhaus für den Oekonomen, das jedoch nicht gebaut wurde.

Die täglichen Besuche Vickys mit ihren Kindern in Bornstedt brachten sie der Dorfbevölkerung schnell näher, und bald kannten sie und auch der Kronprinz nicht nur die meisten der Bornstedter, sondern auch die Bewohner von Eiche, Nedlitz und Golm mit Namen. „Die erlauchte Gutsherrschaft verkehrte auf das ungezwungenste mit den Bewohnern des Orts, an deren Leid und Freud sie regen Anteil nahm, und die sie mit Rat und That unterstützte. In den schlichten Häusern der Landleute wie in Kirche und Schule waren Friedrich Wilhelm und Victoria häufige und stets mit Liebe und Verehrung empfangene Gäste. Für jeden hatten sie ein freundliches Wort, für den Kranken Trost und Erquickung, für den Darbenden rettende Hilfe"; heißt es in einer Beschreibung über das Leben des Kronprinzenpaares in Bornstedt.[6]

Die ältesten Söhne, Wilhelm (1859–1941) und Heinrich (1862–1929), besuchten zeitweise auch die 1855 von Ferdinand Ludwig Hesse (1795–1876) erbaute Bornstedter Dorfschule mit dem kleinen Turm, gleich neben dem Krongut. Hier sollten sie den Umgang mit den nicht fürstlichen Kindern lernen und eine ganz natürliche Beziehung zu ihren Altersgenossen aufbauen; so sahen es die Erziehungspläne des Kronprinzenpaares vor.

Als die Schule für die wachsende Kinderschar zu klein wurde, stellte das Krongut auf Anregung Vickys von seinen umliegenden Ländereien ein großes Grundstück an der damaligen Friedrich Wilhelmstraße zur Verfügung. Im Austausch erhielt das Krongut die alte Schule, die bis dahin der Gemeinde gehört hatte. Im englischen Landhausstil, d. h. mit viel Fachwerk versehen, ließ Victoria 1877 vom Kreisbaumeister von Lancizolle eine größere und komfortablere Schule am Nordende des Dorfes errichten. Bei besonderen Gelegenheiten unterrichteten sie und Friedrich Wilhelm die Kinder auch selbst.

Die sozial-humanitären Bestrebungen des Kronprinzenpaares wirkten sich außer in Berlin[7] besonders in dem kleinen Bornstedt aus. Nicht nur die neue

Schule verdankten die Bornstedter der Initiative Victorias. So gründete die Kronprinzessin z. B. am 1. Juli 1884 auch eine „Kleinkinderbewahranstalt", einen Kinderhort, wo die zahlreichen nicht schulpflichtigen Kinder der Gutsangehörigen, aber auch die aus dem Dorf, von einer Lehrerin nach der Pestalozzi-Fröbelschen Methode[8] beschäftigt wurden, was u. a. bedeutete, daß der kindliche Betätigungsdrang schon früh gepflegt werden sollte. Die Kinder besaßen z. B. auf dem Krongut ein kleines Stückchen Gartenland, das sie selbst bewirtschafteten und in Ordnung hielten. Diese „Kleinkinderbewahranstalt" sollte als Muster dienen für alle Großgrundbesitzer, damit die Kinder der Gutsarbeiter nicht „verwilderten". Zu diesem Zweck ließ Victoria ein altes Tagelöhnerhaus in der Friedrich Wilhelmstraße umbauen, ebenfalls im englischen Landhausstil, so daß es mit der neuen Schule ein Ensemble bildete. Dieses Gebäude existiert noch leicht verändert in der heutigen Potsdamer Straße 196.[9] Zusätzlich stiftete Victoria eine „Industrieschule" für Mädchen, in der ihnen Nähen und Stricken beigebracht wurde von einer Lehrerin, die Victoria eigens dafür bezahlte.

Victorias soziales Engagement stieß jedoch nicht überall auf Verständnis; dem Adel erschien es bei weitem zu fortschrittlich, und die Arbeiter verspotteten es als „Almosensozialismus".[10]

Großer Beliebtheit erfreuten sich die alljährlich im Juli auf dem Krongut stattfindenden Kinderfeste, die stets mit viel Musik begleitet wurden. Hierzu luden Victoria und Friedrich Wilhelm die Schulkinder aus Bornstedt und den Nachbargemeinden, aber auch aus Berlin ein. Zusammen mit den Kronprinzenkindern tobten sie sich an deren Kletterstangen und Spielgeräten aus.

Kronprinz Friedrich Wilhelm mit Familie
auf dem Krongut um 1861,
Bildarchiv Preußischer Kulturbesitz Berlin.

Franz Xaver Winterhalter (1806–1873),
Kronprinz Friedrich Wilhelm und seine Gemahlin
Victoria mit den beiden ältesten Kindern, 1862.
Königliche Sammlung Elizabeth II.

Am Ende eines solchen Festes gewannen die Mädchen beim Topfschlagen und die Jungen beim Erklimmen der Kletterstangen stets wertvolle Bekleidung oder Gegenstände, die sich ihre Eltern in den wenigsten Fällen hätten leisten können. Ähnlich wohltätig ging es bei den beliebten Weihnachtsfeiern und Erntedankfesten zu.

Das besondere Interesse des Kronprinzenpaares galt auch den Kirchen in Bornstedt, Golm und Eiche, deren Protektoren sie waren. So oft es ging, nahmen Victoria und Friedrich Wilhelm am Sonntagsgottesdienst in der Bornstedter Kirche teil. Die Predigt hielt meistens Pastor Carl Pietschker (1846–1906), der auf Wunsch des Kronprinzen hin seit 1878 in der Gemeinde wirkte. Da jedoch die Bevölkerung, auch aus der weiteren Umgebung, den Kirchbesuch auch dazu benutzte, das Kronprinzenpaar aus der Nähe zu sehen, erwies sich die Kirche bald als zu klein. Zu viele Besucher mußten dem Gottesdienst stehend folgen, was besonders Friedrich Wilhelm sehr bekümmerte. Daher schlug Victoria im Jahre 1880 die Erweiterung der Kirche vor, mit deren Umbau, einer Verlängerung des Kirchenschiffes um 10,30 m nach Osten, man zwei Jahre später begann. Die Bauleitung hatte der Architekt Emil Gette (1840–1887). Auf Anregung Vickys wurde unter anderem eine Fußbodenheizung eingebaut, auch bat sie darum, die Orgelpfeifen nach englischem Vorbild bunt zu bemalen. Für die sieben neuen Glasfenster wünschten beide eine „reiche Ausmalung"; eines davon, in der Kronprinzenloge, zeigt die Wappen der Häuser Windsor und Hohenzollern (Allianzwappen).

Die zahlreichen Sonderwünsche verdoppelten schließlich die Kosten für den Umbau der Kirche auf 41 200 Mark, die vom Ämterkirchenfond und vom Patronatsfond aufgebracht werden mußten.[11] Am 16. Januar 1883 weihte man die Kirche mit dem sogenannten „Fürstenanbau", in dem sich die Kronprinzenloge befand, im Beisein des Kronprinzenpaares und seiner Kinder feierlich ein.

Auch in Eiche veranlaßte das Kronprinzenpaar 1881/82 einen Anbau an die alte Rundkirche aus dem 18. Jahrhundert sowie die farbige Bemalung der Orgelpfeifen nach englischem Vorbild. Dem kleinen Ort Golm stiftete das Paar sogar eine neue Kirche, die 1883–86 im Stil der Neogotik errichtet wurde.

Großes Augenmerk legte Victoria auch auf den Garten des Krongutes. Gemeinsam mit den Hofgärtnern Hermann Walter (1837–1898) und Emil Sello (1816–1893) hatte sie bereits von 1866 an das „Parterre" und den Rosengarten am Neuen Palais neu angelegt. Der 1850 von Peter Joseph Lenné (1789–1866) für das Krongut gestaltete Garten mit dem „pleasureground" zwischen Herrenhaus und See erschien Victoria zu unmodern, und so plante sie zusammen mit Emil Sello einen neuen „Farmgarten" mit einem geometrischen „Parterre" und einem Brunnen in der Mitte. Die einzelnen „Parterre-Felder" waren mit Mahonienhecken und Rosenhochstämmen mit Festons dazwischen eingefaßt. Am Seeufer erstreckte sich nördlich des Ziergartens ein extra feiner Obst- und Gemüsegarten, ähnlich dem am Neuen Palais.[12] Alpenrosen, Rosen, Primeln und Veilchen gehörten zu den Lieblingsblumen der Kronprinzessin. Immer wieder gelangen ihr auch neue Züchtungen, zum Teil aus Samen, die sie von ihren Englandbesuchen mitbrachte. Ihre gärtnerischen Leistungen und Erfolge wurden in Fachkreisen anerkannt und in Gartenzeitschriften hoch gelobt.[13] Der Kronprinz benannte zu Ehren seiner Gemahlin ein ursprünglich 1865 unter dem Namen „Zar" aus St. Petersburg eingeführtes Veilchen, das besonders wohlriechend und langstielig war und schon im Februar blühte, in „Viktoria-Veilchen" um.

Mit dem frühen Tod Friedrichs III. am 15. Juni 1888 fand Victorias geliebtes Landleben in Bornstedt ein jähes Ende. In seinem Testament vom 22. März 1888 hatte er noch verfügt: „Der Kaiserin Königin, Meiner Gemahlin, überlasse ich ferner auf Ihre Lebenszeit den Nießbrauch der Güter Bornstedt, und der Villa Liegnitz in Potsdam, und als Wittwensitz zu Ihrer ausschließlichen Benutzung, das von Uns seither bewohnte Palais in Berlin. – Desgleichen soll Ihr freistehen, sich zum Sommer-Aufenthalt eines der anderen Königlichen Schlösser zu wählen, und bitte ich Meinen Nachfolger in der Krone auch dieser Meiner fürsorglichen Bestimmung seine Genehmigung nicht zu versagen..."[14]

Sein Sohn und Nachfolger Wilhelm II. (1859–1941) versagte jedoch seiner Mutter Victoria den Nießbrauch des Krongutes und billigte ihr lediglich das Wohnrecht für einige Zimmer im Herrenhaus zu: „Man hat mich gebeten, die Villa Liegnitz bei Potsdam aufzugeben, da sie für Wilhelms Kammerherren gebraucht würde. Nun besitze ich in Potsdam nichts mehr, außer meinem kleinen Bornstedt, d. h. ein paar kleine Zimmer dort. Ich kann im Stadtschloß zu Potsdam übernachten, muß aber jedesmal um die Erlaubnis fragen, was ich natürlich vermeiden will. Jede Rücksicht auf mich und auf meine Empfindungen wird so vollkommen vernachlässigt, daß es, je weniger ich in Berührung mit dem Hof komme, desto besser ist...";[15] schreibt Vicky am 12. Oktober 1888 verbittert an ihre Mutter nach England. Die Auseinandersetzungen und Unstimmigkeiten mit ihrem Sohn veranlaßten Vicky 1888/89, Bornstedt, Potsdam und Berlin den Rücken zu kehren und sich nach Kronberg im Taunus zurückzuziehen, wo sie sich in den Jahren 1889–1893 von Ernst Eberhard von Ihne (1848–1917) das Schloß Friedrichshof erbauen ließ. Nur noch selten besuchte sie ihre „kleine Farm" in Bornstedt. Lediglich dem von ihr ins Leben gerufenen Kindergarten, den sie nach dem Tode Friedrichs III. in „Kaiser-Friedrich-Kinderheim" umbenannte und der unter ihrem persönlichen Schutz stand, stattete sie bis zu ihrem Tod am 5. August 1901 einmal jährlich, meist um die Weihnachtszeit, einen Besuch ab. 1893 sorgte sie noch dafür, daß das Kinderheim, das mit der Zeit zu klein geworden war, einen Anbau erhielt.

Bei diesem Besuch dachte sie wohl zum ersten Mal ernsthaft daran, ihr „kleines liebes Bornstedt-Haus" aufzugeben, da sie die Möbel gern für die „Hofmarschallwohnung", das sogenannte Cottage in Friedrichshof, verwenden wollte. Es schien ihr eine Verschwendung, die wenigen ihr zugestandenen Zimmer auf dem Krongut ungenutzt zu wissen, zumal sie sich so selten dort aufhielt. Vielleicht konnten die Räume für die Damen und Herren des Hofes als schönes Sommerquartier dienen? Dieser Entschluß fiel ihr jedoch unendlich schwer: „Es gibt mir einen Stich ins Herz, obwohl ich weiß, daß es vernünftiger ist";[16] schreibt sie 1893 an ihre Tochter Sophie.

Spätestens 1894 muß Victoria ihre Möbel von Bornstedt nach Kronberg geholt haben, denn in einem Inventarverzeichnis von 1895, das sich im Brandenburgischen Landeshauptarchiv in Potsdam befindet, sind nur wertlose Einrichtungsgegenstände aufgeführt, so z. B. ein Fichtenbettgestell, ein Kleiderständer, zwei Spucknäpfe, zwei Heizgeräte, ein Bücherregal etc.[17]

Sechs Jahre hatte es gedauert, bis „Kaiserin Friedrich", wie sie sich nach dem Tod ihres Mannes nannte, sich von ihrem „lieben kleinen Bornstedt" lösen konnte. Fortan versuchte sie, auf Schloß Friedrichshof ein neues kleines Bornstedt zu schaffen. Als passionierte Pferdeliebhaberin ließ sie dort einen Marstall errichten, der wie ein Konglomerat aus Krongut und dem neu erbauten Schulhaus im englischen Landhausstil erscheint. Und wieder widmete sie sich leidenschaftlich ihrem Garten und den Blumen und legte wieder, wie in Bornstedt, einen Rosengarten an, dieses Mal jedoch nicht mit Emil Sello sondern mit ihrem Potsdamer Gärtner Hermann Walter.

1   Carl Ludwig Häberlin, gen. Belani, Sanssouci, Potsdam und Umgegend. Berlin u. Potsdam 1855, S. 154. Der Schriftsteller war mit dem Hofbaumeister J. H. Haeberlin verwandt, schreibt sich jedoch mit Umlaut.

2   Victoria in einem Brief an ihre Tochter aus dem Jahr 1899, ohne Datum, abgedruckt in: Arthur Gould Lee (Hrsg.), The Empress Frederick writes to Sophie, her Daughter. London 1955, S. 310.

3   Brief v. 19. Juni 1868. Windsor, The Royal Archives. Ohne Signatur.

4   Brief v. 14. November 1874. Ebda.

5   Friedr. Engel, Handbuch des Landwirtschaftlichen Bauwesens mit Einschluß der Gebäude für landwirtschaftliches Gewerbe. Berlin 1879. 6. Aufl., S. 289.

6   Martin Philippson, Das Leben Kaiser Friedrichs III. Wiesbaden 1900, S. 90.

7   Berlin blieb natürlich ihr Hauptbetätigungsfeld, wo sie sich u. a. für Kunst und Wissenschaft einsetzten, Victoria vor allem auch für die sozialen Belange der Frauen. So übernahm sie z. B. 1866 das Protektorat über den „Lette-Verein"; eine Einrichtung zur „Förderung der Erwerbstätigkeit der Frauen"; gründete 1877 die „Victoriaschule für Mädchen" und das „Pestalozzi-Fröbel-Haus" und kurz danach das „Victoriahaus für Krankenpflege": Literatur dazu: z. B. Ausst. Kat. Victoria & Albert – Vicky & The Kaiser. Berlin 1997, S. 109 ff.

8   Die Pädagogen und Sozialreformer Johann Heinrich Pestalozzi (1746–1827) und Friedrich Fröbel (1782–1852) waren die Begründer der frühkindlichen Erziehung und Initiatoren der Kindergartenbewegung.

9   Später kamen noch zwei weitere Häuser hinzu.

10   Thomas Schnur, Bornstedt als Teil der Potsdamer Kulturlandschaft: Ortsbildinventarisation. Diplomarbeit TU Berlin 1997, Blatt 129 f.

11   Ebda., Blatt 155

12   Clemens Alexander Wimmer, Kaiserin Friedrich und die Gartenkunst. Mitteilungen der Studiengemeinschaft Sanssouci 3, 1998, Nr. 2, S. 16.

13   So z. B. Karl Koch, Das wohlriechende Treib-, vor Allem das Viktoria-Veilchen, in: Monatsschrift des Vereines zur Beförderung des Gartenbaues in den Königl. Preuss. Staaten für Gärtnerei u. Pflanzenkunde. Berlin 1873, S. 242–258.

14   Geheimes Staatsarchiv Preußischer Kulturbesitz Berlin. Rep. 89 Nr. 3072, S. 129.

15   Sir Frederick Ponsonby (Hrsg.), Briefe der Kaiserin Friedrich. Berlin 1929, S. 364.

16   Arthur Gould-Lee (Hrsg.), The Empress Frederick writes to Sophie, Her Daughter, Crown Princess and later Queen of the Hellenes. London 1955, S. 155.

17   BLHA Rep. 41, Nr. 75.

Seinetwegen zieht es Generationen von Gärtnern zum Bornstedter Friedhof: Peter Joseph Lenné mit Chrysanthemenstrauß (Preuß. Schlösser u. Gärten).

Clemens Alexander Wimmer

Gärtner, Künstler und Gelehrte
auf dem Bornstedter Friedhof

In Bornstedt konzentrieren sich Gräber einer bestimmten Schicht höherer Hofbeamter. Es sind weniger solche aus alten Adelsfamilien, die ja ihre Familiengrabstätten zu Hause auf dem Gut hatten, als solche aus der jungen Klasse bürgerlicher Hofbeamter, besonders die, die mit den schöneren Dingen, nämlich den königlichen Bauten und Gärten zu tun hatten. Karoline Schulze umschreibt das patriarchalische Zusammengehörigkeitsgefühl dieser Menschen so: „Eine unverbrüchliche Liebe und treueste Ergebenheit herrschte ja stets in den Familien, deren Haupt im nähern persönlichen Dienst des Königs stand, sie fühlten sich ihm gleichsam näher stehend, wie zu seiner Familie gehörig."

Älteste Grabstellen

Am Anfang steht die Generation der Hofbeamten Friedrichs II. Weil Sanssouci zu Bornstedt gehörte, wurden hier beigesetzt die Hofgärtner von Sanssouci, Johann Heinrich Krutisch († 1766), sein Bruder Philipp Friedrich Krutisch (1713–1773) und der Orangengärtner Johann Hillner (1707–1790), deren Gräber leider nicht mehr vorhanden sind. Umgesetzt und verändert ist aus dieser Generation nur noch der Grabstein des Hofküchengärtners Johann Samuel Sello (1724–1787) zu finden.
Aus der nächsten Generation ist das Grab des Orangengärtners Anton Hillner (1749–1817) erhalten. Er folgte seinem mit 83 Jahren im treuen Dienst verstorbenen Onkel Johann Hillner. Friedrich II. hatte Hillner bei Gründung der Orangerie 1748 angestellt. Auf seinen Kriegszügen in Schlesien hatte er in Lissa die Orangerie eines Grafen Karwath erworben und den Gärtner, Johann Hillner, gleich mitgenommen. Nach erfolgter Aufstellung der Bäume in Sanssouci wollte er wieder zu seiner Familie zurückfahren, als ihm der König erklärte, er wäre mitgekauft und müsse bleiben. „Seine eigentliche Familie sind doch die Orangenbäume." Er durfte dann die Familie mitbringen. 1771 wurde seine Frau in Bornstedt begraben, auch der Tod von Enkelkindern ist im Kirchenbuch vermerkt, was Bethge zu irreführenden Angaben veranlaßt hat.
Die kunstreiche, viel Geduld und Sorgfalt erfordernde Pflege der Orangenbäume fand zweimal im Jahr einen Höhepunkt, wenn sie aus- und eingeräumt wurden. In der zweiten Maihälfte brachten bis zu 40 Tagelöhner zwei Wochen lang die Kübel mit fünf Rollwagen auf die Terrassen. In der zweiten Septemberhälfte schon wurde eingeräumt, um jegliche Möglichkeit von Frostschäden zu vermeiden.

Außer für die Orangen war Hillner noch für die Kirschtreiberei in den Glashäusern verantwortlich, auf die die Könige größten Weg legten. Karoline Schulze, die Hillner d. J. noch persönlich kannte, spricht von ihm als dem „alten guten und gar liebem Hofgärtner. Anton Hillner war ein tüchtiger und fleißiger Orangegärtner, er war es mit Leib und Seele, lebte nur für seinen Dienst, bei welchem auch die Kirschtreiberei besonders und andere gedieh."

Als Anton Hillner 1817 starb, fand sich kein geeigneter Nachfolger. Die Stelle wurde dem jungen Gartengesellen Lenné angeboten. Er lehnte sie aber als zu speziell für ihn ab, und wurde einige Jahre später Gartendirektor. Die Orangerie wurde daraufhin dem Terrassenrevier unter Ludwig Sello einverleibt.

Die Hofgärtner Johann Jacob Krutisch (1749–1817) von der Melonerie, sein Sohn und Nachfolger Friedrich Dietrich Jacob (1778–1833) und Carl Friedrich Nietner (1766–1824) vom Neuen Palais waren laut Bethge ebenfalls in Teil I beigesetzt.

Ferdinand August Voß (1769–1833) war königlicher Schloßbaumeister unter Friedrich Wilhelm II. und III. Viele Entwürfe von ihm sind erhalten. Sein architektonisches Werk verdiente genauere Erforschung. Das Grab befand sich ursprünglich neben dem des Küchengärtners Joachim Heinrich Voß (1764–1843), der möglicherweise sein Bruder war, an der Westmauer von Teil I, wo seit 1917 das Grab Chelius ist. F. A. Voß wurde an die Nordmauer umgebettet.

In Bornstedt war auch begraben Hofgärtner Johann Zacharias Salzmann (1777–1810) vom Terrassenrevier, nicht zu verwechseln mit seinem bekannteren Vater und Vorgänger Friedrich Zacharias Salzmann (1731–1801), der hier nicht ruhte.

Der Hofplanteur Carl Handtmann (1776–1852) lag nördlich der Kirche. Für ihn wurde das Handtmannsche Haus oder die Meierei am Übergang vom Rehgarten nach Charlottenhof erbaut.

Der Sellosche Familienfriedhof

Der Gesetzgeber sieht private Friedhöfe, die an die alte Gutsherrnart erinnern, eigentlich nicht mehr vor. In Bornstedt allerdings existiert neben dem Gemeindefriedhof ein Privatfriedhof, und er wird seit 150 Jahren von derselben Familie benutzt. Eigentümer ist die Familienstiftung Hofgärtner Hermann Sello, früher Hofgärtner Hermann Sellosche Familienstiftung, gegründet 1872 vom Leiter des Terrassenreviers in Sanssouci, Hermann Sello (1800–1876).

Seit Generationen waren die Sellos Gärtner und dienten dem König von Preußen. Von der „Dynastie Sello" sprach Fontane nicht zu unrecht. Hermann Sello, der als joviale und „chevalereske" Persönlichkeit beschrieben wird, war es, der seit 1826 nach Entwürfen des Kronprinzen Charlottenhof anlegte. Zuerst sollte er Lennés rein landschaftlichen Entwurf von 1825 umsetzen. Hiervon wurden aber nur die großen Hauptwege ausgeführt. Der Kronprinz wünschte mehr geometrische Gärten, wie sie dann nach und nach entstanden. 1828 wurde Sello Hofgärtner, und als 1837 sein Vater starb, Charlottenhof war gerade vollendet, übernahm er das Terrassenrevier von Sanssouci. Hier führte er die reiche gärtnerische Gestaltung der obersten Terrasse und die Neuanlage des Parterres durch. Diese Arbeiten Sello wurden später von Georg Potente wieder beseitigt. Als drittes Hauptwerk Sellos ist die Bornimer Feldflur von 1844–48 anzusehen, die er im Auftrag des Ministers Graf Anton zu Stolberg-Wernigerode selbständig gestaltete und die jetzt nach langem Niedergang wiederhergestellt wird.

Die Idee zu einem Familienfriedhof scheint Hermann Sello gekommen zu sein, als er absehen mußte, daß er kinderlos bleiben würde. 1842 (nicht 1844) erwarb er von seinem nicht knapp bemessenen Vermögen ein Stück Acker hinter dem Dorfkirchhof. Die ersten Beisetzungen waren die seiner Schwester Luise Schnee geb. Sello und ihres Säuglings im Dezember 1844 bzw. Januar 1845. 1867 kaufte Sello noch den Teil südlich des Lennégrabs hinzu, und 1872 setzte er seine fünf Geschwister und ihre Nachkommen als Erben ein. Es entstand offenbar gleich anfangs ringsum die Pergola aus gel-

Grabstätte Wilhelm Sello (1822) mit den umgesetzten Grabsteinen von Samuel (1787) und Carl Samuel Sello (1796).
Dieses sind die ältesten Grabsteine aus Findlingen. (Wimmer)

Aline und Hermann Sello, der Stifter des Familienfriedhofs, Foto um 1855.
(Familie Sello)

ben Glindower Klinkern, die sein Grundstück aus dem übrigen Gelände vornehm heraushob. An einer Baufuge ist die Verlängerung um den 1867 erworbenen Teil zu erkennen, und auch die auf die Pfeiler auf einem Teil der Kirchhofsmauer scheinen erst aufgesetzt worden zu sein, als Sello seine Mauer bereits errichtet hatte. Wie alle Gärten, die er im Auftrag König Friedrich Wilhelms IV. geschaffen hatte, erinnert sie an Italien.

Es versteht sich, daß der berühmte Gärtner seinem Friedhof auch eine besonders sorgfältige gärtnerische Gestalt gab. Davon ist heute nichts mehr zu erahnen. Bethge hob zu Sellos Lebzeiten und als Fachkundiger ausdrücklich hervor: „Ein stiller Frieden waltet über dem kleinen geweihten Ort, der für sich von verandaartiger Mauer und einem Kranze von Lindenbäumen umschlossen ist. Laubenartige Gewinde von rankenden Rosen und Gaisblatt überspannen theils zum Sitzen einladende Ruhebänke, theils die Grabplätze, welche unter dem Schutze üppig wachsender Lebensbäume heiteren Blumenbeeten gleichen oder mit Immergrün bezogen sind. Die Anordnung des Ganzen ist so sinnig durchgeführt, daß die Schönheit der dortigen Denkmäler durch den Pflanzen- und Blumenschmuck nur um so wirksamer hervorgehoben wird. Es macht daher dies Schmuckplätzchen den wohlthuenden Eindruck, als wollte es mild versöhnen mit den so bitteren Schmerzen des Todes."

Das große Grabfeld in der Mitte war mit einer geschlossenen Decke aus blau und weiß blühendem Immergrün bedeckt. Persius' Grab wurde von einer Thuja beschattet, Illaires von einem großen Wallnußbaum, die Nische war mit Efeu umrankt. Fontane notierte bei seinem Besuch in der gleichen Zeit: „Verbenen, drinnen viel Rosen, Geranien, Taxus- und Zypressenbäume" (in der 1870 gedruckten Fassung poetisch überhöht).

Die „freundliche blüthengeschmückte Schlummerstätte" aus Sellos Zeit bietet sich heute als traurige Efeuwüste.

Auf dem Selloschen Friedhof ruhen von den zahlreichen in Bornstedt beigesetzten Sanssouci-Männern die „eigentlichsten", wie Fontane es formulierte. Am Eingang liegt Louis Sello (1775–1837), der Vater des Stifters, ebenfalls Hofgärtner im Terrassenrevier, noch auf Gemeindegelände beigesetzt, das in den Privatfriedhof einbezogen wurde, so daß keine Umbettung erforderlich war. Die Großeltern Anger aus Berlin und Johann Wilhelm Sello (1756–1822) hingegen wurden zwischen 1871 und 1910 umgebettet. Wilhelm Sello, aus dem Bethge irrtümlich zwei Personen macht, lag ursprünglich neben F. A. Voß an der Westwand von Teil I. Sein Grabmal ist ein roter Granitfindling, der bis auf die glatt geschnittene Ansichtsfläche in seinem rohen Zustand gelassen wurde und in seiner Schlichtheit als vaterländisch verstanden wurde.

Bald nach der Gründung erhielt der neue Friedhof einen prominenten Toten, mit dessen frühzeitigem Ableben niemand gerechnet hatte – Oberbaurat Ludwig Persius (1803–1845), Architekt des Königs und Schwager des Stifters. Mit ihm als Nachfolger Schinkels hatte Sello viel und gut zusammengearbeitet, wo immer der König italienische Szenen heraufbeschworen haben wollte. Persius erhielt ein herausragendes Grabmal in Form einer Stele aus schlesischem Marmor. Den Entwurf zeichnete Oberbaurat August Stüler. Eingelassen ist ein Relief von August Kiß aus Carraramarmor, das Persius im antiken Gewand von der Muse abschiednehmend darstellt. Es war das erste künstlerisch hochwertige Grabmal, dem weitere folgen sollten, die diesen Friedhofsteil auch zu einer Kunststätte machten, wie Fontane bemerkt.

Das von Fontane verschwiegene, eigene Grabmal von Hermann Sello ist eine Rundbogennische aus Marmor. Es wurde nach dem Tode seiner Frau Aline am 14. Januar 1866 von Hofsteinmetzmeister Trippel nach Entwurf von Reinhold Persius ausgeführt.

Lenné und andere Fremde auf dem Selloschen Friedhof

Der berühmteste Tote, der auf dem Privatgrund liegt, ist nicht mit Hermann Sello verwandt – Peter Joseph Lenné. Er starb eine Woche nach Aline Sello. Für ihn hätte es auf dem Gemeindefriedhof keinen Platz gegeben, denn er war katholisch. Während er selbst in Glaubensdingen „paritätisch" gesonnen war, legte seine Schwester Margarethe, die ihm nach dem Tode seiner Frau den Haushalt führte, Wert auf strengen Katholizismus. Wichmann behauptet sogar, täglich wäre der Pfarrer im Haus gewesen, wozu der Neffe August

Lennés Grab um 1880. Auf dem Foto hat es noch eine reiche Blumen- und Rasenbepflanzung und seine volle Breite. (Preuß. Schlösser u. Gärten)

Lenné allerdings anmerkte: „Ich habe ihn nie dort gesehen." Jedenfalls wurden seine schon 1855 verstorbene Frau und er in Nordsüdrichtung quer zu den meisten anderen beigesetzt, obwohl die Situation hierfür keine Notwendigkeit erkennen läßt. Ohne den Privatfriedhof hätte er auf dem städtischen Neuen Friedhof beigesetzt werden müssen, fernab von seinen Werken und seiner 50jährigen Wirkungsstätte. Da mußte Hermann Sello eine Ausnahme machen, wenn er es nicht ohnehin für eine Ehre hielt, seinen gütigen Förderer und jahrzehntelangen Chef auf ewig inmitten seiner Familie zu wissen.

Lenné sicherte dem Privatfriedhof durch die unterschiedlichsten Zeiten eine achtungsvolle Aufmerksamkeit, die ihm sonst sicher nicht immer zuteil geworden wäre. Seit der Beisetzung im Januar 1866 hat es nicht an Ehrungen und hohen Besuchen zu runden Geburts- und Todestagen an Lennés Grab gefehlt. Die Nachfolger im Amt des berühmtesten Potsdamer Gärtners haben nie versäumt, im September einen Kranz zu seinem Geburtstag niederzulegen und das Grab bis heute zu pflegen. An Vergötterung grenzten die Feierlichkeiten zum 100. Geburtstag 1889. Heinrich Fintelmann sagte damals: „Es ist das Gefühl der Befangenheit und einer bestimmten, entweder angeborenen oder auch anerzogenen, Schüchternheit, welches uns Pygmäen der Gartenkunst ergreift und erfüllt, wenn wir diesem Heros ... huldigend und bewundernd ... gegenübertreten sollen." Der junge Verein deutscher Gartenkünstler, dem Fintelmann angehörte, betrachtete Lenné als das „bahnbrechende Genie" der Gartenkunst, das diesem Berufszweig für alle Zeiten die Regeln vorgegeben hätte. Damit versuchten die Vereinsmitglieder, ihre Interessen gegen anders orientierte Kollegen zu wahren. Ein anderer Fachmann, Hermann Jäger, hatte zum Beispiel geschrieben: „Man kann nicht sagen, daß Lenné ein landschaftliches Genie wie Fürst Pückler-Muskau oder Sckell war, auch nicht, daß er besonders wichtige Eigenthümlichkeiten gehabt hätte. Er hat auch seine Ansichten öfter gewechselt, und keine seiner Anlagen zeigt einen solchen gemeinsamen Character, wie die der genannten Männer. Sein Organisationstalent war es, was ihn besonders groß machte."

Ähnlich widersprüchlich waren die Äußerungen über Lennés persönliche Wesensart. Hermann Wichmann überliefert, daß Lenné einmal zu Friedrich Wilhelm IV. gesagt hätte: „Ew. Majestät begreifen noch immer nicht das Geistreiche meiner Idee." Er fügt hinzu, solche Worte hätte Lenné immer „ohne die geringste Eitelkeit, sondern vielmehr mit äusserster Naivetät gesprochen." Manche Züge sprechen aber durchaus von Eitelkeit. Friedrich Wilhelm IV. amüsierte sich über Lennés Selbstgefälligkeit oft und gern, so daß er ihm eine Büste im Park errichten ließ, zu der er ihn eines morgens überraschend hinführte. Mit allen seinen Gästen fuhr Lenné seitdem zu seiner Büste, um ihnen haarklein die Umstände ihrer Aufstellung zu schildern. Sein Kutscher „hatte die Geschichte von der königlichen Überraschung so viele Male aus dem Munde des Gärtners in der Kalesche gehört", berichtet Wichmann, „dass er mechanisch und wie im Traume, wenn durch Verhinde-

rung seines Herrn ihm die Pflicht, den Fremden die Sehenswürdigkeit zu zeigen, oblag, die stereotyp gebrauchten Worte desselben nachleierte":
Höhepunkt von Wichmanns Charakterschilderung ist die Schlafrockszene. Lenné „erschien eines Morgens, als wir im kleinen Ochsenaugenzimmer [des Gartendirektionsgebäudes] beim Frühstück sassen, im Schlafrocke, der sowohl vorne, wie hinten mit Kreuzchen, Sternen und grossen Ordensbändern darartig bespickt und umwunden war, dass alle diese Herrlichkeiten bis an die Kniee herunterschlappten. ...Ich muss hier einschalten, dass die Fülle deutscher und ausländischer Orden, die Lenné aufzuweisen hatte, darum eine so abnorme war, weil er nur mit Erlaubniss seines Königs sich dazu verstehen durfte, fremden Fürsten, Behörden etc. bei schwierigen Terrainfragen in deren Lösung behülflich zu sein; dies aber konnte immer nur gratis geschehen, weshalb er nolens volens jede Remuneration abweisen musste. Dagegen regnete es Orden, Tafelservice, Brillanttuchnadeln und dergleichen." Auf lächerliche Weise an den Schlafrock geheftet, bringen die Ordenszeichen zum Ausdruck, daß der Geehrte zwar „auf dergleichen Tand" nichts gebe, Ehrungen aber durchaus würdig sei, vor allem, wenn sie substantiellerer Art als diese seien. Die Personalakten überliefern folgenden Vorgang. Als ihn der König 1854 wegen treuer Dienste ehren wollte, erfuhr Lenné davon und gab zu verstehen, daß er lieber als eine Gehaltszulage einen höheren Rang hätte, um bei Hoffestlichkeiten erscheinen zu können, und schlug selbst den Titel Generaldirektor der Königlichen Gärten vor. Friedrich Wilhelm IV. gab ihm beides, den Ehrentitel und eine bedeutende Gehaltszulage zu seinem ohnehin sehr hohen Gehalt. Später erhielten weit unbedeutendere Gärtner die Hoffähigkeit, Lenné aber nahm für sich den Präzedenzfall in Anspruch. Insgeheim hatte er wahrscheinlich an eine Nobilitierung gedacht, wie sie seinem älteren Kollegen Sckell in München in gleicher Stellung zuteil geworden war, denn er wies ausdrücklich auf den Rang des Generaldirektors der Museen, Ignaz von Olfers, hin.
Frau Lenné liegt links neben ihrem Mann. In neuerer Zeit wurde die Grabstätte verschmälert, so daß es aussieht, als liege Lenné hier alleine in der Mitte, während er doch rechts von der Mitte liegt und die Besucher nun halb auf seinen Gebeinen herumlaufen.
Nachdem der Grundsatz des Familienfriedhofs einmal durchbrochen war, gestattete Sello noch im selben Jahr zwei weiteren Kollegen seines Umfelds die ewige Ruhe auf seinem Friedhof. Der erste war im März Hofbaurat Ferdinand von Arnim (1814–1866), der Nachfolger von Sellos Schwager Persius, Architekt der Kapelle auf dem Alten Friedhof, des Klosterhofs und der Schweizerhäuser in Klein-Glienicke sowie seiner eigenen Villa in der Weinbergstraße 20. Die Wahl der Grabstätte zeigt, daß sich von Arnim mehr zu den Künstlern als zu seiner adligen Herkunft bekannte. Er heiratete bürgerlich, und das Familienwappen und das Johanniterkreuz auf seiner von seinem Neffen C. Busse skizzierten und von Reinhold Persius ausgeführten Marmorstele sind die einzigen Hinweise auf seine Abstammung.

Der zweite war im Mai der Geheime Kabinettsrat Emil Illaire (1797–1866), der auch für die königlichen Gärten zuständig war. Er erhielt, links hinter Lenné, das aufwendigste Grabmal des Privatfriedhofs, indem er auch den höchsten Rang besaß. Es ist ein in einer Nische sitzender Engel, der sich auf eine Bibel stützt und auf den Himmel weist. Am Sockel ist der liberal denkende Verstorbene im Profil dargestellt. Der Entwurf stammt wiederum von Reinhold Persius, Bildhauer war Julius Franz. Heute fehlt die Umrankung der Nische und die Bepflanzung der Doppelgrabstätte, auf der man herumlaufen kann.

Links vom Eingang zum Privatfriedhof liegt Carl Timm (1761–1839). Er war Kammerdiener Friedrich Wilhelms II. gewesen und wurde wegen seiner besonderen Treue von Friedrich Wilhelm III. als Gemeiner Kämmerer übernommen. Er wohnte in der Allee nach Sanssouci gegenüber von Lenné, mit dem er viel verkehrte, in der späteren Villa Liegnitz. „Nicht allein in Sprache und Ausdrucksweise", schreibt Wichmann, „hatte Timm nach und nach die Gewohnheiten seines Königs angenommen, sondern er ... erschien auch als leibhaftiger Doppelgänger König Friedrich Wilhelms III.; eine schwarze Locke sogar, die der König mitten auf der Stirn trug, wurde auch von Timm auf die seinige gewunden und sorgfältig gepflegt." Der König bestellte bei Carl Wichmann gar eine Büste seines Kämmerers. Wichmann lernte bei

Der Zeichner Samuel Rösel war eine bekannte Persönlichkeit in den Berliner Salons. (Potsdam-Museum)

Timm Lenné kennen, woraus sich die intimen Kenntnisse seines Sohnes Hermann über Lenné ergaben, die er später veröffentlicht hat und damit das verklärte Bild des legendären Gärtners vor allem geprägt hat.

Samuel Rösel (1769–1843) war ein begabter Zeichner, der an der Berliner Bauakademie lehrte und 1824 in die Akademie der Künste aufgenommen wurde. Seine Skizzenbücher enthalten zahlreiche Darstellungen der Potsdamer Gärten nach ihrer Umgestaltung durch Lenné. Manchmal vermerkte er sogar die lateinischen Namen der Bäume, um den Baumschlag bei einer späteren Ausführung richtig darstellen zu können. Als Künstler brachte er es zu keinem größeren Ruhm, seine kleine, krumme Gestalt, stets im schwarzen Frack gekleidet, verbunden mit einem sehr liebenswürdigen Wesen, wurde aber eine Berühmtheit in den Berliner Salons. Als er zuletzt zum Alkohol griff und verfiel, bot ihm der König, der auch bei ihm Zeichenstunden genommen hatte, Asyl in Charlottenhof, später in Bornstedt. Seine Grabstätte wurde offenbar von Berliner Gönnern finanziert, denn sie besitzt ein für Bornstedt unübliches Gitter aus Gußeisenfeldern. Das Grab befand sich ursprünglich auf Teil I vor den Gräbern Voß und wurde kürzlich mit grünem Anstrich restauriert.

Fontane und Bornstedt

Als erste erkannte die Kronprinzessin Victoria den Wert des Bornsteder Kirchhofs. Sie ließ 1868 durch ihren Obergärtner am Neuen Palais, Hermann Walter (1837–1898) Kieswege anlegen, die Pflanzungen in Ordnung bringen und Grabsteine restaurieren. Dadurch fühlte sich Alexander Bethge von der königlichen Gartendirektion veranlaßt, die ersten geschichtlichen Nachforschungen anzustellen, die 1872 publiziert wurden.

Walter war 1855 nach Sanssouci zu Hermann Sello gekommen und anschließend fünf Jahre in England gewesen. Später arbeitete er unter Emil Sello am Neuen Palais, seit 1872 für Charlottenhof. Kaiserin Friedrich nahm ihn 1888 mit nach Kronberg, wo er ihren neuen Park anlegte, bevor ihn der Kaiser 1896 zum Hofgartendirektor nach Sanssouci rief. Er ruht auf Teil II.

Fontane kam etwa 1869. Er erwähnt Rösels Grab wegen seines auffallenden Gitters, das er sogar skizzierte. Da ihm der Name Rösel nichts sagte, setzte er hinzu: „Wer war er?" Dies haben ihm seine Leser übelgenommen, und es hagelte Briefe von Personen, die Rösel noch gut gekannt hatten, unter anderem von Hermann Wichmann. Fontane war nicht eitel und veröffentlichte einen Teil der Briefe mitsamt den darin enthaltenen Rügen und recherchierte nun auch selbst nach Rösels Hinterlassenschaften, unter denen sich eine Anzahl belanglos-biedermeierlicher Briefe fand. Das alles ließ er dann 1880 unter der Überschrift „Wer war er?" im Anschluß an die Neuausgabe seines Bornstedt-Textes in den „Wanderungen" drucken.

Lennés wichtigster Schüler Gustav Meyer wollte offenbar auch in seiner lang-jährigen Wirkungsstätte Potsdam ruhen, obwohl er als Gartendirektor von Berlin starb, und ein Grab in der Nähe Lennés wäre naheliegend gewesen. Da er aber in Emil Sello, der nach dem Tode seines Bruders Hermann der Famili-enälteste bei den Sellos war, einen erklärten Gegner hatte, mußte er seine Ruhestätte fern von Sanssouci auf dem Neuen Friedhof erhalten.

Emil Sellos große Zeit hatte spät begonnen, nämlich erst als ihn die Kron-prinzessin Viktoria, die 1859 das Neue Palais bezogen hatte, als ihren Gärtner an sich zog. Sobald Lenné tot war, wurde das Revier aus der Hofgartendirek-tion ausgeklinkt, damit die Kronprinzessin hier mit Sello ihre eigenen Ideen verwirklichen konnte. Diese waren von der neusten Entwicklung in ihrer englischen Heimat geprägt und sehr verschieden von dem, was Lenné und Meyer praktizierten. Sello gestaltete in seinem Revier einen Garten nach dem anderen gemäß den eigenhändigen Skizzen seiner Herrin um und wur-de so zum Feind der Gartendirektion. Auch in Bornstedt, dessen Gut der Kronprinz übernahm, wirkte Sello, gestaltete den Gutsgarten von Lenné um und überarbeitete auch den Friedhof noch einmal, indem er die Obstbäume entfernte und Koniferen einbrachte.

Er hoffte auf die Lösung der Probleme, sobald der Kronprinz den Thron bestieg. Dann hätte Sello Aussicht gehabt, der erste Gartenkünstler im deut-schen Reich zu werden. Kaiser Friedrich kam jedoch bekanntlich als tod-kranker Mann auf den Thron und starb 99 Tage später, ohne sich viel um Sello kümmern zu können. Danach riet man Sello, seine Pensionierung zu beantragen, weil sie sonst zwangsweise erfolgen würde.

1893 starb Emil Sello, Hofgärtner am Neuen Palais a. D., der letzte Gärtner seines Geschlechts (★ 1816).

Links neben Emil Sellos riesig breitem Findling sieht man einen winzigen Grabstein, auf dem „Hermann Sello" steht. Das ist sein Sohn, den er zum Gärtnerberuf zwingen wollte. Er floh ins Ausland, und erst als Leiche bekam ihn der Vater 1890 wieder.

Zu den bedeutenden Hofgärtnern gehört auch Theodor Nietner (1823–1894). Er tritt uns auf Altersfotos mit einem zweispitzigen langen Bart als kauzig-exzentrische Persönlichkeit entgegen. Er lernte bei seinem Onkel Hermann Sello, der ihm den unzugänglichen Vater ersetzte und ihm auch Lennés Gunst erwirkte. Gustav Meyer war sein Lehrer in der Gartenkunst. 1866 erhielt er in Potsdam seine erste Hofgärtnerstelle im Revier Neue Orangerie und Pfingstberg. 1869 wechselte er nach Charlottenhof und 1878 in den den Neuen Garten. In dieser Stellung wurde er sehr bekannt. Er entwarf neben-beruflich auch Privatgärten wie den Garten Sabersky in Teltow-Seehof, den Gutspark von Schwabach in Kerzendorf bei Ludwigsfelde und den Gutspark Bleichenröder in Güterfelde. Außerdem schrieb er ein wichtiges Rosenbuch, eine Neubearbeitung von Schmidlins Gartenbuch und ein Gärtnerisches Skizzenbuch mit farbigen Entwürfen und Fotos aus Potsdam. 1888 erhielt er den Ehrentitel Oberhofgärtner. Seine Mutter war eine Sello. Er gehört selber zu einer Familie, die von 1740 zweihundert Jahre lang in den preußischen Gärten gewirkt hat. Auch sein Sohn Kurt (1859–1929), letzter Hofgärtner auf dem Babelsberg, liegt hier begraben, im Rükken Lennés.

1910 wurden Johann Samuel Sello (1724–1787) und Carl Samuel Sello (1757– 1796) vom Teil I südlich der Kirche umgebettet. Es sind Großvater und Onkel von Hermann Sello. Beide wirkten als Küchengärtner im Marlygarten. Sie besaßen nach Angaben von Reinhold Persius bereits vorher Grabsteine aus Findlingen mit glattgeschliffener Ansichtsfläche, deren Inschriften 1903 noch gut erhalten waren. Leider wurden die Inschriften nach der Umsetzung auf die Stelle von Johann Wilhelm Sello in grober Weise verändert. Johann Samuel ist ausweislich des Kirchenbuchs der Berliner Domgemeinde am 30. 11. 1724 getauft, aber laut Bornstedter Sterbebuch und Grabstein schon 1715 geboren.

Neben Lenné liegt Reinhold Persius (1835–1912), der Sohn von Ludwig Persius. Er wirkte auch als Architekt im Dienst des Hofes und erbaute u. a. die Kapelle in Klein-Glienicke und die jüngst prachtvoll restaurierte Villa gegenüber dem heutigen Stadthaus. Als Konservator der preußischen Kunstdenkmäler schuf er Grundlagen der modernen Denkmalpflege.

Bei den Sellos gilt ewige Ruhezeit. Kein einziges Grab wurde bisher abgeräumt. So wurde das ursprüngliche Geviert bald zu klein, und eine zweite Erweiterungsfläche im Süden mußte hinzugekauft werden, auf der seit einigen Jahren die Toten der Familie beigesetzt werden. Am Ende des Weges wurden die Grabstelen des Niederschönhausener Hofgärtners Theodor I. Nietner (1790–1871) und seiner zweiten Frau aufgestellt, die in DDR-Tagen aus Schönhausen überführt wurden und zunächst an der Nordwand des Sellofriedhofs standen.

Von Lenné verdrängt: Gartendirektor Schulze

Hinter der Kirche befindet sich als eine der wenigen, wenn auch leer erhaltenen Grüfte die Grabstätte der Familie Müller zu Nedlitz, die seit 1588 die Nedlitzer Fähre mit zugehörigem Gut bewirtschaftete. Auch der Oberhofbaurat Heinrich Ludwig Manger (1728–1790) ruht hier, weil seine Frau Anna Katharine Plümicke auf dem Fährgut geboren war, das ihr Vater nach dem frühen Tode ihres Großvaters für einige Jahre übernommen hatte. Friedrich Wilhelm II. ernannte Manger 1787 zum Leiter der neugegründeten Hofgartendirektion, die bis 1798 Hofgarteninspektion hieß. Von ihm stammt eine Pomologie im Folioformat, die er 1780 dem Prinzen von Preußen gewidmet hatte. 1789/90 veröffentlichte er seine Baugeschichte Potsdams, eine wertvolle Zusammenstellung vor allem der Bautätigkeit unter Friedrich II. anhand der Akten, die er zum Teil selber geführt hatte.

Sein Nachfolger war sein Schwiegersohn Johann Gottlob Schulze (1755–1834) aus Altengottern bei Langensalza, der ebenfalls in der Gruft bestattet wurde. Auch er war von der Ausbildung Architekt, doch im Obstbau sehr engagiert. Auf sein Betreiben wurden zahlreiche Obstbaumschulen in allen königlichen Gärten und ein Arboretum in Sanssouci angelegt. Auch betrieb er Denkmalpflege, bevor es sie gab. Er, der selbst noch neun Jahre unter Friedrich II. als Kondukteur gearbeitet hatte, versuchte, das friderizianische Gartenerbe vor Umgestaltungen zu bewahren, wie sie besonders von den Landschaftsgärtnern Eyserbeck und später Lenné betrieben wurden. Lenné erlebte er als sehr unangenehmen Konkurrenten, der alles anders machte und über ihn hinwegsah. 1824 wurde Lenné neben ihm zum Gartendirektor ernannt und damit der Endkampf des Jungen gegen den Alten vorprogrammiert. Er währte noch vier für Schulze sehr bittere Jahre. 1828 ging er widerwillig in Pension.

Seine unverehelichte Tochter Karoline Schulze (1794–1881) half ihm im Büro und verdiente sich nach seinem Tode ihren Lebensunterhalt als Lehrerin. 1840 begann sie die vom Vater geerbten drei Meter Akten aus der Gartendirektion, die ältesten von 1748, durchzulesen. Bis 1878 las sie, machte Abschriften und Auszüge und hunderte von Konzepten, die in eine Geschichte der königlichen Gärten in Potsdam münden sollten.

Bei der Beschreibung der Gärtner sparte Karoline Schulze nicht mit persönlichen Werturteilen, die ihre Ausführungen sehr lebensnah machen. Über die Charaktere vieler Hofgärtner geben ihre Hinweise oft den einzigen Anhaltspunkt. Alles aber, was sie über Lenné schrieb, und dies ist sehr viel, ist von Haß und Bitterkeit erfüllt. Man vermutet, daß sie es ihm verübelte, daß er ihre beste Freundin, die Hofgärtnertochter Friederike Voß von nebenan, geheiratet hat und nicht sie.

Für den Verein für die Geschichte Potsdams sowie für die Pomologischen Monatshefte schrieb sie einige Artikel, z.B. über die Fasanerie und über Manger, ihren Großvater. Außerdem hinterließ sie Manuskripte über die Geschichte von Bornstedt und von Nedlitz.

1878 setzte eine Erblindung Karoline Schulzes Schreiben ein Ende. Da die Familiengruft voll war, erhielt sie ein Grab in Teil II, das nicht erhalten ist. Zu ihrem 200. Geburtstag wurde 1994 eine Gedenktafel in der Kirche angebracht.

War es am Anfang die Gemeindezugehörigkeit, dann die Zugehörigkeit oder Wahlverwandtschaft zur Familie Sello, die die Leichen nach Bornstedt führte, so wurde später dieser Ort so attraktiv, daß vermehrt „Fremdleichen" gegen Aufpreis hierherfanden.

Auf dem 1858 eröffneten Teil II lag Wilhelm Nietner, Hofgärtner der Melonerie (1801–1871). Hofbaurat Franz Haeberlin (1841–1899), Sohn des Hofbaurats Johann Heinrich Haeberlin, seit 1876 in der Schloßbaukommission, ließ sich in Teil IV ein Erbbegräbnis errichten, das heute verfällt. Das Marmorgrabmal seines Vaters (1799–1866), der das Krongut umgebaut hatte, auf Teil II ist ebenfalls vorhanden.

Ebenso wurde das Erbbegräbnis des Inspektors der Gärtnerlehranstalt Wilhelm Lauche (1827–1883), eines bedeutenden Pomologen und Dendrologen, in Teil III neu belegt. Noch vorhanden ist in Teil IV das Grab Robert Buttmanns (1830–1900) aus einer Meininger Gärtnerfamilie, der Hofgärtner in der Melonerie war.

Das 20. Jahrhundert

Adolf Wundel (1837–1894) war Hofgärtner im Terrassenrevier und wurde in Teil IV beigesetzt. Max Wundel (1865–1938) war seit 1907 Hofgärtner an der Villa Carlotta am Comer See. Diese gehörte dem Herzog Georg von Sachsen-Meiningen, welcher mit Prinzessin Charlotte von Preußen, einer Tochter des Prinzen Albrecht, verheiratet war. Sein Sohn und Nachfolger wiederum war mit Charlotte, Tochter des preußischen Kronprinzen, verheiratet. 1909 erhielt er den Titel Gartenintendant. Nach Wundels Pensionierung 1921 zog er nach Potsdam, wo er seine Ausbildung gemacht hatte, starb aber mit Berliner Wohnsitz. Der von Wundel mitgestaltete Park der Villa Carlotta gehört seit 1927 dem italienischen Staat und ist heute vor allem wegen seiner Rhododendren und exotischen Gehölze bekannt. Wundels Grab ist eine unscheinbare Urnenstelle.

Der adlige Hofgärtner Paul von Sydow (1862–1910) aus Celle liegt auf der Familiengrabstätte Gerischer-von Sydow in Teil IV. Hermann Kosack (1851–1928) leitete bis 1918 das Revier Sacrow mit dem Titel Hofgärtner (Teil I).

Theodor Echtermeyer (1863–1932) kam aus der Schweiz und leitete seit 1894 die Königliche Gärtnerlehranstalt am Wildpark, die 1903 nach Dahlem umzog. Dort entwarf er die Außenanlagen. Auch gründete er 1925 die Moorversuchsfelder in Großbeeren, auf denen sich heute die Landesanstalt für Gartenbau befindet. Außerdem wirkte er seit 1924 an der Landwirtschaftlichen Hochschule in Berlin. Er wohnte in Steglitz und wählte Bornstedt bewußt als Beisetzungsort.

Georg Potente (1876–1945) arbeitete seit 1902 bei der Hofgartendirektion, wo er den Drachenberg und Klausberg gestaltete. 1909 wurde er Hofgärtner von Charlottenburg und Monbijou. 1911 wechselte er in das Revier Neues Palais und Charlottenhof, wo er u. a. den Rosengarten umgestaltete. 1927 wurde er mit dem Titel Gartendirektor Leiter des Reviers Sanssouci. Hier führte er seine aufsehenerregendsten und nicht unumstrittenen Arbeiten aus, indem er das Parterre und die Terrassen von Sanssouci in der Fassung von Hermann Sello abräumte und barockisierend neu gestaltete. Auch an der Neuanlage der barocken Parterres in Herrenhausen, Weilburg und Brühl wirkte er mit. 1938 wurde er aus politischen Gründen pensioniert. Er erschoss sich am 27. April 1945. Sein Grab auf dem Neuen Friedhof ist nicht lokalisierbar. Deshalb wurde ihm in Bornstedt 1973 eine Gedenktafel gewidmet.

Seit dem 23. April 1945 häuften sich in Bornstedt die Selbstmorde. Am 27. und 26. April 1945 vergifteten sich der 82jährige Otto Bernstiel (1863–1945) und seine Frau. Bernstiel stammte aus Kiel und besaß seit 1900 eine Versandgärtnerei in der Potsdamer Blumenstraße, die durch ihre Farnkulturen berühmt war. Er wirkte 1919–31 als Vorsitzender des Verbandes deutscher Gartenbaubetriebe, seit 1924 Reichsverband des deutschen Gartenbaues. Sein Grab auf der Familiengrabstätte in Teil I ist nicht persönlich gekennzeichnet. Er nannte nicht nur eine seiner Farnzüchtungen Nephrolepis piersonii ‚Sanssouci‘, sondern auch eine Tochter Sanssouci, wie ihr Grabstein zeigt.

Dr. Rudolf Hörold (1882–1945) hatte nach Besuch der Gärtnerlehranstalt in Berlin Botanik studiert und 1908 in diesem Fach promoviert. Seit 1909 arbeitete er in der Berliner Stadtgartenverwaltung, wo er u. a. den Schillerpark ausführte. Im August 1918 ernannte ihn Wilhelm II. zum Hofgärtner in Wilhelmshöhe. 1921 übernahm er zusätzlich Karlsaue, Wilhelmsthal und Wilhelmsbad, 1927 erhielt er den Titel Gartendirektor. In Kassel blieb er bis 1938, als er zur Verwaltung der Staatlichen Schlösser und Gärten in Berlin berufen wurde. Er sollte eine Generaldirektion der Gärten aufbauen, wozu es aber wegen Kriegsausbruchs nicht kam. Die halbe Woche arbeitete er in Sanssouci und zog später auch nach Bornstedt. Als einer der letzten dieser Verzweifelten setzte Hörold am 2. Juli seinem Leben ein Ende. Sein aufwendiges Grabmal befindet sich am Ausgang des Seloschen Friedhofs.

Friedrich Kunert (1863–1948) war 1896–1918 Hofgärtner im Terrassenrevier Sanssouci. 1917 erhielt er den Titel Oberhofgärtner. Er beschäftigte sich besonders mit Obst- und Gemüsetreiberei, worüber er 1911 ein Buch schrieb, außerdem mit Topfobst und Chrysanthemenkultur. Das einfache Holzkreuz auf seinem Grab wurde bisher vor dem Verfall bewahrt.

Otto Meermann (1863–1957) war 1898–1918 Hofgärtner in der Melonerie, erhielt später den Titel Gartenbaudirektor und lehrte an der Gärtnerlehranstalt in Dahlem Obstbau. 1927 schrieb er ein Buch über Fruchttreiberei.

Gegenüber von Dr. Hörold liegt Prof. Dr. Willy Kurth (1881–1963). Er wurde 1946 Generaldirektor der Staatlichen Schlösser und Gärten in Potsdam. Hermann Göritz (1902–1998) wohnte seit 1936 in der Bornstedter Eichenallee, wo er seinen bekannten gehölzreichen Garten anlegte. Obwohl 1931–33 in der KPD aktiv, konnte er 1934 seine Arbeit an der Reichsautobahn beginnen. Nach 1945 entwarf er Gärten für Rau, Pieck und Grotewohl und erwarb sich hohe Auszeichnungen in der DDR, wo er jahrzehntelang der letzte freischaffende Garten- und Landschaftsarchitekt war. Bekannt wurden auch seine dendrologischen Bücher. Er ruht neben seiner ersten Frau Grete.

Walter Funcke (1907–1987) kam 1929 zu Karl Foerster in die Abteilung Gartengestaltung, wo er mit Hermann Mattern und Herta Hammerbacher zusammenarbeitete. Mattern übernahm ihn 1935 in sein eigenes Büro in

Bornim. Nach dem Krieg wirkte er in verschiedenen Einrichtungen, über-arbeitete die zerstörte Freundschaftsinsel, legte das Wohngrün in Ludwigs-felde, Stalinstadt (Eisenhüttenstadt) und Waldstadt I in Potsdam an und ent-warf die IGA Erfurt. Sein Haus befindet sich in der Eichenallee nahe dem von Göritz.

Literatur

Arlt, Klaus: Der Bornstedter Friedhof. Potsdam 1984

Bergau, R.: Inventar der Bau- und Kunstdenkmäler in der Provinz Brandenburg. Berlin 1885, S. 183

Bethge, Alexander: Der alte Bornstedter Kirchhof (1871). In: Mitteilungen des Vereins für die Geschichte Potsdams 5 (1872), S. 305–350, 1 Tf.

Deisenroth, Karlheinz: Märkische Grablege im höfischen Glanze: Der Bornstedter Fried-hof zu Potsdam. Berlin : Gebr. Mann, 1997. – X, 447 S. III

Fontane, Theodor: Wanderungen durch die Mark Brandenburg. III. Havelland

Richter, Manfred: Bornstedt - Friedhof und Kirche: Spuren aus der preußischen und Pots-damer Geschichte. Berlin : Hentrich, 1993. – 157 S. III

Schulze, Karoline: Geschichte der Verwaltung der Kgl. Gärten. GStAPK, I. HA., Rep. 94, Nr. 814

Wichmann, Herman: Gesammelte Aufsätze Bd. II Leipzig 1887. Ex. mit Anmerkungen von August Lenné. SPSG

Wimmer, Clemens Alexander: Lenné: Ruhmsüchtiger Schurke oder Großer Deutscher? Urteile im Wandel der Zeit. In: von Buttlar, Florian (Hrsg.): Peter Joseph Lenné: Volkspark und Arkadien. Berlin: Nicolai, 1989, S. 98–111

Kirchenbücher der Kirchengemeinde Bornstedt seit 1706

Papiere der Familienstiftung Hofgärtner Hermann Sello

Günter Bransch

Zum ethischen Sinn der preußischen Tugenden[*]

Nur wenige ahnten, daß die Reichsgründung 1871, die Einigung der Deutschen in Gestalt der kleindeutschen Lösung durch die Politik Bismarcks, zugleich das Ende Preußens als eigenständigen Staat und eigenständige europäische Mittelmacht einleitete. Mochte es für viele Betrachter auch so ausgesehen haben, als würde dieses Reich nichts weiter sein als ein hegemoniales Großpreußen. Zu den Ahnungsvollen gehörten der alte König, Bismarck selbst, der alte Fontane und nicht wenige Preußen vom alten Schlage. Der baldige erste Deutsche Kaiser, Wilhelm I., sprach prophetisch, als er am Vorabend der Proklamation, am 17. Januar 1871, sagte: „Morgen ist der unglücklichste Tag meines Lebens, morgen tragen wir das preußische Königtum zu Grabe…"

Nicht, daß nicht geschichtliche Notwendigkeit in der Reichsgründung gelegen hätte, sich die Sehnsucht einer ganzen Nation, wenn auch anders und auf anderen Wegen als erhofft, erfüllte. Aber wir alle erleben es in diesen Monaten, daß geschichtlich-politische Erfüllungen, wenn sie denn da sind, ersehnt, gewollt, durch rasches Handeln ergriffen, Veränderungen, Wandlungen erwirken, deren Tragweite und Schmerzhaftigkeit geahnt, aber nicht vorhergesehen werden kann.

Das Ringen um die Frage, ob Berlin wieder Hauptstadt im vollen Sinne eines solchen Begriffs werden solle oder es bestenfalls honoris causa sein könne, ist nur verstehbar auf dem Hintergrund geahnter Wandlungen. Die Entscheidung ist gefallen, und es gilt zu erkennen, daß das Kernproblem weder Kostenfrage, Beamtenwünsche, soziale und wirtschaftliche Verträglichkeit sind, sondern die Frage: Was für ein Deutschland kann, soll, muß das sein, das da aufs neue geeint wurde? Wirklich, aufs neue geeint und nicht wiedervereint, weil wir nicht an einen früheren geschichtlichen Punkt zurückkehren können, sondern, biblisch ausgedrückt, „ein Neues pflügen" müssen.

Staatstugenden gewachsen aus Kargheit und Armut

Ich beginne mit dem Zitat aus dem Brief Kaiser Friedrichs III. an Bismarck, in dem er die Grundsätze seines künftigen Regierens formulierte. Es ist ein Zitat an einer Schwelle, in zweifacher Hinsicht. Zu spät zur Regierung gelangt und schon vom Tode gezeichnet, formulierte der sterbende Kaiser Grundsätze, nach denen er hätte regieren wollen, aber nicht regieren würde. Im abrupten Übergang vom greisen „Heldenkaiser" und seinem Kanzler zum Enkel Wilhelm II. und seinem persönlichen Regiment wurde endgültig

---

[*] Aus „Die Märkische", September 1991

die Schwelle vom alten Preußen zum neuen Deutschland des Großmacht-
strebens, des später sogenannten Wilhelminismus und seiner Katastrophe im
1. Weltkrieg, überschritten. Es ist heute noch gültig, was der Todgeweihte
formulierte, sieht man von der Sprachgestalt ab. Es spiegelt, zum letzten Mal
im Herrscherwort, was mit dem Begriff der „preußischen Tugenden" gemeint sein könnte.

„Nur ein auf der gesunden Grundlage von Gottesfurcht in einfacher Sitte
aufwachsendes Geschlecht wird hinreichend Widerstandskraft besitzen, die
Gefahren zu überwinden, welche in unserer Zeit rascher wirtschaftlicher
Bewegung, durch die Beispiele hochgesteigerter Lebensführung einzelner,
für die Gesamtheit erwachsen. Es ist Mein Wille, daß keine Gelegenheit versäumt werde, in dem öffentlichen Dienste dahin einzuwirken, daß der Versuchung zu unverhältnismäßigem Aufwande entgegengetreten werde."

Erste Stichworte steigen auf: Gottesfurcht, einfache Sitte, was wohl mit Einfachheit, Schlichtheit wiederzugeben ist. Ein Grundzug wird deutlich, der
entscheidend ist: der Zusammenhang des einzelnen Individuums mit dem
Ganzen der Gesellschaft, der Gesamtheit, wie Friedrich es ausdrückt, und
dem Dienst an dieser Gesamtheit, dem „öffentlichen Dienst", als Dienst am
Land und seinen Menschen.

Das Wort Tugend, im Deutschen abgeleitet von taugen, tüchtig sein für
etwas, entspricht der aretee der alten Griechen, der Tüchtigkeit, auch Tapferkeit, Trefflichkeit der antiken Helden. Die moralistische Engführung dieses
eigentlich mehr die Gesamtheit einer Lebenshaltung meinenden Begriffs,
seine Aufspaltung in Einzeltugenden und damit seine Quantifizierung, haben
dazu geführt, daß das Wort „Tugend" überwiegend nur noch in Anführungs-
zeichen, wenn nicht überhaupt ironisch gebraucht wird. Auch bei dem stehenden Begriff der „preußischen Tugenden" ist dies der Fall.

Aber gerade dann, wenn es darum geht, hier ein Preußen charakterisierendes
Phänomen zu erkennen, muß auf die Grundbedeutung zurückgegangen
werden. Gottesfurcht und Einfachheit, Rechtlichkeit und Toleranz, Pflicht-
und Ehrbewußtsein, Fleiß und Unbestechlichkeit, Tapferkeit und Nüchternheit, um die „Tugenden" zu nennen, sind schon als solche Aufzählung und
damit Unterstreichung als ein Vermögen im Sinne der Leistung oder des
Besitzes unpreußisch. Es widerspräche dem preußischen Understatement,
von eigenen Tugenden, jedenfalls öffentlich, zu reden. Von preußischen Tugenden wurde erst wirklich geredet, als ihr Verlust bemerkt wurde.

Es geht um die Tauglichkeit und Tüchtigkeit von Menschen in bestimmten Le-
benssituationen, ihre Fähigkeit, auf gestellte Aufgaben und Herausforderungen
positiv zu antworten und den Belastungen standzuhalten. Dabei zählt mit, daß
diese Lebenssituation Härte und Mühsal enthält, Opfer und Zurücknahme der
eigenen Person und des eigenen Glücksverlangens erfordert.

Die Pflicht ist die Gewißheit, daß ich und niemand anderes mich der Notwendigkeit zu stellen habe und dies nur unter Hintansetzung jeglicher Selbst-
verwirklichung leisten kann. Im Letzten und Tiefsten ist die Pflicht eine reli-

giöse Antwort auf einen religiös erfahrenen Anruf und Willen zu einem bestimmten Tun. Das meint der Begriff der Gottesfurcht, und er ist alles andere als Ausdruck von Bigotterie, Unmündigkeit oder patriarchalischer Abhängigkeit.

Mit Recht ist darauf hingewiesen worden, daß die aufgezählten Einzeltugenden kein preußisches Sondergut sind. Es sind die klassischen bürgerlichen Tugenden, wie sie seit der Reformation mehr und mehr die Ethik des christlichhumanistischen Europa protestantischer, aber auch katholischer Prägung bestimmten. Was also, so wäre zu fragen, ist das preußische an den preußischen Tugenden? Antwort: die Integration aller Einzeltugenden in eine Gesamthaltung dem Land und seinen Menschen gegenüber. Man kann auch Staat sagen oder Krone, weniger Volk – der Etikettenschwindel der Nazis –, Gesellschaft oder Nation. Mit den individuellen Tugenden des einzelnen war es in Brandenburg-Preußen nicht anders bestellt als überall in Europa. Aber daß diese Tugenden zu Staatstugenden, zum öffentlichen Ethos wurden in dem Wissen, daß allein auf dieser Grundlage der immer bedrohte Staat Brandenburg-Preußen leben und überleben konnte, ist das eigentliche Charakteristikum.

Die Kargheit und Armut des Landes, magere sandige Böden, Mangel an Rohstoffen, an Menschen bestimmten die Lage. In der Mitte des alten Europas liegend, war es durch viele Zeiten Durchmarschgebiet, Kampfgebiet, Einflußgebiet fremder Mächte. Weder gab es natürliche Grenzen, noch eine homogene Stammesbevölkerung, wie Thüringer oder Bayern, die dem Land Umriß und Struktur gegeben hätten. Immer war es auf Zuwanderung angewiesen, selbst die verschiedenen Fürsten bis hin zu den Hohenzollern waren „Zuwanderer". Für Brandenburg-Preußen ergab diese geopolitische Lage, diese Dürftigkeit an Menschen und Gütern, immer eine Existenz am Rande des Abgrundes, erforderte das Leben und Überleben eine überdurchschnittliche Anstrengung, sowohl vom Fürsten als auch vom letzten Bauern. Niedergänge waren in den Folgen in Brandenburg-Preußen härter, radikaler als in Frankreich, Schweden oder England, Aufstiege mühevoller, immer einen größeren Einsatz erfordernder als in den Nachbarländern. Darum wurden die individuellen bürgerlichen Tugenden notwendig zu Staatstugenden, zur Grundhaltung derer, die alles dransetzen mußten, um zu Sicherheit und einem bescheidenen Wohlstand kommen zu können. Preußen, das ist nicht zuerst eine geographische Größe, nicht einmal eine Staatsform, Preußen, das ist eine Haltung, eine Lebensform. Sie findet in den preußischen Tugenden ihren signifikanten Ausdruck.

In ihren Stärken liegen zugleich ihre Schwächen

Das Gefährliche dieser „Verstaatlichung der Tugend" liegt als geschichtliche Erfahrung vor unser aller Augen. Auch hier bestätigte sich die alte Lebensweisheit, daß unsere Stärken auch unsere Schwächen sind.

156

Man hat von den genannten Tugenden als von Sekundärtugenden gesprochen, die von keinen wirklichen Primärtugenden wie Freiheit, Recht, Menschlichkeit geleitet waren, sondern allein an der Obrigkeit orientiert. Darum sei Pflichterfüllung oberster Wert gewesen, und was die Pflicht sei, sei vom Staat vorgegeben worden. Damit war eine Rechtfertigung selbst des befohlenen Verbrechens gegeben, als sittlich gebotene Pflichterfüllung.

Es wird im weiteren Verlauf unseres Nachdenkens noch deutlich werden, daß es durchaus Primärtugenden gab, an die preußische Männer und Frauen in allen Ständen ihre Sekundärtugenden festmachten. Aber ein Wahrheitsmoment liegt in dieser Kritik. Am Ende, als Preußen Geschichte war, verkamen die preußischen Tugenden von Gehorsam und Pflichterfüllung, Mut und Ehrbewußtsein zu leeren Worthülsen, und ein Preuße reinsten Wassers, tief religiös und von hoher politischer Verantwortung bestimmt, Ewald von Kleist-Schmenzin, formulierte erbittert: „Dumm wie ein Deutschnationaler, feige wie ein Beamter und ehrlos wie ein General." Aber auch die andere Wahrheit gilt. Henning von Tresckow, Generalmajor, Mitverschwörer gegen Hitler, formulierte in seinem letzten Gespräch mit Fabian von Schlabrendorff: „Jetzt wird die ganze Welt über uns herfallen und uns beschimpfen. Aber ich bin nach wie vor der felsenfesten Überzeugung, daß wir recht gehandelt haben. Ich halte Hitler nicht nur für den Erzfeind Deutschlands, sondern auch für den Erzfeind der Welt. Wenn ich in wenigen Stunden vor den Richterstuhl Gottes treten werde, um Rechenschaft abzulegen über mein Tun und Unterlassen, so glaube ich mit gutem Gewissen das vertreten zu können, was ich im Kampf gegen Hitler getan habe. Wenn einst Gott Abraham verheißen hat, er werde Sodom nicht verderben, wenn auch nur zehn Gerechte darin seien, so hoffe ich, daß Gott auch Deutschland um unsertwillen nicht vernichten wird. Niemand von uns kann über seinen Tod Klage führen. Wer in unseren Kreis getreten ist, hat damit das Nessushemd angezogen. Der sittliche Wert eines Menschen beginnt erst dort, wo er bereit ist, für seine Überzeugung sein Leben hinzugeben."

Hier werden nun doch Primärtugenden sichtbar, an denen sich durchaus die Sekundärtugenden für viele Preußen orientieren. Die „Gottesfurcht" als eine letzte ethisch realisierte Dimension einer Wirklichkeit, an der sich auch der König messen lassen mußte und an der er gemessen wurde, war immer gegeben, und selbst Friedrich II. akzeptierte es. Wen wundert's, wenn dieser Begriff mißbraucht wurde? Und so hat denn auch Hindenburg an jenem schrecklichen 21. März 1933 in der Potsdamer Garnisonkirche und unter dem Glockenspiel von „Üb immer Treu und Redlichkeit..." in seiner Ansprache von Treue und Pflicht und preußischer Gottesfurcht geredet. Über den Särgen von Friedrich Wilhelm I. und Friedrich II. sollte die Identität und Kontinuität der preußischen und deutschen Geschichte mit dem Nationalsozialismus beschworen werden; eben in jener Stunde aber wurden die preußische Treue, Pflicht und Gottesfurcht verraten, wurden die Sekundärtugenden losgelöst von dem Wissen um höhere Pflicht, höhere Treue, höheres Verantwortungsgegenüber und an einen Führer gebunden.

Es ist Christian von Krockow zuzustimmen, wenn er schreibt:

„Sind die Primärtugenden, die übergeordneten Werte nicht ihrerseits auf Sekundärtugenden angewiesen, wenn es um ihre Verwirklichung geht? Wem nützt die Proklamation von ‚Grundwerten‘, von Menschenwürde, Freiheit, Frieden und allem übrigen, wenn niemand sich davon in die Pflicht genommen fühlt? Wie wäre im übrigen ein aktiver Widerstand gegen Hitler möglich gewesen ohne das Pflichtgefühl?

Ist es ein Zufall, daß mit dem 20. Juli 1944 so viele Namen aus der preußischen Geschichte im Untergang noch einmal aufleuchten?“

Es war kein Zufall. Es war ein Ausdruck einer unzerstörbaren Wahrheit, gelebt von Preußen, und als Anruf weitergegeben an die Nachgeborenen.

Mit den „Preußen“, den Menschen, die sich Preußen nannten, ist es so eine Sache. Die Pruzzen jedenfalls sind für die Preußen nicht konstitutiv. Und viele bedeutende Preußen waren Wahlpreußen. Auch das Ereignis der Krönung Friedrichs I. zum König **in** Preußen, 1701 in Königsberg, machte keine Preußen; sie waren schon da. Sie kamen nicht aus den brandenburgischen Marken, sondern von auswärts, von Frankreich.

Die erste preußische Tugend, als Staatstugend anfangs allein vom Hause Hohenzollern gelebt und in das Land eingebracht, war die Toleranz, und der Fürst, der sie aus religiösen und wirtschaftlich-politischen Motiven – das **und** ist entscheidend – in Taten umsetzte, wird mit Recht der „Große Kurfürst“ genannt. Sie ermöglichte Menschen, die um ihrer Überzeugung, um ihres Glaubens willen vertrieben wurden, eine neue Lebensmöglichkeit zu finden. Brandenburg aber, das menschenarme, ausgeblutete Land, erhielt dadurch selbst eine neue Lebensmöglichkeit. Das Potsdamer Edikt von 1685 sagte nicht nur materielle Startbedingungen zu, sondern auch die religiöse und kulturelle Identität für die Neueinwanderer. Hier durften französische Flüchtlinge reformierten Bekenntnisses in ein deutsches Gebiet lutherischen Glaubens kommen und durften bleiben, was sie waren. Anfänglich gab es schon Fremdenhaß und Ablehnung, polemische Predigten lutherischer Pastoren gegen die „Andersgläubigen“. Dennoch gelang die Integration schnell. Die Hugenotten dankten dem Herrscherhaus neue Existenz und bewahrte Identität durch eine Loyalität, die es zuvor in Brandenburg nicht gab. Sie verstanden sich zuerst als Brandenburgs Preußen.

Sie haben mitgewirkt an der Entwicklung eines Typs von Preußentum, das fern allem Nationalismus und Chauvinismus eine nüchterne, aber tiefe Staatsloyalität mit europäischer Weite verband. Eine gewisse Paradoxie bestand darin, daß sie die loyalste Bevölkerungsgruppe in der Zeit des Großen Kurfürsten und seines Nachfolgers war und zugleich die Gruppe mit dem extremsten Sonderstatus. Nähe und Distanz zum Staat hielten sich hier in einem guten Sinne die Waage. Die Mischung aus Loyalität und innerer Unabhängigkeit, aus Offenheit und nüchterner Distanz machte jene altpreußische Gesinnung aus, deren Niedergang in der zweiten Hälfte den 19. Jahrhunderts der alte Fontane so bedauerte.

Die Toleranz ist durch den Kurfürsten und die Hugenotten zu einer preußischen Tugend geworden, auch wenn es schwerfällt, dies heute so einfach auszusprechen. In Brandenburg-Preußen setzte sich erstmalig durch, daß unterschiedliche Konfessionen ohne „Krieg" nebeneinander und gleichberechtigt existieren sollten, gleichbehandelt vom Staat. Freilich war diese Toleranz, teilweise höchst intolerant durchgesetzt, eine „von oben": In einem Schreiben des Großen Kurfürsten an die Oberräte im Zusammenhang mit der Auseinandersetzung um die Beisetzung seines Vaters in Königsberg, vom 26. April 1642, steht der Satz: „denn wir wissen aus Gottes Wort so viel, daß allein Gott die Herrschaft über die Gewissen zustehe und gebühre." Und das politische Recht, gegenüber lutherischer Geistlichkeit und den Ständen des Landes durchgehalten, leite sich für Friedrich Wilhelm von dieser metapolitischen Maxime her, gab ihm das gute Gewissen, gegen die „öffentliche Meinung" zu regieren. Der Kurfürst gewährt solche Toleranz auch Schwärmern und Sektierern, gab auch den Juden nach hundertfünfzig Jahren wieder die Möglichkeit, nach Brandenburg zu kommen und dort relativ frei zu leben. Die Hugenotten waren es, durch deren Anwesenheit diese Möglichkeit wirklicher Toleranz zur Wirklichkeit, konkrete Toleranz wurde, unbeschadet des Zurückbleibens der Realität hinter dem Ideal. Preußen ist – was immer man sonst gegen Preußen zu Recht zu sagen weiß – bis zu seinem Niedergang im Blick auf Religion und Weltanschauung, auch Wissenschaft und Philosophie, eine der tolerantesten Mächte Europas gewesen.

Gewinn und Bereicherung durch Zuwanderungsstrom

Immer hat es einen Zuwanderungsstrom nach Preußen gegeben. Neben Handwerkern und Kolonisten haben Offiziere, Beamte preußischen Dienst genommen, sind Gelehrte dem Ruf an preußische Akademien und Universitäten gern gefolgt, haben Flüchtlinge Unterschlupf gesucht und gefunden. Kein schlechtes Zeugnis für ein Land, das doch auch seine Schatten hatte, Repressionen und geistige Unterdrückung durchaus kannte. Dennoch war Brandenburg-Preußen im Vergleich zu östlichen und westlichen Nachbarn bekannt für eine kraftvolle Toleranz, die in Fremden Zugewinn, Bereicherung sehen konnte und nicht Angst hatte, eigene Identität zu verlieren, sondern eigener Integrationskraft vertraute. Dies könnte durchaus ein verpflichtendes Erbe sein. Fremdenhaß, Ausländerfeindlichkeit, Deutschtümelei können sich jedenfalls nicht auf Preußen berufen.

Gehorsam und Pflichterfüllung als Charakteristikum des Preußischen! Vielen geht dabei ein Schauer über den Rücken, und vielen ist es unmöglich, auch nur verstehend nachzuempfinden, was da gemeint sein könnte. Es ist unumwunden zuzugeben, daß die Verzerrungen und Perversionen, die geschichtlich mit diesen beiden Begriffen verbunden sind, aus diesen Tugenden Untugenden, ja, deutsche Laster werden ließen. Versuchen wir dennoch eine Annäherung und konzentrieren uns wieder auf einen Modellfall.

Als Friedrich Wilhelm I. die Regierung 1713 antrat, da war ihm eines gewiß: er würde nie sein und regieren wollen wie sein Vater. Friedrich I., in mancher seiner Leistungen durchaus von Rang, war noch ganz nach Versailles orientiert und vom Bild eines Repräsentationskönigtums bestimmt. Der König hatte zuerst zu repräsentieren, zum Regieren sind die Minister da. In der Pracht der Repräsentanz kommt das Land zu Ruhm und Geltung, die Untertanen mit.

Friedrich Wilhelm sah darin nichts als Geldverschwendung, Unfug und gottlose Liederlichkeit. Was immer man Kritisches und Böswilliges über den Soldatenkönig, Plusmacher, Stiefelettenknecht, Leuteschinder und an den Rand des Wahnsinns geratenen Choleriker sagen mag: mit ihm kommt eine neue Art von Königtum zum Tragen, ein neuer Stil, wenn man so will, ein bürgerliches Königtum, der Arbeitskönig. Kraft göttlicher Berufung und Beauftragung ist der König dazu da, Gott gegenüber seine Pflicht zu erfüllen und in Gehorsam gegen diese Pflicht das Land zu regieren wie der Hausvater sein Haus. Nicht anders wie der Bauer, Handwerker, Kaufmann hat er seine Wirtschaft zu führen, zu arbeiten, zu arbeiten und noch mal zu arbeiten. Zugegeben: patriarchalisch, ohne auch nur eine Andeutung von Widerspruch zu dulden, kameralistisch, bürokratisch, zentralistisch, ohne die geringste Fähigkeit, delegieren zu können. Am Ende hinterließ der Soldatenkönig – der nicht einen einzigen Krieg geführt hat – zugleich eine für Europa einzigartige Armee **und** einen gefüllten Staatsschatz, dazu eine klar geordnete, unkorrupte und allein dem königlichen Gesetz verpflichtete Verwaltung. Freilich, die Rechnungen von zwei Unternehmungen wollte er der Nachwelt nicht hinterlassen und vernichtete sie: die Rechnungen für die langen Kerls und den Ausbau Potsdams, dessen morastiger Untergrund ganze Eichenwälder verschlang.

Die Pflicht war ihm religiöse Pflicht als Dienst am Land und seinen Menschen im Gehorsam gegen den Willen Gottes, und Gott war Rechenschaft zu geben über die Erfüllung dieser Pflicht, was „Verantwortung" heißt. In dieser Verpflichtung waren der König und der letzte Torschreiber gleich. Der Sohn wird auf die metaphysische Begründung der königlichen Pflicht verzichten, nicht aber auf sie selbst. Es ist richtig gesehen, wenn Friedrich Wilhelm I. und Friedrich der Große gedeutet wurden als Könige, die dem „König von Preußen" dienten, dienten an seinem Land und seinen Menschen, daß sie nicht über ihrer Pflicht standen, sondern unter ihr und so in der Erfüllung dieser Pflicht einem höheren Gesetz gehorsam waren, freilich diese Pflichterfüllung und diesen Gehorsam auch namens dieses Königs von jedem unerbittlich einforderten.

Pflicht in Verantwortung

Nur auf diesem Hintergrund ist der zugleich dramatische und furchtbare Konflikt zwischen Vater und Sohn, König und Kronprinz zu verstehen. Als sich anzudeuten schien, daß Friedrich wie sein Großvater wieder nach „Versailles" hin tendierte und „Potsdam" verachtete, war dem Vater alles in Frage gestellt. Das Ringen der beiden ist hier nicht zu schildern. Am Ende ist der Mensch Friedrich gebrochen, aber der König von Preußen gewonnen. Er wird ein Arbeitskönig wie der Vater, ihn noch überbietend an Arbeitsleistung und Pflichterfüllung. An die Stelle einer metaphysischen Begründung der Pflicht versucht er die Ideen der Aufklärung zu setzen, allen voran die Vernunft, die Humanität, die Gerechtigkeit. Auch er also, wenn auch anders als der Vater, bindet die königlichen Sekundärtugenden an höhere Primärtugenden, wenn auch merkwürdig farblos und abstrakt. Es ist vor allem der alt gewordene König, der „Alte Fritz", der, schon zu Lebzeiten zur Legende geworden, diesen nur dem Dienst am Land und seinen Menschen lebenden König präsentiert.

Viel zu wenig bemerkt wurde in diesem Zusammenhang, daß auf diesen Pflicht- und Verantwortungsbezug hin in Preußen es sowohl einen pflichtorientierten Ungehorsam gab, als auch einen pflichtorientiert gewagten Widerstand in Form der Demission. Es ist wahr: preußische Offiziere und Beamte haben nie geputscht und selten konspiriert. Aber sie haben auch selbständig gehandelt, vom Prinzen von Homburg (in der Version Heinrich von Kleists) bis Yorck, vom eingesetzten Gericht über den Kronprinzen bis zum preußischen Kammergericht in Berlin. Sie haben oft und mit zornigem Trotz ihren Hut genommen, wenn ihre Verantwortung es gebot. Es gereicht den preußischen Herrschern zur Ehre, daß sie beides hinnehmen, wenn auch nicht vergessen konnten.

An den Kommandeur des Regiments Gends d'Armes ist hier zu erinnern, der sich weigerte, im siebenjährigen Krieg den Befehl des Königs zur Plünderung des Schlosses des sächsischen Staatsministers Graf Brühl auszuführen, und seinen Abschied nahm. Auf seinen Grabstein waren die Worte gesetzt:

> *„Sah Friedrichs Heldenzeit*
> *Und kämpfte mit ihm in allen seinen Kriegen.*
> *Wählte Ungnade*
> *Wo gehorsam nicht Ehre brachte!"*

Hier ist noch einmal der Männer und Frauen aus alten märkischen Geschlechtern, aus bürgerlichen Beamten- und Gelehrtenfamilien in Preußen zu gedenken, die zum Kreis des 20. Juli, zum deutschen Widerstand gehörten. Die leidvolle Diskussion um Tyrannenmord und Eidespflicht, Hochverrat und Treuepflicht sind uns im nachhinein manchmal unverständlich. Aber in diesen Männern und ihren Frauen hat sich das wahre preußische Erbe und Gut der höheren Pflicht, des höheren Gehorsams und der letzten und allein zu tragenden und zu bewährenden Verantwortung durchgesetzt. Sie haben es – wissend – mit dem Opfer ihres Lebens bezahlt. Zwei Zitate dazu.

Generaloberst Beck in den berühmt gewordenen Ausführungen vor dem Oberbefehlshaber der Wehrmacht im Jahre 1938:

„Es stehen hier letzte Entscheidungen über den Stand der Nation auf dem Spiel. Die Geschichte wird diese Führer mit einer Blutschuld belasten, wenn sie nicht nach ihrem fachlichen und staatspolitischen Wissen und Gewissen handeln. Ihr soldatischer Gehorsam hat dort eine Grenze, wo ihr Wissen, ihr Gewissen und ihre Verantwortung die Ausführung eines Befehls verbietet. Finden ihre Ratschläge und Warnungen in solcher Lage kein Gehör, dann haben sie das Recht und die Pflicht vor dem Volk und der Geschichte, von ihren Ämtern abzutreten. Wenn sie alle in einem geschlossenen Willen handeln, ist die Durchführung einer kriegerischen Handlung unmöglich. Sie haben damit ihr Vaterland vor dem Schlimmsten, dem Untergang, bewahrt. Es ist ein Mangel an Größe und Erkenntnis der Aufgabe, wenn ein Soldat in höchster Stellung in solchen Zeiten seine Pflichten nur in dem begrenzten Rahmen seiner militärischen Aufgaben sieht, ohne sich der höchsten Verantwortung vor dem gesamten Volk bewußt zu werden. Außergewöhnliche Zeiten verlangen außergewöhnliche Handlungen."

Und schlichter Oberst Oster in einem Abschiedsbrief an seinen Sohn:

„Wir bleiben alle zum letzten Atemzug anständige Kerle, wie wir es in der Kinderstube und in der Soldatenzucht gelernt haben. Es komme, was da wolle! Furcht haben wir nur vor dem Zorn Gottes, wenn wir nicht sauber und anständig sind und unsere Pflicht nicht tun."

Ein Land, die Menschheit, kann nur leben und überleben, wenn um die Notwendigkeit der Pflicht und die Freiheit der Verantwortung, die sie gibt, gewußt wird. Freiheit ohne Verantwortung ist Willkür und Chaos. Wenn schon in so autoritätsgeprägten Strukturen, wie sie in Preußen waren, es möglich war, ein solches Maß an verantworteter Freiheit zum Tun der erkannten Pflicht auch im Widerspruch und im Ziehen persönlicher Konsequenzen zu leben, wieviel mehr müßte ein solches Erbe eigentlich in einer strukturell freien, demokratischen Gesellschaft wirksam werden? Oder hängt die ethisch motivierte Pflicht als Dienst von anderen Faktoren ab als von Gesellschaftsstrukturen? Eine wirkliche Auseinandersetzung mit Preußen wird sich selbstkritisch diesen Fragen stellen müssen.

Vom Recht bestimmte Ehre

„Tue Recht und scheue keinen Feind"; dies war so ganz ein Sprichwort aus dem preußischen Herzen. Und wieder muß man den Schutt der nachpreußischen Zeiten, vor allem des deutschnationalen Hurra-Patriotismus und des Nationalsozialismus, wegräumen, um an die preußische Tugend der Rechtlichkeit und Rechtschaffenheit zu kommen, von der auch der altpreußische Ehrbegriff bestimmt war. Die innere Geschichte Preußens ist auch eine Rechtsstaatgeschichte. Von den Tagen des Großen Kurfürsten und seinen Edicten an über den Verwaltungsaufbau Friedrich Wilhelms I., dem allgemeinen Landrecht Friedrichs II. (erst nach seinem Tode abgeschlossen und herausgegeben) bis zu den Stein-Hardenbergschen Reformen findet eine fast kontinuierliche und für Europa zeitweise beispielhafte Entwicklung zum Rechtsstaat statt, die auch noch ein Nachspiel im Freistaat Preußen der Weimarer Zeit findet in den Reformen des Schulwesens und des Strafvollzugs und der Einführung des konstruktiven Mißtrauensvotums im Parlament.

Dann aber ist die preußische Geschichte immer wieder auch durchzogen von Gestalten der Rechtschaffenheit und Rechtlichkeit, die in ihrem Gerechtigkeitsstreben, ihrer Friedfertigkeit und Bürgerlichkeit geradezu den Spott und die Ironie der Zeitgenossen oder der Nachwelt herausgefordert haben. Paradebeispiel dafür ist Friedrich Wilhelm III. Aber nicht er, sondern seine Frau, die Königin Luise, soll das exemplarische Modell hier liefern. Irgendwann im April 1808 schreibt sie an ihren Vater:

„Bester Vater!

Mit uns ist es aus, wenn auch nicht für immer, doch für jetzt. Für mein Leben hoffe ich nichts mehr... Die göttliche Vorsehung leitet unverkennbar neue Weltzustände ein, und es soll eine andere Ordnung der Dinge werden, da die alte sich überlebt hat und in sich selbst als abgestorben zusammenstürzt. Wir sind eingeschlafen auf den Lorbeeren Friedrichs des Großen, welcher, der Herr seines Jahrhunderts, eine neue Zeit schuf. Wir sind mit derselben nicht fortgeschritten, deshalb überflügelt sie uns. Das siehet niemand klarer ein als der König.

...Es kann nur gut werden in der Welt durch die Guten. Deshalb glaube ich auch nicht, daß der Kaiser Napoleon Bonaparte fest und sicher auf seinem, jetzt freilich glänzenden Thron ist. Fest und ruhig ist nur allein Wahrheit und Gerechtigkeit, und er ist nur politisch, das heißt klug, und er richtet sich nicht nach ewigen Gesetzen, sondern nach Umständen, wie sie nun eben sind.

...Dabei ist er ohne alle Mäßigung, und wer nicht Maß halten kann, verliert das Gleichgewicht und fällt. Ich glaube fest an Gott, also auch an sittliche Weltordnung. Diese sehe ich in der Gewalt nicht; deshalb bin ich der Hoffnung, daß auf die jetzige böse Zeit eine bessere folgen wird... Ganz unverkennbar ist alles, was geschehen ist und was geschieht, nicht das Letzte und Gute, wie es werden und bleiben soll, sondern nur die Bahnung des Weges zu einem besseren Ziel hin...

Hier, lieber Vater, haben Sie mein politisches Glaubensbekenntnis, so gut ich als eine Frau es formen und zusammensetzen kann ... Gern werden Sie, lieber Vater, hören, daß das Unglück, welches uns getroffen, in unser eheliches und häusliches Leben nicht eingedrungen ist, vielmehr dasselbe befestigt und uns noch werter gemacht hat. Der König, der beste Mensch, ist gütiger und liebevoller, als je...."

Was die Königin hier ausspricht, ging weit über ihr subjektives Empfinden hinaus. Sie drückte aus, was viele Menschen in Preußen empfanden, das Volk, die Reformer, der König, ja, auch der König. Alle Elemente wahrer Rechtschaffenheit sind aufgeführt: Bescheidenheit in der Anerkennung eigenen Versagens, Festhalten am Willen zum Guten, Anerkennung höherer Ordnungen, Maßhalten wollen (Mäßigung besiegt den Erdkreis, wird Adalbert Stifter später formulieren), Vertrauen auf die Kraft der sittlichen Weltordnung und ein klares – man beachte – preußisches Nein zur Gewalt.

Man mag dies als biedermeierliches Empfinden im nachhinein belächeln: es hat Preußen durch die Zeit der Katastrophe getragen und ermöglicht, daß Vergangenheit bewältigt und Neuanfang gefunden wurde. Die Stein-Hardenbergschen Reformen versuchten ja, diese Impulse in praktische Politik umzusetzen. Die Reformer waren wirklich Reformer, keine Revolutionäre. Sie wollten gerade das nicht: die Kopie der französischen Revolution, und sahen in Napoleon das schlimme Ergebnis eines schlimmen Geschehens. Dennoch nahmen sie die Impulse auf, die durch die französische Revolution gesetzt waren. Nur sollten sie auf preußische Weise, ohne Gewalt, als Rechtsetzung, nicht gegen, sondern mit der Krone und so in der Kontinuität preußischer Geschichte aufgenommen werden. Die Mitte aller Reformen war, aus Bauern und Soldaten, Stadtbürgern und Adligen ohne Beseitigung der ständischen Gliederungen doch eine Gemeinschaft relativ freier, selbstverantwortlicher Bürger zu machen, die sich mit Preußen und dessen Herrscherhaus voll identifizieren konnten, weil auch der König nach Praxis und Recht nur der erste Bürger seines Landes war.

Bleibendes im Widerspruch

Die nach dem Untergang Napoleons einsetzende Restaurationszeit hat diese Reformen auf halbem Wege steckenbleiben lassen. Auch Friedrich Wilhelm III. hatte nur halbherzig und mürrisch mitgemacht und sich nur zu gern von der Heiligen Allianz beeindrucken lassen. Dennoch fanden in Preußen Weichenstellungen statt, die blieben, obwohl sie nicht nur vom König nicht, sondern auch von den Menschen nicht in ihrer Bedeutung verstanden wurden, wie die Kommunalordnung, die den Städten in der Selbstverwaltung einen ersten Hauch von Demokratie brachte. Und Friedrich Wilhelm hat, nicht nur aus Schwäche, vieles wachsen und werden lassen in dem Bemühen, dem Lande und seinen Menschen Ruhe und Frieden zu bringen. Die Menschen haben es ihm gedankt und ihn als „ihren König" angesehen. Die Urteile über ihn und seine Biedermeierzeit sind sarkastisch. Beide werden am großen Friedrich gewogen, auch von prinzipiellen Preußengegnern, und zu leicht befunden. Sebastian Haffner hat es auf den Punkt gebracht: „Das klassische Preußen des 18. Jahrhunderts war fortschrittlich, kriegerisch und freigeistig gewesen, ein Staat der Aufklärung. Das Preußen der Restaurationszeit war reaktionär, friedlich und fromm, ein Staat der Romantik." Das ist griffig, aber verhält sich doch wie ein Schattenriß zum lebendigen Original.

Nehmen wir das Adjektivpaar kriegerisch – friedlich.

Es ist wahr, daß in Preußen die Armee eine herausragende Rolle gespielt hat und vieles im Lande auf sie hin ausgerichtet war. Der Vorwurf des Militaristischen ist akzeptabel. Merkwürdig im Gegensatz dazu steht die Beobachtung, die sich in der Redewendung manifestiert: „So schnell schießen die Preußen nicht." In dem relativ kurzen geschichtlichen Zeitraum vom Großen Kurfürsten bis zur Reichsgründung hat Preußen viele Kriege geführt, bei weitem nicht die meisten unter den europäischen Nationen, aber nur selten wird man sagen können, daß sie mutwillig vom Zaun gebrochen wurden und ohne Zusammenhang mit den geopolitischen Bedingungen gewesen wären.

Um die Rechtfertigkeit von Kriegen gehe es hier nicht, sondern um die Feststellung der Tatsache, daß Preußen, das klassische Preußen, weder kriegsbesessen noch vormachtshungrig war. Preußens Kriege waren begrenzt, Preußens Friedensschlüsse akzeptabel. Preußen hat sich die Frage nach der Notwendigkeit der Kriege auf seine Weise gestellt und deren Abgründe sich bewußt gemacht.

Das Tun des Gerechten

Es gilt daß der Soldatenkönig keinen Krieg geführt hat trotz der aufgebauten Armee, weil ohne „Occassion" es vor Gott und den Menschen ein Unrecht wäre. Es gilt, daß Friedrich Wilhelm III. gezögert und gezögert hat, gegen Napoleon anzugehen, und nach den Befreiungskriegen eine 50jährige Friedensperiode für Preußen folgte. Es gilt, daß die drei Kriege Bismarcks kalkuliert und wirklich die Fortsetzung der Diplomatie mit anderen Mitteln waren; Bismarck aber danach eine hochkomplizierte Friedenspolitik betrieb. Das Tragische ist, daß die Leichtfertigkeit, mit der der 1. Weltkrieg von deutscher Seite ausgelöst wurde, und das Verbrecherische, das der 2. Weltkrieg bedeutete, auf die preußische Geschichte gleichsam zurückdatiert, beides als Endprodukt preußischer Geschichte erklärt wurde. Preußen brauchte zur Selbsterhaltung die militärische Macht, es verfiel der Faszination der „schimmernden Wehr"; erlag ihr am Ende auch. Aber über weite Teile seiner kurzen Geschichte war es kein Freund des Krieges, und Kriegsideologien deutschnationaler und nazistischer Prägung waren jedenfalls nicht Bestandteil der preußischen Tradition.

Ich schließe mit einigen Bemerkungen zur preußischen Religiosität. Wir waren wiederholt auf den Begriff der Gottesfurcht gestoßen.

Friedrich II. ist die Ausnahme von der Regel. Schon unter seinen Freunden und unter seinen Generalen sah es anders aus. Es findet sich eine schlichte, selbstverständliche, vor allem ethisch orientierte Religiosität. Die Toleranztradition bewirkte dabei, daß eine bestimmte Dogmatik, eine bestimmte Konfession im strengen Sinne als Staatsideologie ausschieden und die staatswirksamen Grundsätze auf Grund der christlichen Tradition so allgemein und als ethische Maximen gehalten waren, daß sie mehrheitsfähig waren. Brandenburg-Preußens Frömmigkeit ist selten mystisch. Solche Bedürfnisse mußten bei Freimaurern, Rosenkreuzern oder durch Konversion zur katholischen Kirche befriedigt werden. Kant und Schleiermacher stehen für eine christliche Philosophie, die Preußens Spiritualität bestimmte. Sie war bildungsfreundlich, weltoffen, unprätentiös und tolerant, aber von tiefer moralischer Kraft. Sie war nicht frei von Naivität und Gutgläubigkeit der Kultur, dem Staat, dem vermeintlichen Fortschritt gegenüber. Aber auch hier trat sie bei nicht wenigen der Männer und Frauen des deutschen Widerstandes in ihrer besten Gestalt hervor und wurde neu definiert. Sie haben gelebt, wie einer der Theologen unter ihnen in dem Satz zusammengefaßt hat: „Christsein besteht heute in zweierlei, im Beten und im Tun des Gerechten." Es war Dietrich Bonhoeffer.

Bleibt die Frage, aus welchen tieferen Quellen sich ein künftiges Deutschland durchströmen lassen will, um Identität und Zukunft zu haben. Das Erbe Preußens ist unzerstörbar, aber es muß angenommen werden, wenn es als Kraft erfahren werden soll. Die Wahl steht noch aus.

Es ist nicht das einzige Erbe, nicht die einzige deutsche und natürlich nicht das einzige europäische Erbe. Aber das deutsche Erbe und das europäische Erbe wären ein amputiertes, ein verkümmertes Erbe, wenn nicht auch Preußen dazu gehörte.

In der Kirche zu Potsdam-Bornstedt

Gedenkveranstaltungen zum 20. Juli 1944

1984	mit Generalsuperintendent Günter Bransch und Friedrich-Wilhelm Freiherr von Sell
1985	mit Karl Wilhelm von Plettenberg
1985	mit Sibylle Niemöller geb. von Sell und Prof. Mulder, Amsterdam (Widerstand in Holland)
18.7.1987	mit Dr. med. Uta von Aretin geb. von Tresckow und ihrem Bruder
1988	mit Rosemarie Reichwein und Emmi Bonhoeffer
22.7.1989	mit Altbischof D. Albrecht Schönherr, Emmi Bonhoeffer geb. Delbrück und Jobst von Witzleben
21.7.1990	mit Georg Lindemann und Dr. Knoll zum Gedenken an den General Fritz Lindemann und Ernst von Harnack
1991	mit Dr. Marianne Meyer-Krahmer geb. Goerdeler
19.7.1992	mit Mady Freifrau von Schilling, ehem. Sekretärin des I.R.9 in Potsdam
18.7.1993	mit Ludwig von Hammerstein vom I.R.9
1994	mit Prof. Dr. Otmar von Aretin „Widerstand oder Verweigerung? – Die Kirchen im Dritten Reich"

Gedenkgottesdienste zum 20. Juli 1944

22.7.1995	mit Pfarrer i.R. Gottfried von Dietze – Gedenken an Prof. Constantin von Dietze –
21.7.1996	mit OKR. i.R. Konrad von Rabenau – Gedenken an General Friedrich von Rabenau (hingerichtet in Flossenbürg) –
1997	mit Gottfried Kunzendorf
19.7.1998	mit Superintendent i.R. Reinhard Kähler
18.7.1999	mit Superintendent i.R. Walter Delbrück – Gedenken auch an Justus Delbrück – (wie Ulrich von Sell nach Nazihaft im sowjetischen Lager Jamlitz verstorben)
16.7.2000	mit Pastorin Ellen Ringshausen geb. von Voss – Gedenken auch an Oberstleutnant i.G. Hans-Alexander von Voss –
10.1.2001	mit Superintendent Werner Krätschell anläßlich des 100. Geburtstages von Henning von Tresckow

Zu den seit 1984 regelmäßig durchgeführten Veranstaltungen zum Gedenken der Persönlichkeiten, deren Namen im Zusammenhang mit dem Bornstedter Friedhof stehen, war die Kirche stets überfüllt.

Generalsuperintendent Bransch, der 1984 die Eröffnungsrede zur Gedenkveranstaltung des 20. Juli in der Bornstedter Kirche hielt.

Günter Bransch

Das Zeichen der Umkehr[*]

Sehr verehrte Damen und Herren,
liebe Brüder und Schwestern!
Heute vor 40 Jahren, in der Zeit von 12.42 Uhr, wo die von Stauffenberg im
Führerhauptquartier Wolfsschanze deponierte Bombe explodierte, bis 22.50
Uhr, wo die Leitungsgruppe des Aufstandes im Bendlerblock in Berlin über-
wältigt wurde, liefen die Ereignisse ab, die unter der Bezeichnung „der 20. Juli
1944" in die deutsche Geschichte sowohl der Bundesrepublik Deutschland als
auch der Deutschen Demokratischen Republik eingehen sollten. Noch in der
Nacht zum 21. Juli wurden die ersten 4 Hauptbeteiligten erschossen. Bis in die
letzten Kriegstage hinein setzten sich diese Hinrichtungen fort. 7 000 Männer
und Frauen wurden wegen ihrer direkten oder indirekten Beziehungen zu den
Verschwörern des 20. Juli verhaftet. 4 980 von ihnen erhängt, erschossen und zu
Tode gequält. Unter den Opfern war auch Dietrich Bonhoeffer.
Auf dem Denkmal für die Opfer des 20. Juli an der Hinrichtungsstätte der
Hauptbeteiligten im Hof des Gebäudes in der Bendlerstraße stehen die Worte:

> *Ihr trugt die Schande nicht.*
> *Ihr wehrtet Euch.*
> *Ihr gabt das große,*
> *Ewig wache Zeichen der Umkehr*
> *Opfernd Euer heißes Leben*
> *Für Freiheit, Recht und Ehre.*

Sehen wir einmal von dem gewissen Pathos der Worte ab, so dürfte in der
drittletzten Zeile, wo vom „Zeichen der Umkehr" die Rede ist, das Stichwort
gegeben sein, unter dem wir am heutigen Abend hier in der Bornstedter Kirchengemeinde in Potsdam diese Gedenkveranstaltung begehen wollen.
Umkehr – nicht mehr als Rettung – wohl aber als Zeichen dafür, daß in aller
Verführung und unter allem Unrecht noch ein anderes wartete. Drei Gründe
veranlassen im besonderen zu diesem Zusammensein.

1. Auf dem Bornstedter Friedhof, auf dem so viele bedeutende Menschen
ihre letzte Ruhestätte gefunden haben, befinden sich auch zwei Gedenk-
steine, die an zwei Männer erinnern, deren Lebensweg und Lebensschicksal
mit dem 20. Juli eng verwoben waren. Der erste ist Kurt Freiherr von Plettenberg, Generalbevollmächtigter des vormaligen regierenden preußischen
Königshauses. Über ihn schreibt Fabian von Schlabrendorff („Offiziere gegen Hitler"):

---

[*] Vortrag in Bornstedt, 20. Juli 1984

> *Unter den Gefangenen in der Prinz-Albrecht-Straße befand sich damals auch Kurt von Plettenberg. Als er gezwungen werden sollte, die ihm bekannten Mitglieder der Verschwörung zu nennen, weigerte er sich. Man gab ihm noch 24 Stunden Überlegungszeit. Am Morgen früh hatte ich Gelegenheit, ihn noch einmal zu sprechen. Er schilderte mir seine Situation und sagte mit einem Lächeln auf den Lippen: „Ich werde mir selbst das Leben nehmen, ehe ich einen Namen nenne." Als er dann um die Mittagszeit in das im 4. Stock gelegene Vernehmungszimmer hinaufgeführt wurde, versetzte er dem vernehmenden Beamten einen Kinnhaken und sprang mit einem Satz aus dem Fenster hinaus, um eine Sekunde später auf dem Pflaster des Hofes zu zerschmettern.*

Der andere ist Ulrich von Sell, enger Vertrauter Wilhelms II. in Doorn, der ebenfalls über viele Kontakte zu den Verschwörern verfügte.

2. Die Bornstedter Kirche steht, sowohl als Bauwerk als auch als gottesdienstliche Stätte, in enger Beziehung zum preußischen Königshaus, damit zur preußischen Geschichte. Friedrich III. und Victoria haben als Kronprinzenpaar die Kirche ausgestalten lassen und hier am Gottesdienst teilgenommen. Auf beide waren gewisse Hoffnungen auf eine demokratische Entwicklung im neuen Preußen-Deutschland gerichtet, die sich durch den baldigen Tod Kaiser Friedrichs dann zerschlugen.

Nicht nur Plettenberg und Sell, auch andere Männer aus dem Kreis des 20. Juli entstammten preußischer Tradition und wußten sich ihr zu innerst verpflichtet. Etwa Henning von Tresckow, der als blutjunger Mann 17jährig während des ersten Weltkrieges in das Potsdamer 1. Garderegiment zu Fuß eintrat, dem späteren Infanterieregiment Nr. 9, von dem noch zu reden sein wird. Oder der 1943 verstorbene General der Infanterie von Brockdorff-Ahlefeldt, der als Stadtkommandant von Potsdam mit den Generälen von Witzleben und Beck am Beginn der Sudetenkrise 1938 den Sturz Hitlers plante.

3. Als Kirchengemeinde besteht der tiefste Anlaß zum Gedenken aber darin, daß unter den Männern des 20. Juli sich eine Mehrheit zum christlichen Glauben, zu den christlichen Fundamenten ihrer Existenz in Wort und Tat bekannte. Die Skala reicht von der christlich bestimmten humanistischen Gesittung und Bildung bis zum schlichten Christusbekenntnis und kirchlich geprägter Frömmigkeit, wie etwa bei den Brüdern von Haeften. Der eine, Werner, wurde mit Stauffenberg zusammen in der Nacht zum 21. Juli erschossen, der andere, Hans Bernd, am 15. August 1944 hingerichtet. Hans Bernd war Mitglied der Ev. Michaelsbruderschaft, ein Mann, der ganz für die Ökumene lebte. Es verwundert nicht, im Bereich der Zivilisten um den 20. Juli, vor allem auch im Kreisauer Kreis, evangelische und katholische Theologen zu finden. Bonhoeffer haben wir genannt. Neben ihm soll noch der Jesuitenpater Delp erwähnt werden, von dem ein Wort in diesem Jahr die Losung für den Katholikentag in München war: „Dem Leben trauen, weil Gott es mit uns lebt."

Das andere Preußen – das andere Deutschland

Umkehr ist immer ein ganzheitlicher Akt. Was an den Männern des 20. Juli immer wieder so anrührend und auch beunruhigend ist, ist die auf ihrem Wege immer deutlicher hervortretende Einheit von politischem, ethischem und religiösem Denken, Urteilen und Handeln. Eine Konsequenz und Geradlinigkeit, eine Abkehr von jeglichem Einerseits-Andererseits tritt hervor, in der vielleicht noch einmal etwas aufleuchtet von dem, was evangelisches, christliches Preußentum als Lebensform eigentlich gemeint hat. Hier in Potsdam, der Stadt, die zum abschreckenden Symbol für Preußen geworden war, soll darum diese Seite des 20. Juli angesprochen sein: die Umkehr zur wahren preußischen Lebensform als Zeichen in diesen Männern.

1945, in der Stunde des totalen Zusammenbruchs des sogenannten Dritten Reiches, wurde auch über das Zweite Reich, der Schöpfung Bismarcks, und damit über Preußen Gericht gehalten. Im Kontrollratsgesetz Nr. 46 vom 25. Februar 1947 wurde die Auflösung Preußens förmlich verfügt mit der Begründung, der preußische Staat sei „seit jeher Träger des Militarismus und der Reaktion in Deutschland gewesen". Dabei war den alliierten Siegermächten entgangen, daß Preußen – wie auch die anderen Gliedstaaten des Reiches – schon sein Ende gefunden hatte durch das Gesetz über den Neuaufbau des Reiches vom 30. Januar 1934. Nur das preußische Finanzministerium blieb damals erhalten, und sein letzter Minister, Johannes Popitz, gehörte zum weiteren Kreis der Verschwörer. Er wurde wegen dieser Zugehörigkeit verurteilt und am 2. Februar 1945 hingerichtet.

Die im Kontrollratsgesetz angedeuteten Anklagen – Militarismus und reaktionäres Wesen – sind nicht zu bestreiten. Was der alte Fontane sorgenvoll untergehen sah, das alte Preußen der Einfachheit, der Gradlinigkeit und Nüchternheit, war abgelöst worden durch Großmannssucht und Machtstreben, durch zügellosen Nationalismus und hemmungslose Selbstüberschätzung. Dennoch ist es nicht erlaubt, im Faschismus die gradlinige Fortsetzung preußischer Tradition zu sehen. Daß dies so ist, daß noch von einem anderen, einem wahreren Preußentum geredet werden kann, auch wenn es nun unwiderruflich und endgültig zur abgeschlossenen Geschichte geworden ist, verdanken wir nicht zuletzt auch den Männern des 20. Juli, ihren Familien und Freunden. In ihnen kommt eine andere Linie preußischer und deutscher Geschichte zum Tragen. Sie wird erkennbar etwa in der Toleranzpolitik des Großen Kurfürsten, der Preußen zu einer Heimstatt für Verfolgte und Vertriebene machte. (Im kommenden Jahr werden wir den 300. Jahrestag des Edikts von Potsdam begehen.) Sie kommt in den Staats-, Wirtschafts- und Bildungsentwicklungen unter Friedrich Wilhelm I. zum Ausdruck, unter dem Preußen zum modernsten Staat Europas wurde, nicht nur zu einer Großkaserne. Sie kommt in den Reformen nach der Befreiung vom Joch Napoleons zum Ausdruck: Unter den Reformern sind nicht wenige Namen zu finden, die auch im Kreis der Männer des 20. Juli vorhanden sind. Immer hat es in dieser anderen preußischen Tradition unabhängige Köpfe gegeben, Männer, die das Richtige für Preußen auch gegen Preußen taten. Symbolgestalt ist jener Offizier von der Marwitz geworden, der im Siebenjährigen Krieg einen Plünderungsbefehl Friedrichs II. verweigerte und deswegen den Abschied bekam. Er ließ auf seinen Grabstein schreiben: Wählte Ungnade, wo Gehorsam Unehre gebracht hätte. Ein Urenkel des Generals Yorck, der gegen den Willen Friedrich Wilhelm III. mit den Russen die Konvention von Tauroggen 1812 abschloß und damit den Befreiungskrieg eröffnete, findet sich als führende Figur im Kreisauer Kreis und an der Seite Stauffenbergs, mit dem er auch verwandtschaftlich verbunden ist. Preußische Beamte und Offiziere aus bekannten preußischen Familien hatten hervorragenden Anteil an der Widerstandsbewegung gegen Hitler. Wir finden unter den Opfern des 20. Juli neben dem süddeutschen katholischen Adel Namen alter preußischer Geschlechter wie Bernstorff, Dohna, Kleist, Lynar, Moltke, Oertzen, Schulenburg, Schwerin, Tresckow, Uexküll, Yorck. Noch in einer Gruppierung wie der sogenannten „Roten Kapelle" findet sich in Harro Schulze-Boysen ein Großneffe von Tirpitz, verheiratet mit einer Enkelin des Fürsten Eulenburg.

Hier sei noch einmal auf den Generalmajor Henning von Tresckow eingegangen. In seiner Biographie ist eigentlich alles zusammengefaßt, was über die Herkunft und Entwicklung dieser Männer des 20. Juli zu sagen ist. In Magdeburg 1901 geboren, macht er noch die letzten Jahre des Ersten Weltkrieges als Kriegsfreiwilliger mit und schließt seine Ausbildung als Offizier ab. Er unterbricht dann seine militärische Laufbahn, um einige Jahre in der Wirtschaft tätig zu sein. Dann ist er wieder Offizier in der Reichswehr, später in der Wehrmacht. Er durchläuft die verschiedenen Stufen einer militärischen Karriere und ist zuletzt 1. Generalstabsoffizier einer Armee in Rußland. Als Charakter, in seiner politischen Verantwortung und eindeutigen Entschlossenheit zum Kampf gegen Hitler ist er eine so außergewöhnliche und klar geprägte Persönlichkeit, daß auch die sozialistische Literatur zum deutschen Widerstand ihn ehrend nennt. Er ist ein früher Gegner Hitlers. Er hat in verschiedenen Anläufen auf den Sturz Hitlers hingearbeitet. Als er wieder an die Ostfront versetzt wird, übergibt er Stauffenberg seine Pläne, der sie dann fortführt. Mit ihm haben auch Dietrich Bonhoeffer, sein Bruder Klaus sowie sein Schwager Hans von Dohnanyi, der mit seiner Frau seit 1941 in Sacrow wohnte, Verbindung. Fabian von Schlabrendorff charakterisiert Tresckow folgendermaßen:

Was ihn zum Gegner Hitlers und des Nazismus gemacht hat, war nicht eine verstandesmäßige Überlegung, sondern sein Widerwille gegen alles, was der Wurzel der Gemeinheit entsprang. Er hat seine ganze Persönlichkeit in dem politischen Kampf eingesetzt und hat sich damit in der Geschichte der Widerstandsbewegung einen Platz in der ersten Reihe derer gesichert, die sich rühmen können, ihre Hand gegen Hitler und sein System erhoben zu haben.

Als das Attentat gescheitert war, war Tresckow sich über die Konsequenzen im klaren. Er wußte, daß die Gestapo nun auf ihn stoßen und aus ihm die Namen der Mitbeteiligten herauspressen würde. So wählte er den Freitod, und es gelang ihm noch, die Mitverschworenen dadurch zu schützen. Er machte einen Besuch bei einer Frontdivision, ging in das Niemandsland und täuschte dort ein Feuergefecht vor und tötete sich schließlich mit einer Gewehrgranate. Er galt als gefallen und wurde auf dem Gut seiner Eltern in der Mark beigesetzt. Später, als seine wahre Rolle erkannt war, wurde der Sarg wieder ausgegraben, nach Sachsenhausen gebracht und dort im Krematorium des KZ verbrannt. Aus dem denkwürdigen Abschiedsgespräch mit dem Freunde ist folgendes überliefert:

Am folgenden Tage, am 21. Juli 1944, nahmen Tresckow und ich Abschied voneinander. Hierbei war Tresckow vollkommen ruhig und gelassen. Er sagte: „Jetzt wird die ganze Welt über uns herfallen und uns beschimpfen. Aber ich bin nach wie vor der felsenfesten Überzeugung, daß wir recht gehandelt haben. Ich halte Hitler nicht nur für den Erzfeind Deutschlands, sondern auch für den Erzfeind der Welt. Wenn ich in wenigen Stunden vor den Richterstuhl Gottes treten werde, um Rechenschaft abzulegen über mein Tun und Unterlassen, so glaube ich mit gutem Gewissen das vertreten zu können, was ich im Kampf gegen Hitler getan habe. Wenn einst Gott Abraham verheißen hat, er werde Sodom nicht verderben, wenn auch nur zehn Gerechte darin seien, so hoffe ich, daß Gott auch Deutschland um unsertwillen nicht vernichten wird. Niemand von uns kann über seinen Tod Klage führen. Wer in unseren Kreis getreten ist, hat damit das Nessushemd angezogen. Der sittliche Wert eines Menschen beginnt erst dort, wo er bereit, ist für seine Überzeugung sein Leben hinzugeben".

Diese Worte bedürfen keiner Kommentierung. Sie sprechen für sich selbst. Hier tritt noch einmal ans Licht, was Preußentum auch war und hätte sein sollen. Der Schuldspruch der Geschichte gilt. Aber auch das Zeichen der Umkehr, das sühnende Opfer.

Inzwischen sind aus den Pauschalurteilen der Nachkriegszeit wieder differenziertere Wertungen Preußens geworden. Das Bewußtsein hat sich durchgesetzt, daß es in unserem Land auch Traditionsströme der Geschichte gibt, die nicht aus revolutionären Bewegungen stammen, gleichwohl aber einen positiven Beitrag zur nationalen und europäischen Geschichte geleistet haben. So gibt es auch in einem sozialistischen Land wie der DDR ein ernstes Bemühen, das progressive preußische Erbe zu rezipieren. In den Männern des 20. Juli, in allen, die der Widerstandsbewegung angehörten, ist die Brücke der Kontinuität zu dieser Geschichte angeboten. Mit Respekt kann hier auf die Dokumentation zum 20. Juli verwiesen werden, die am 18. Juli im Fernsehen DDR II ausgestrahlt wurde und in der die Witwen der führenden Männer des Kreisauer Kreises – Gräfin Moltke, Gräfin Yorck von Wartenberg, Frau Reichwein – zu Worte kamen.

Der Anruf des Gewissens

Was zum Bleibenden des 20. Juli gehört, seine Tiefe ausmacht, ist die Erinnerung daran, daß der Mensch seiner Verantwortung, die ihm auferlegt ist von Gott, nicht entrinnen kann. Er muß dem Anruf seines Gewissens standhalten und Antwort geben. Was diese so unterschiedlichen Männer und Frauen im Widerstand letztlich einte, was der tragende Grund ihrer Motive und Absichten war, ist mit diesem Wort umrissen: Anruf des Gewissens. Dies ließ sie auch dann weitermachen, als sie wußten, daß sie den Untergang Deutschlands, die Katastrophe durch den Sturz Hitlers nicht mehr aufhalten, ja nicht einmal mehr abmildern konnten. Auch dann, als erkennbar wurde, daß die Alliierten das in Casablanca beschlossene Programm unabdingbar durchführen würden, gingen sie ihren Weg bis zu Ende. Die ganze Spannung wird noch einmal deutlich in zwei Äußerungen, die Churchill vor dem englischen Unterhaus machte. Winston Churchill äußerte vor dem englischen Unterhaus am 2. August 1944:

> *„Beim 20. Juli handelt es sich um einen Fall, in dem sich die höchsten Persönlichkeiten des Reiches gegenseitig ermordeten."*

An gleicher Stelle sagte er 1946:
> *„In Deutschland lebte eine Opposition, die quantitativ durch ihre Opfer und durch eine entnervende internationale Politik immer schwächer wurde, aber zu dem Edelsten und Größten gehört, was in der politischen Geschichte aller Völker je hervorgebracht wurde. Diese Männer kämpften ohne Hilfe von innen oder außen, einzig getrieben von der Unruhe ihres Gewissens . . ."*

Die Dimension des Opfers war erreicht.

Verantwortung auf Grund des Anrufs des Gewissens vollzog sich für die Männer des 20. Juli auf einer dreifachen Eben:

1. Die Verantwortung des Kundigen und Zuständigen
Es hat unendliche Diskussionen gegeben unter den höheren Offizieren, ob sie nicht, weil sie wußten, wohin der Weg geht, zu handeln verpflichtet seien. Bei der Frage nach der Berechtigung des Putsches – immerhin waren es ja Männer, die aus preußischen Traditionen kamen, für die ein Putsch keine solche Selbstverständlichkeit wie für Südamerikaner oder Orientalen darstellte – spielte immer wieder die Verantwortung eine Rolle, die derjenige hat, der die Zusammenhänge durchschaute, der den verbrecherischen Kriegskurs Hitlers erkennen konnte. Und in der Tat gehört es mit zu dem Schlimmsten der damaligen Jahre, daß es Generäle gab, die wußten, daß es in den Untergang Deutschlands ging und die trotzdem ihr Fachwissen dafür herzugeben entschlossen waren.

2. Die Verantwortung dessen, der den ethischen Normen von Recht und Gerechtigkeit, Wahrheit und Menschlichkeit genügen will

Auch hier der einsame Weg, daß sie den Mut hatten, die Ungeheuerlichkeiten und Scheußlichkeiten zu sehen – und das ist der erste Schritt –, aus dem sich dann das Weitere ableitete, dies so nicht hinzunehmen. Diese Verantwortung spitzte sich auch und gerade bei der Frage nach Hochverrat und Tyrannenmord zu. Die Antwort war, daß gegenüber Hitler, der das Böse an sich war, auch Hochverrat und Tyrannenmord sittlich zu verantworten waren.

3. Die Verantwortung des einsamen Gewissens vor Gott

Es waren nicht ohne Grund viele der Männer um den 20. Juli in ihrem Wesenskern christlich geprägte Männer, die auch immer wieder den Dialog mit Theologen beider Konfessionen suchten. Sie konnten sich nicht mehr mit ihren Diensteid, ihrer Treuepflicht oder dem gegebenen Befehl und der damit vom Befehlsgeber übernommenen Verantwortung beruhigen. Vor Gott konnten und wollten sie damit nicht mehr operieren. Auch das Wissen darum, daß das deutsche Volk in überwältigender Mehrheit hinter Hitler stand, konnte sie nicht daran hindern, dem Aufruf des Gewissens zu folgen. So standen sie als einzelne einem ungeheuren Machtapparat gegenüber. Das schaurige Gegenbild, der „breite Weg", der zur Verdammnis führt, wurde von einem der Gedenkredner am 10. Jahrestag 1954 folgendermaßen beschrieben (Walter von Cube). Cube spricht von dem Funktionsmechanismus des modernen Staates und schildert dann:

> „So kam es, daß in dem Haus an der Bendlerstraße, in dem an die tausend Offiziere, Unteroffiziere, Mannschaften und Wehrmachtshelferinnen Dienst tun und in dessen Nachrichtenbunker zweihundert Angestellte arbeiten – daß in diesem Hause eine Handvoll Männer in der funktionellen Einsamkeit der Befehlsträger ohne zündende Parole, ohne flammende Ansprache, ohne Degen und Pistole, nur durch Fernschreiber und Telefon einen Staatsstreich ins Werk zu setzen imstande sind, den zu beginnen in einer anderen Epoche Regimenter nötig gewesen wären. Regimenter und eine fanatische Anhängerschaft. Die Leute in der Bendlerstraße waren niemandes fanatische Anhänger. Sie waren Maschinenteilchen, sie waren dem Apparat gehorsam. Am Nachmittag des 20. Juli arbeitet die große Kommandozentrale ohne zu stocken für die Verschwörer, am späten Abend gibt sie ebenso selbstverständlich die Gegenbefehle Remers und Keitels weiter. Die Wachabteilung am Haupttor wird nicht abgelöst. Es sind die Soldaten desselben Bataillons, die um 17 Uhr gegen die SS vorgehen und die um Mitternacht Oberst Stauffenberg, General Olbricht, Oberst Mertz und Oberleutnant Haeften an die Wand stellen. Der Apparat denkt nicht, fühlt nicht und handelt nicht. Er funktioniert."

Graf Moltke hat in einem Brief an einen Freund bekannt, daß diese letzte Verantwortung des Menschen, dieser Widerstand gegen die Totalität eines voll durchorganisierten, eines mechanisierten Staates nicht durchzuhalten ist, wenn es nicht in der gläubigen Bindung an Gott geschieht, der stärkere Wirklichkeit und verbindlichere Zuständigkeit ist. Moltke war der, der am konsequentesten Umkehr auch als religiöse Umkehr vollzog, so daß er im Abschiedsbrief feststellen konnte, daß Freisler, der Präsident des Volksgerichtshofes, ihn in vollem Bewußtsein als Christ zum Tode verurteilt habe. Freisler rief ihm zu: „Nur in einer Hinsicht ähnelt der Nationalsozialismus dem Christentum: Wir fordern den ganzen Menschen."

Das Gewissen rief nach der Tat der Umkehr. Die Verantwortung ließ aber auch nach einer möglichen Zukunft im Zeichen der Umkehr fragen. Dies war das eigentliche Thema des Kreisauer Kreises. Was konnte nach dem Ende kommen, sei es durch Umsturz, sei es durch den Sieg der Gegner im Kriege? Die Einzelheiten dieser Überlegungen der Kreisauer brauchen hier nicht zu interessieren, zumal sie kaum in der Nachkriegsgeschichte wirksam wurden. Die Blickrichtungen aber bleiben bemerkenswert. Die Kreisauer wollten selbst mit neuem gesellschaftlichen Verhalten anfangen. So waren Moltke und Wartenberg bereit, ihre Güter aufzuteilen. Die Christen, die politisch sozialdemokratisch oder konservativ orientierten Mitglieder im Kreis dachten viele sozialistische Gedanken und fanden über sie auch Zugang zu den Kommunisten. Eine große Grundgemeinsamkeit bahnte sich an. Den Fragen des Rechts wurde besondere Bedeutung beigemessen. Eine Gesellschaft, ein Staat kann nur frei sein in der Bindung an das Recht. Entscheidend aber war die Frage nach den sittlichen und religiösen Fundamenten der Gesellschaft. Die Kreisauer wußten, daß Politik und Ethik, Gesellschaft und Religion, Staat und Kirchen aufeinander zu beziehen waren. Sie waren davon durchdrungen, daß Recht und Gerechtigkeit, Freiheit und Würde des Menschen, Friede und Miteinander der Völker nicht zuerst Fragen der politischen Macht, sondern Fragen der menschlichen Gesinnung und der menschlichen Ethik sind. Vor allem zwei Aspekte der Kreisauer und ihrer Freunde bleiben eine Anfrage an unsere Zeit. Diese Männer konnten Schuld bejahen, sich zu Versäumnissen und Irrtümern der Geschichte bekennen, leidvolle Folgen daraus annehmen und dennoch umkehren und neue Gedanken der Gerechtigkeit, der Versöhnung und des Friedens denken. Sie konnten Visionen einer besseren Ordnung entwickeln. in diesen Männern fanden sich Offiziere, Gelehrte, Diplomaten, Politiker und Künstler zusammen, Christen und Humanisten, sozialistisch und konservativ bestimmte Persönlichkeiten, die von ihren jeweilig unterschiedlichen Positionen aufeinander zu denken konnten, angesichts der gemeinsamen Bedrohung und aus gemeinsamer Verantwortung. So fanden sie einen Grundkonsens, eine tragende Einheit untereinander. Die gewissensorientierte Verantwortung, die alle Männer und Frauen im gesamten Widerstand während des Dritten Reiches bestimmt hat, sie ist auch heute unverzichtbar und unausweichlich gegenüber den Grundfragen der Zeit. Ohne solche Gemeinsamkeit trotz gegensätzlicher Anschauung, ohne solche ethisch fundierte Verantwortung sind die Fragen von Krieg und Frieden, Gerechtigkeit und Freiheit, Erhaltung der Natur für künftige Generationen nicht zu lösen. Hier muß es eine Gemeinsamkeit der Wachen, der Nachdenklichen, der Verantwortlichen geben in allen Lagern und quer durch alle Lager hindurch, sonst haben wir keine Chance.

Den christlich bestimmten Männern des 20. Juli verdanken wir, zusammen mit den Männern und Frauen der Bekennenden Kirche, daß in den evangelischen Kirchen die naive Ineinssetzung von Thron und Altar, von gottgewollter Eigengesetzlichkeit des Staates und gottgewolltem fraglosem Gehorsam des Bürgers nicht mehr möglich ist. Ihnen verdanken wir, daß wir als Christen begriffen haben, Glaube ist nicht unpolitisch. Der Glaube macht nicht Politik im Sinne einer Partei, dies wäre Klerikalismus und Streben nach Machtbesitz, sondern er meint das Gewissen und die Verantwortung des Glaubens vor Gott in den Problemen der Gesellschaft und der Zeit. Dies zwingt dazu, auch und gerade im Glauben sich den Fragen zu stellen, Antwort zu geben angesichts des Hungers in der Welt, der Massenvernichtungsmittel und angesichts einer Natur, die in Todesqualen liegt. Ich denke, daß hier eine Gemeinsamkeit, eine Kontinuität zu entdecken wäre zu den Männern des 20. Juli. Sie besteht darin, den Anruf des Gewissens zu vernehmen und umzukehren, damit das Leben und die Zukunft gerettet werden können.

20. 7. 1984
Friedrich-Wilhelm Freiherr von Sell, damaliger Intendant des WDR Köln und späterer
Mitbegründer des ORB, auf dem Bornstedter Friedhof anläßlich der Aufstellung eines
Gedenksteines für seinen Vater Ulrich von Sell.

Manfred Stolpe im Gespräch mit Friedrich von Preußen nach einer Gedenkveranstaltung
in der Bornstedter Kirche 1988.

Friedrich-Wilhelm Freiherr von Sell

Ansprache[*]

Ich möchte Ihnen, zugleich im Namen meiner Familie, namentlich meiner Mutter, die heute fast 93jährig in Berlin-Dahlem lebt, dafür danken, daß ich Ihnen, der Gemeinde dieser Kirche, einige Informationen und Erklärungen geben darf zu einer kleinen Zeremonie, die soeben auf dem Friedhof in Anwesenheit von Herrn Pfarrer Kunzendorf sowie meines Sohnes Philipp und dessen Sohnes David stattgefunden hat. Gemeinsam haben wir eine Steintafel für meinen Vater Ulrich Freiherr von Sell aufgestellt, der am 18. 2. 1884 in Berlin geboren wurde und am 12. 12. 1945 gestorben ist. Diese Tafel also soll eine Erinnerung sein an ihn, dessen Grab nicht existiert. Er teilt damit das Schicksal zweier seiner im Ersten Weltkrieg gefallenen drei Brüder, an die gleichfalls ein Grabstein mit der Inschrift ihrer Namen hier erinnert. Allein die sterblichen Überreste eines der Brüder, des dritten, konnten in Bornstedt zur Ruhe gebracht werden, neben dem Grab seiner Eltern.

Ulrich von Sell also ist von heute an sichtbar einbezogen in die Erinnerung an seine Eltern und seine Brüder, eine Erinnerung, die weiter reicht und eine historische Dimension enthält.

Vier tiefe Brüche hatte dieses Leben wie das seiner Zeitgenossen zu bestehen. Der erste war der Beginn des Weltkrieges im Jahre 1914 mit seiner schicksalsschweren Niederlage, in der erst der hoffnungsvolle Aufbruch in eine Republik angelegt war, eine Republik, die von Anbeginn im Widerstand gegen viele Feinde um ihre Existenz kämpfen mußte. Sie zerbrach an der Diktatur mit erneutem Krieg, der in den vierten, den vollständigen Zusammenbruch im Frühjahr 1945 einmündete. Diesen letzten der vier Brüche hat Ulrich von Sell noch erlebt, gerade noch erlebt, den Aufbruch in Demokratie und Frieden nicht mehr. Als wieder zur Wehrmacht einberufener Offizier, Oberstleutnant, Leiter der Auslandsbrief-Prüfstelle in Berlin, ergaben sich seine ersten harten Konfrontationen mit dem Regime. Im September 1942 wurde er auf höchsten Befehl seines Postens enthoben, weil die antifaschistische Einstellung Ulrich von Sells, sein Einsatz für verfolgte Juden und antifaschistische Angestellte seiner Dienststelle untragbar geworden war, insbesondere aber, weil er die Einmischung des SD und der Gestapo in der Dienststelle nicht duldete.

Von nun an arbeitete Ulrich von Sell — neben seiner zivilen Tätigkeit in der Vermögensverwaltung für das Haus Hohenzollern — in der von Generaloberst Beck geführten Widerstandsbewegung in der Wehrmacht. Er nahm teil an den Besprechungen im Kriegsministerium in der Bendlerstraße und stand im engen Kontakt mit Admiral Canaris, General Oster, Stauffenbergs

[*] Bornstedt, 20. Juli 1984

Adjutanten Werner von Haeften, einem Neffen seiner Frau, und vielen anderen Teilnehmern der Verschwörung gegen Hitler. Einen Tag nach dem mißglückten Attentat wurde sein Haus in Berlin-Dahlem von der Gestapo durchsucht, die Familie verhört und am Tage darauf er selbst, der sich in der Erwartung eines geglückten Attentats außerhalb Berlins befand, verhaftet. Ulrich von Sell verbrachte neun Monate, d. h. den ganzen Winter 1944/45 in einer ungeheizten Zelle im Gefängnis Lehrter Straße in Einzelhaft. Sein erstes Verhör fand erst nach Wochen statt. Man hatte ihn „auf Eis gelegt", wie es hieß. Er gestand nicht und nichts. Am Karfreitag 1945 wurde er gemeinsam mit anderen Häftlingen unerwartet und ohne Begründung kurz vor der Eroberung Berlins durch die sowjetischen Truppen entlassen.

Die Turbulenzen und Verwirrungen, die alsbald das hartgeprüfte Berlin überzogen, verwehrten dem 61jährigen den Weg in das, was wir in unterschiedlicher Weise nach dem Zusammenbruch erlebt haben. Mitte Dezember des gleichen Jahres 1945 verstarb er, geschwächt durch die lange Haft in einem sowjetischen Lager in Jamlitz/Lieberose. Sein Grab existiert nicht resp. nicht mehr.

Den vierten Bruch also hat Ulrich von Sell erlebt, aber er hat ihn nicht überlebt. Er teilt damit das Schicksal der vielen Kämpfer im Widerstand und der Opfer des Krieges.

Die Erinnerungstafel, die wir heute aufgestellt haben, ist eine Erinnerung nicht nur an ihn und eine Lebenszeit mit vielen und schweren Brüchen. Sie ist zugleich eine Erinnerung an das Schicksal der vielen Frauen und Männer des Widerstandes, von denen die allermeisten das Ende des Krieges und der Gewaltherrschaft, die sie so dringend mit dem Einsatz ihres Lebens abzukürzen trachteten, nicht erlebt haben.

Es bedarf wohl nicht der Nachzeichnung des Lebens von Ulrich von Sell, den drei großen historischen Abschnitten, um zu verstehen, wo schicksalhaft für ihn die Härteproben zu bestehen waren. Konservativ geprägt, in der monarchischen Bindung gewachsen, gut vertraut mit den Kategorien von Befehl und Gehorsam, war doch sein Gewissen letztentscheidende Instanz für ihn geblieben. Er war nicht nur ein frommer Mann im Sinne der Kirche – er legte auch persönlich Zeugnis ab für den Pfarrer seiner Gemeinde, Martin Niemöller, vor der Öffentlichkeit und vor Gericht. Er empörte sich im bewußten Handeln gegen Gewalt und Unrecht, die in beispielloser Weise von dem Regime der Nazis ausgingen. Ich denke, es ist eine große persönliche Leistung, aus dem so festen und bestimmenden Wertgefüge einer Prägung, die ihm schon in jungen Jahren vor dem Ersten Weltkrieg und auch später Glück und Erfolg gebracht hatte, souverän herauszutreten und nach den Kategorien des eigenen Gewissens zu entscheiden, als ihm dies abverlangt wurde.

Sein Leben hat von Potsdam seinen Weg genommen. Es ist gut zu wissen, daß wenigstens in unseren Gedanken dieser Weg auf diesem schönen Bornstedter Friedhof in der Geborgenheit seiner Familie nach nunmehr 100 Jahren seinen nun sichtbar gewordenen Abschluß findet.

Albrecht Schönherr

Potsdam und Anni von Gottberg[*]
Erinnerungen aus der Zeit des Kirchenkampfes der Bekennenden Kirche

Warum gerade Potsdam?

Warum gerade Potsdam? Kirchenkampf der Bekennenden Kirche in der „Mark Brandenburg" – da denkt man an Dahlem und Pankow, an Sachsenhausen und Seelow; da leuchten Namen im Gedächtnis auf wie Martin Niemöller und Gerhard Jacobi, Martin Albertz und Kurt Scharf, Günter Harder und Wilhelm Groß, Günter Jacob und die beiden Arnims. Eine „vollständige" Liste bringen zu wollen, hieße denen nicht gerecht zu werden, die damals in der Verborgenheit einer kleinen Landgemeinde oder auch im Gefängnis die Wahrheit des Evangeliums mit ihrer Existenz bezeugt haben.

Bekennende Kirche in der Mark Brandenburg läßt uns daran denken, daß der Pfarrernotbund im Pfarrhaus Berlin-Dahlem ins Leben gerufen worden ist, als Eugen Weschke und Günter Jacob zu Martin Niemöller kamen, um zur Solidarität mit den nichtarischen Pfarrern zu mahnen. Der Pfarrernotbund war die Keimzelle der Bekennenden Kirche (BK). Wir erinnern uns daran, daß in demselben Dahlem bereits am 7. März 1934, ein paar Tage nach der Rheinischen, eine erste freie Synode unserer Kirchenprovinz tagte – ein wichtiger Schritt zur I. Bekenntnissynode der Deutschen Evangelischen Kirche in Barmen Ende Mai 1934. Im Oktober fand dann, wiederum in Dahlem, die II. Bekenntnissynode statt, in der das kirchliche Notrecht verkündet wurde. Solche Ereignisse werden in einer Geschichte des Kirchenkampfes in der Mark Brandenburg gewürdigt werden. Hier sollen Erinnerungen aufgeschrieben werden, Erinnerungen eines „Zeitzeugen". Warum gerade Potsdam? Es könnte ja auch von Brandenburg, Pankow, Frankfurt die Rede sein, und gewiß auch von anderen Städten und Landgemeinden. Mit Potsdam verbinden mich eine Fülle persönlicher Erinnerungen. Hier absolvierte ich mein Lehrvikariat (Oktober 1933 bis Oktober 1934), hierhin sandte mich im November 1934 der Bruderrat, nachdem er sich der Bekennenden Kirche unterstellt hatte, als „Prädikant", um beim Aufbau und der Organisation der Potsdamer Bekenntnisgemeinden behilflich zu sein. In Potsdam fand ich als junger Kandidat herzliche Aufnahme durch Frau Anni von Gottberg, die mir geistliches Refugium gewährte und den Mittagstisch bei befreundeten Familien vermittelte. Gut ein halbes Jahr dauerte diese Prädikantenzeit, aber bis fast in die Zeit des Kriegsendes geht der Briefwechsel mit Anni von Gott-

---

[*] Nachdruck mit Genehmigung des Autors und des Verlages Ev. Verlagsanstalt Leipzig, 1991

Emmi Bonhoeffer am 20. Juli 1989 auf dem Bornstedter Friedhof im Gespräch mit Altbischof Albrecht Schönherr.

berg. Ihm in der Hauptsache verdanke ich nicht nur die Kenntnis von Entscheidungen und Nöten des Kirchenkampfes in Potsdam, sondern auch einen tiefen Einblick in ein Herz, das lichterloh für die Sache Jesu Christi brannte und seinen Auftrag mitten in dem widerspruchsvollen Geschehen der damaligen Zeit, in den erfreulichen und unerfreulichen Ereignissen des Kirchenkampfes, erkannte und durchgehalten hat.

Potsdam ist auch darum geeignet, als Exempel für den Kirchenkampf in der Mark Brandenburg zu dienen, weil die dortigen Gemeinden (es ist nur von den Gemeinden der Innenstadt die Rede) eine breite Palette der Verhältnisse unter den Bedingungen dieses Kampfes zeigen. Die Erlöser-Friedensgemeinde hat sich der Kirchenleitung des Provinzialbruderrates unterstellt. In der Heiliggeistgemeinde wirkte neben einem Bekenntnispfarrer ein Deutscher Christ (DC), sie hat sich nicht der BK angeschlossen. Die Pfingstgemeinde bekam nach der Emeritierung von Pfarrer Krummacher, dem Vater des späteren Greifswalder Bischofs, einen entschiedenen DC-Pfarrer. Es lebte dort aber und hielt sich bis zum Kriegsende, ebenso wie in Heiliggeist, eine lebendige Bekennende Gemeinde. Die Nikolaigemeinde bekam nach der Emigration des bekenntnistreuen Superintendenten Görnandt nach Kopenhagen einen besonders scharfen DC-Superintendenten. Neben ihm amtierte ein „neutraler" Pfarrer. Die Bekennende Gemeinde dort hatte es sehr schwer. In einer kirchlich wachen Stadt wie Potsdam war kein Platz für eine Gemeinde, die vom Kirchenkampf überhaupt keine Notiz nahm. Solche Gemeinden gab es in der Kirchenprovinz Mark Brandenburg nicht wenige. In Potsdam wurde am 21. März 1933 der neugewählte Reichstag eröffnet. Für dessen evangelische Mitglieder hielt der zuständige Generalsuperintendent D. Dibelius einen Gottesdienst in der Nicolaikirche. Der Staatsakt in der Garnisonkirche, bei dem sich der neue Reichskanzler vor dem Reichspräsidenten, dem Generalfeldmarschall von Hindenburg, verbeugte, beruhigte viele Christen im ganzen Deutschen Reich: Nun sei dafür gesorgt, daß christliche Tradition und nationaler Aufbruch Hand in Hand gingen. In der Chronik der Pfingstgemeinde heißt es lakonisch-kritisch: „Anbruch des Zeitalters des Nationalsozialismus".

Die Verhältnisse in Potsdam

Die Kirchenwahlen des Sommers 1933 brachten durch die massive Propaganda der Nazipartei und ihres „Führers" und durch die lau-abwartende Haltung vieler Pfarrer und Gemeinden einen überwältigenden Sieg der Deutschen Christen. Anders war es nur dort, wo sich ein Pfarrer oder ein Gemeindekirchenrat eindeutig und klar für die Liste „Evangelium und Kirche" einsetzte. Diese Liste errang in der Erlöser-Friedensgemeinde die Mehrheit. Das ermöglichte die spätere Unterstellung unter den Bruderrat. Für die Pfingstgemeinde liegen genaue Zahlen vor. 1692 Stimmen wurden abgegeben (die Gemeinde hatte laut Pfarralmanach 6 500 Mitglieder), davon entfielen auf die Liste „Evangelium und Kirche" 842, auf die der Deutschen Christen 850 Stimmen. Das Verhältnis der beiden Gruppen in der Gemeindevertretung war daraufhin 16:16, im Gemeindekirchenrat jedoch 2:3, also eine Mehrheit für die Deutschen Christen. Diese nutzten ihren Vorteil mit brutaler Konsequenz aus. In einem Beschluß ihrer Fraktion vom Oktober 1935 erklärten sie, sie wollten „keine Reaktionäre und Querulanten mehr"; bei allen fälligen Nachwahlen und Personalentscheidungen würden sie nun nur noch die eigene Liste berücksichtigen. So kommt es, daß 1945 nur noch der Listenführer der Liste I im Amt ist.

In der Pfingstgemeinde ging Pfarrer Krummacher am 1. Oktober 1933 in den Ruhestand. Eine Vakanz trat ein. Es kam zu erheblichen Kämpfen um die Nachfolge. Die deutschchristliche Fraktion wollte mit allen Mitteln ihren Kandidaten, einen uckermärkischen Pfarrer, durchbringen. Die Wahl wurde durchgesetzt, obwohl die Bekennende Gemeinde aufgrund des Bewerbungsschreibens Einspruch erhob. In diesem hieß es: „Die Aufgabe der DC sehe ich darin, daß sie dem Führer und seinem Werk den Christus schenken, den er ersehnt" – im Rahmen des „von unserem Führer begonnenen Erlösungswerkes". Die Bekennende Pfingstgemeinde berief im Dezember 1934 einen Gemeindebruderrat.

Der Gemeindekirchenrat der Friedens-Erlösergemeinde unterstellte sich am 5. März 1935 dem Provinzialbruderrat der Bekennenden Kirche. Das bedeutete: Abbruch der Beziehungen zur „offiziellen" Kirche, also auch zum Superintendenten, Sammlung der Kollekten ausschließlich nach dem Plan der BK, Abführung der Umlagen aus dem Kirchensteueraufkommen auf ein Sperrkonto der BK. Die deutschchristliche Fraktion verließ unter Protest den Gemeindekirchenrat, der dadurch handlungsunfähig wurde. Seine Befugnisse wurden nun durch den Gemeindebruderrat wahrgenommen.

Mitte 1935 gab es in Potsdam 2 017 eingeschriebene Mitglieder der Bekennenden Kirche. Noch bis 1937 hören wir von Neuaufnahmen, und zwar in beträchtlicher Zahl. Die Büroräume der Potsdamer Bekennenden Gemeinden befanden sich in dem CVJM-Haus in der Junkerstraße. Dort hatten auch die Vikare, Prädikanten und Hilfsprediger der BK ihre Anlaufstelle. Das soziale Gefüge der Innenstadtgemeinden wies – wie sollte es anders sein – einen starken Anteil des Adels und der höheren Beamtenschaft auf. Potsdam war ja nicht nur königliche Residenz gewesen, sondern weiterhin Sitz der Verwaltung des gleichnamigen Regierungsbezirkes. Außerdem gab es in der Stadt der Parks und Seen besonders viele Pensionäre. Allenthalben wurden in den Bekenntnisgemeinden Bibelkreise gebildet. Sie kamen in den Häusern zusammen. Es wurde von jedem Glied der BK erwartet, daß es einem Bibelkreis angehörte. Es gab davon in Potsdam mindestens 20.

Kleine und große Ereignisse

Es waren ja nicht immer die ganz großen Bekenntnisfragen, die den Kampf der Bekennenden Gemeinden ausmachten. Der Kirchenkampf konkretisierte sich in den kleinen Entscheidungen des Alltags. Ob man zu seinem Herrn stand oder nicht, entschied sich manchmal an ganz banalen Fragen. So war immer wieder der Kampf um das Kollektenrecht Gegenstand der Auseinandersetzungen. In der Pfingstgemeinde gab es ein jahrelanges Ringen um Räume für die BK-Gemeinde. Endgültig aus den kirchlichen Räumen hinausgedrängt, wich sie zuletzt mit ihren Gottesdiensten in die kleine Kirche der Evangelisch-Lutherischen Gemeinde (Altlutheraner) in der Behlertstraße aus. Der Kampf um die Pfarrstellenbesetzung kostete der BK-Gemeinde viel Zeit und Kraft. Bezeichnend war, daß die Kirchenbehörde dem Einspruch nicht etwa wegen der Ungeheuerlichkeiten in dem erwähnten Bewerbungsschreiben Rechnung trug, sondern wegen einiger formaler Fehler bei dem Wahlvorgang. Die Wahl wurde wiederholt, der Pfarrer endgültig installiert.

Die Erlöser-Friedensgemeinde war durch die Entsendung eines recht unangenehmen deutschchristlichen Pfarrers in einer besonders schwierigen Situation. Es kam zu unerfreulichen Szenen zwischen den Pfarrern, bei denen auch Verbalinjurien ausgetauscht wurden. Der Bekenntnispfarrer ließ sich zu einem Vergleich herbei – das Konsistorium hatte ein Disziplinarverfahren angedroht. Mitglieder des Bruderrates, unter ihnen Frau Anni von Gottberg, wollten von Vergleichen nichts wissen, wenn es um die Wahrheitsfrage ging. Verhaftet wurde der BK-Pfarrer, als er die von den staatlichen Organen verbotenen BK-Kollekten dennoch abkündigte; er war aber nur kurze Zeit im Gefängnis. Der deutschchristliche Pfarrer wurde von den vom Staat zur Befriedung der Kirche berufenen Kirchenausschüssen pensioniert, aber bald wieder voll eingesetzt.

Die Protokollbücher der Gemeindebruderräte zeigen das redliche Bemühen, die Sache der Bekennenden Kirche bis zur Neuordnung durchzuhalten.

Belastender als alle staatlichen und staatskirchlichen Bedrückungen waren die vom Reichsminister Kerrl 1935 berufenen Kirchenausschüsse. Kerrl versuchte, aus den „gemäßigten" Kreisen beider „Kirchenparteien" angesehene Persönlichkeiten zu gewinnen, die den Frieden in der Kirche wiederherstellen sollten. Die „Radikalen" kamen natürlich nicht in Frage. Diese Maßnahme traf eine im ungewohnten Kampf bereits ermüdende Pfarrerschaft. So sahen nicht wenige, die bisher treu zur Bekennenden Kirche gehalten hatten, in den Ausschüssen, die für alle kirchlichen Ebenen gebildet wurden, eine mögliche Lösung. Die Wahrheitsfrage trat in den Hintergrund. Die Beschlüsse von Barmen und Dahlem waren nicht mehr so wichtig. Auch in Potsdam kam es dazu, daß einer der Pfarrer den Bruderräten absagte. Da er in der Gemeinde recht beliebt war, gab es schwere Krisen. Trotzdem ist es bemerkenswert, daß es während der Zeit der Kirchenausschüsse kaum Austritte aus der Bekennenden Kirche gab. Die Tätigkeit des Reichskirchenausschusses endete im Februar 1937, der Staat kündigte Kirchenwahlen an. Dieses Vorhaben wurde jedoch im letzten Augenblick abgesagt. Die Staatsführung rechnete sich wohl keinen überwältigenden Sieg für ihre Interessen aus.

Der Potsdamer Kirchenkampf war nicht reich an spektakulären Ereignissen. Als im März 1935 im Reich über siebenhundert Pfarrer gefangengesetzt wurden, weil sie gemäß den Weisungen des Bruderrates eine Kanzelerklärung gegen das Neuheidentum verlesen wollten, war das Potsdamer Gefängnis in der Lindenstraße voller Geistlichkeit. Wie auch anderenorts spielten Posaunen und sangen Chöre vor dem Gefängnis. In Potsdam kam aber die besondere Mahnung hinzu, die halbstündlich von den Glocken der nahen Garnisonkirche erklang: „Üb' immer Treu und Redlichkeit" und „Lobe den Herren".

Eine besonders kritische Situation kam jedoch im Zusammenhang mit dem staatlichen Verbot der BK-Kollekten im Sommer 1937. Die Bekennende Kirche hatte sich in einer Kanzelabkündigung am 9. Juni dagegen gewehrt. Diese wurde im Gottesdienst der Heiliggeistgemeinde durch den Hilfsprediger Kunkel verlesen. Er wurde durch den DC-Pfarrer dieser Gemeinde bei der Gestapo angezeigt und verhaftet. Was sich in dem darauffolgenden Fürbittgottesdienst abspielte, entnehmen wir am besten original einem Brief von Anni Gottberg an mich.

Sie schreibt am 16. 7. 1937: „Am Donnerstag also wurde Kunkel verhaftet, (er) hatte B. (der BK-Pfarrer der Gemeinde) in Heiliggeist vertreten und die Kanzelabkündigung verlesen. Der Küster hatte H. (DC-Pfarrer) gemeldet, der an T. (Superintendent), nächster Weg Gestapo, er sitzt in der Lindenstraße ... In der Behlertstraße (Altlutherische Kirche) verlief alles glatt ..., aber in Heiliggeist kam es zum bösen Gefecht. H. von Dietze (Volkswirtschaftler an der Universität, später Präses der EKiD-Synode) fing an, das Gleiche zu tun (Verlesung der Kanzelabkündigung), als der Küster es ihm verbot, redete weiter, da es unmöglich wurde, stimmte er ‚Erhalt uns, Herr' an, Gemeinde fiel ein, T. (Superintendent) brüllte, das ist eine Gotteslästerung, sang zu Ende, der Bruderrat verließ die Kirche, gefolgt von der Gemeinde. T. schrie, bleiben Sie, Pfarrer W. (führender Mann der DC) wird sprechen. (Die Gemeinde:) Wir wollen keinen Irrlehrer. Kurz, er blieb wutschnaubend allein mit seinen Thüringer Deutschen Christen (die radikalste Gruppe der DC). Draußen konnte D. alles sagen, verlas dann Kanzelabkündigung, gemeinsames Vaterunser. Ich war in ‚Frieden' (Friedenskirche), wo Z. sehr gut sprach und alles Geschehen der Gemeinde bekanntgab – W. (BK-Vikar) durch Motorrad übermittelt – Kollekte mit Altarrundgang für die Kandidaten. Ich sollte Wache stehen, falls Gestapo käme, es geschah nichts. Feine Kollekte aus 5-, 2-, 1-Markstücken ... Nachmittags kam ... unsere Pfarrgehilfin – arbeitet sehr ordentlich über ganz Potsdam – mit Fräulein von D., Vater wäre um 5 abgeholt, wußte nicht, wo. Ich läutete die Stapo an, tat sehr dumm, erst als ich energisch wurde, durfte ich raten, daß D. dort wäre. Dann bekam ich zum Glück Scharf telefonisch ... und am Nachmittag wollte er herauskommen ... ein Segen, daß ich Telefon habe ... D. ist auch

Lindenstraße, hat Lese- und Schreiberlaubnis, Bibel; hat Haftbeschwerde eingelegt. Ihm wird vorgeworfen Hausfriedensbruch, Störung des Gottesdienstes, Verstoß gegen Verbot von Versammlungen unter freiem Himmel. Behandlung gut, man soll ihm viel schreiben, tue es gleich und bitte Sie, das Gleiche zu tun..."

„Wenn Gott mich nur leiden kann..."

Aus dem oben mitgeteilten Brief erfährt man einiges über diese Frau von Gottberg. Wer war sie? Woher kam sie?

Anni von Gottberg, geborene von Selchow, wurde am 7. Mai 1885 geboren. Ihr Großvater von Selchow war eine Zeitlang preußischer Landwirtschaftsminister unter Bismarck, er war in Pommern begütert. Ihr Bruder Bogislav von Selchow ist als Dichter bekanntgeworden. Ihre erste Ehe wurde geschieden. Ihr zweiter Ehemann war Oberregierungsrat. Er starb 1938. Anni von Gottberg wohnte noch bis 1955 in Potsdam und war weiterhin Mitglied ihres Gemeindekirchenrates. Schwer erkrankt, siedelte sie zu ihrem Sohn nach Hamburg über und starb dort am 9. Juli 1958. Sie wurde auf dem traditionsreichen Bornstedter Friedhof bei Potsdam beigesetzt. Wo und wie sie zu einer so intensiven Verbindung zur Kirche und zu einer so großen Liebe zur Bekennenden Kirche kam, ist nicht bekannt. Wer ihr in den Jahren des Kirchenkampfes begegnete, konnte nur staunen über dies glühende Herz, über diesen unglaublichen Mut, über diese Tatkraft, mit der sie oft genug an ihre Grenzen stieß.

Einige Auszüge aus den rund fünfundzwanzig Briefen, die in meinem Besitz sind. 14. 5. 1935: Frau von Gottberg hat schwere Sorgen wegen der Überführung der evangelischen Jugendvereine in die Hitlerjugend. Sie spricht von dem Vertrag, „den wir natürlich nicht halten können". Für den Juni wird ein, nun inoffizieller und unerlaubter Jugendtag geplant und, trotz der Warnungen von Bekenntnispfarrern, durchgeführt.

Daß sie so geartet, immer wieder einmal mit ihren Pastoren Meinungsverschiedenheiten hatte, war wohl unvermeidlich. Es waren keine schlechten BK-Pastoren damals in Potsdam. Verständlich, daß sie auf Ausgleich und auf Gewinnung noch nicht Entschiedener bedacht waren: „Wer aus der praktischen Gemeindearbeit kommt, muß anders urteilen, als wenn er von einem ‚idealen' Standpunkt aus denkt." Anni von Gottberg verwahrt sich gegen den Vorwurf eines wirklichkeitsfernen Idealismus: „Hier in Potsdam soll es nur schwelen, nicht brennen."

Auf eine Frage von Präses Scharf, ob sie schon Mitglied des Kreisbruderrates sei, antwortet sie: „Ich bin für Potsdam das rote Tuch."

16. 5. 1935: Ihr BK-Gemeindepfarrer K. hatte schwere Vorwürfe gegen den DC-Pfarrer an der gleichen Kirche erhoben. Das Konsistorium will ein Disziplinarverfahren gegen K. eröffnen. Frau von Gottberg schreibt einen Rundbrief an die BK-Gemeinde, in dem sie für ihren Pfarrer eintritt. Dieser

Brief wird dem DC-Pfarrer zugespielt. Er reicht ihn sofort an das Konsistorium weiter. Pfarrer K. ist wütend und erklärt den Brief „für einfach dumm". Frau von Gottberg: „Muß nicht die Gemeinde für ihren Pfarrer eintreten?"

15. 8. 1935: Ein besonders „radikales" Mitglied der Bekennenden Gemeinde wirft ihr vor, daß sie trotz allem immer noch zu ihrem BK-Pfarrer halte. Sie antwortet: „Es sieht ganz ernst aus, wir wollen aber Seine fröhlichen Leute bleiben."

24. 1. 1936: Hans Asmussen, einer der ganz Prominenten der BK, kommt zu einem Vortrag, in dem er den Kirchenausschüssen in aller wünschenswerten Deutlichkeit absagt. Wie wohl dieses klare Wort mitten in die Unsicherheit hinein, die sich auch in Potsdam ausgebreitet hat, der Frau tut, die nur nach der Wahrheit fragen will! Im persönlichen Gespräch sagt Asmussen ihr: „Fahren Sie fort, Ihren Pastoren aufs Dach zu steigen!" Das wird sie auch tun. Nun hat sie wieder neuen Mut.

Mit einem Mitglied des Provinzialbruderrates aus Potsdam hat sie einen Disput über die Kirchenausschüsse. Der sieht nur einen Unterschied in der Taktik: Die Römisch-Katholische Kirche sei gerade durch Taktik zum Sieg gekommen. „ja, wollen wir denn Kardinäle und Jesuiten züchten?" Der Kampf macht einsam. Die Potsdamer machen ihr manchen Kummer. „Ich bin allein auf weiter Flur. Was sind wir Menschen – wenn Gott mich nur leiden kann!" „Jesus trägt die Dornenkrone, darum müssen auch wir den schweren Weg gehen." Ein BK-Superintendent hatte ihr vorgehalten: „Wir dürfen den Rausch auf der anderen Seite nicht durch einen Gegenrausch bekämpfen." Frau von Gottberg darauf. „Verstehen denn die Menschen nicht, daß man sein Leben einsetzen kann für eine gute Sache, und noch dazu die Kirche?"

Sie fühlt sich (Brief vom 1. 2. 1936) als „einsamer Vorposten in Potsdam... ja, den Unfrieden bringe ich... Der Weg ist vielen unbequem. Menschen können mich nicht verstehen. Ich will ja nur meinen Weg im Gehorsam gehen, weiter nichts." Sie will nicht „radikal" sein, sie weiß sich nur als „Gefangene" des Rufes Christi: Folge mir nach. Auch in der Familie hat sie immer wieder einmal Kämpfe zu bestehen: „Das Schwert schneidet unsere Familie durch."

Am 9. August 1936 berichtet sie über einen Vortrag Bonhoeffers, offenbar den gleichen, den er bei der Olympiade in Berlin gehalten hat – Thema: „Das innere Leben der deutschen evangelischen Kirche". Sie ist sehr beeindruckt. Heiter stimmt die Bemerkung: Bonhoeffer „sieht so aus, als ob er nicht älter sein kann als seine Vikare."

Den Beschluß möge ein Brief vom 24. Februar 1944 bilden, der mir ins Feld nachgesandt wurde. „Für die Berliner, die die Losungen der Brüdergemeine lesen, war es beweglich, daß am Tage nach dem schweren Angriff vom 15. 2. die Losung hieß: ‚Heute erkennen wir, daß der Herr unter uns ist' (Josua 22). Wie dankbar können wir doch sein, glauben zu dürfen! Ja, danken, das ist m. E. noch das Hauptanliegen jetzt für uns, denen es noch so unerhört gut geht. Danken, daß Potsdam bisher noch verschont blieb, daß man noch sein Haus, seine Wohnung mit der inneren Gemütlichkeit hat, danken, daß man noch satt wird und seine warme Stube hat, nicht zu vergessen die Gesundheit, daß man dadurch noch arbeiten kann. Es kommt mir immer durch den Sinn: Herr, was hat Dich bewogen, daß Du mich vorgezogen? Zu danken habe ich auch, daß ich in die Gemeinde geholt werde, nicht bloß aus irgendwelchen Gründen, sondern aus dem einen, der Anfang und Ende unserer Arbeit ist. Ich finde das alles ganz unerhörte Gnade, und dadurch wird einem trotz der bitterernsten Zeit das frohe Herz für den Tag geschenkt. Kurz, ich werde überall gebraucht."

Sie hat noch bittere Zeiten erleben müssen, die Zerstörung Potsdams, die eigene schwere Krankheit. Wer sie gekannt hat, kann sich vorstellen, daß sie auch dann noch mit dem Kirchenvater hat beten können:

„Herr, ich danke dir für alles."

Ludwig Freiherr von Hammerstein-Equord

Ansprache vom 18. Juli 1994 in der Kirche Bornstedt

Voller Bewunderung, daß eine solche Veranstaltung bereits seit zehn Jahren hier stattfindet – also lange vor der Wende –, darf ich den Dank auch namens der Stiftung „Hilfswerk 20. Juli 1944" aussprechen. Wir haben vor 1989 immer davon gehört; aber insbesondere ich selber konnte damals nicht ohne weiteres hierher kommen, als einstiger Intendant des RIAS Berlin hätte man mich von gewisser Seite hier nicht so gern gesehen.

Nun bin ich als Zeitzeuge geladen. Ich bin kein Historiker, möchte aber mit dem Zitat des Historikers Karl Ottomar von Aretin beginnen, das ich vor einigen Tagen anläßlich seines 70. Geburtstags in der Zeitung fand: „Unsere Zukunft hängt davon ab, daß wir nicht in Unkenntnis der Vergangenheit die Zukunft versuchen." Wie ich das las, dachte ich gleich, das mußt du diesem Auditorium sagen – und ich freue mich, daß Frau von Aretin heute hier ist.

Meine Erinnerungen eines Zeitzeugen darf ich beginnen mit einem Tag vor über fünfzig Jahren. Am 25. Februar 1943 kam ich von Berlin nach Potsdam. Ich war als junger Leutnant an der Front in Rußland und schon so verwundet, daß ich nicht mehr felddienstfähig war. Deswegen hatte ich das Glück, zum Studium kommandiert zu sein, wurde aber immer von dem Ersatzbataillon 9 Potsdam - ich war im Januar 1940 dort eingetreten und ausgebildet worden - zu den Casinoabenden eingeladen. Diese Treffen waren für die Anwesenden in jeder Beziehung nützlich, um nicht zu sagen wertvoll. Es wurden sehr gute und auch kritische Vorträge gehalten und man traf alte und neue Kameraden. An diesem Abend traf ich mit Fritz Dietlof Graf von der Schulenburg zusammen, der regelmäßig als Reserveoffizier des Regiments 9 kam, er war im Reichsernährungsministerium in Berlin tätig. Er nahm mich im Verlauf des Abends beiseite und sagte: „Hammerstein, sind Sie bereit, an einer Aktion gegen den Führer teilzunehmen?" Ich war etwas erstaunt, er machte das kurz und bündig und erläuterte gar nichts. Ich antwortete ebenso kurz: „Natürlich, mach ich." Und er sagte darauf: „Dann sorgen Sie dafür, daß Sie noch mehr junge Offiziere zusammenbringen, die die gleiche Haltung wie Sie haben, denn wir haben zu wenig." Das war alles.

Ich überlegte, wie kommt dieser Fritzi Schulenburg, wie wir ihn nannten, dazu, mir eine solche Frage so knapp und kurz zu stellen? Ich erinnerte mich daran, daß ich ja schließlich den Namen Hammerstein trage, und er natürlich wußte, daß ich der Sohn des Generals und früheren Chefs der Heeresleitung war, der in allen Kreisen der damaligen Opposition als einer der entschlossensten Gegner des Naziregimes und Hitlers galt. Ich war 23 Jahre alt und hatte schon mit offenen Augen und offenen Ohren die Jahre der Nazizeit miterlebt, die Erschießung des Generals von Schleicher hier in Babelsberg, des Generals von Bredow und die Anstrengungen meines Vaters, die Heeresführung und den Reichskriegsminister von Blomberg zum Einschreiten zu bewegen, sich das nicht gefallen zu lassen. Und die Ereignisse im Jahr 1938, ich war damals im Herbst im Reichsarbeitsdienst und bekam keinen Urlaub zum 60. Geburtstag meines Vaters. Ich erhielt aber einen Brief meiner Mutter, der mir diesen Tag beschrieb. Es waren u. a. anwesend General Halder, der damals die Geschäfte des Generalstabs führte – Beck war schon zurückgetreten – und General von Stülpnagel, Oberquartiermeister Eins, der hier in Potsdam mit seiner Familie wohnte; seine Familie ist nach dem 20. Juli 1944 hier verhaftet worden und mußte eine Zeitlang im Stadtgefängnis Potsdam einsitzen.

Ich war davon überzeugt, diese Herren denken so wie wir, sie werden nicht marschieren, wenn es soweit ist. Wir wissen, daß es damals nicht dazu kam, weil Großbritannien und Frankreich einlenkten und Hitler entgegenkamen. Mit dem Münchner Abkommen war diese Chance verpaßt. Zwar war die Bevölkerung ganz allgemein gegen einen neuen Krieg eingestellt, denn der erste Weltkrieg war allen noch im Gedächtnis. Und es hätte die Gelegenheit bestanden, Hitler zu stoppen, bevor er den neuen Krieg begann und damit zumindest zu Beginn des Krieges einigen Ruhm erlangte. Es wäre uns allen und der Welt viel erspart geblieben.

Auch sind mir Gespräche in Erinnerung geblieben, die zwischen meinem Vater, dem General Beck und dem General Wilhelm Adam geführt wurden, drei zu Beginn des Krieges entlassene Generaloberste. Sie waren wohl auch der Anlaß eines Eintrags in mein Notizbuch unter dem 5. September 1939: Dieser Krieg ist als ein Verbrechen zu bezeichnen, in dem wir alle untergehen werden.

Zurück zum Jahr 1943: Ich hatte schon im Januar ein Gespräch mit dem alten Bataillonsführer meines Reserveregiments 178, von Willisen. Mit Bezug auf die Katastrophe von Stalingrad, die uns allen vor Augen stand, sagte er mir: „Hier bleibt nur ein Handeln der Soldaten." Jedoch im Felde wurde nicht gehandelt, weder der Feldmarschall von Manstein noch der Feldmarschall Paulus handelten. Es wurde vielmehr bis zum Letzten gekämpft, obwohl das alsbald sinnlos war. Auch das führte dann zu mehr oder weniger konkreten Planungen. Die Vertreter des zivilen Widerstands hatten immer wieder gemeint, sie könnten allein nicht handeln, sie brauchten die Generäle, ohne das Heer sei nichts zu machen. Man darf sich auch nicht der trügerischen Auffassung hingeben, die Masse des deutschen Volkes hätte damals schon begriffen, wie die Lage tatsächlich ist. Die Propaganda von Goebbels und die Reden Hitlers waren einigermaßen geschickt. Die Zeitungen durften nur das schreiben, was offiziell verkündet wurde. Ich habe damals Radio London und die BBC gehört und vom Schweizer Sender Beromünster gute Kommentare aufgenommen. Dadurch und durch die Gespräche erklärter Gegner hatte ich mehr Informationen als viele andere. Man muß bedenken, daß schon das Weitergeben einfacher Informationen sehr gefährlich war und dazu führte, daß Menschen dafür verhaftet wurden und zu Tode kamen.

Schulenburg hatte mir bedeutet, ich solle mich umsehen, wo wir mehr junge Offiziere herkriegen. Ich bin zu einem gegangen, den er mir namentlich genannt hatte, und dieser sagte, das sei ja völlig richtig, aber die Nazis sollen sich alleine zum Ende begeben, man soll da nicht eingreifen. Er war nicht bereit mitzumachen.

Einen anderen guten Freund, mit dem ich viele Feste gefeiert hatte, und noch einen weiteren Potsdamer Leutnant, Ulrich von der Wiese und Kaiserswaldau, der später leider gefallen ist, fragte ich, ob sie bereit sind, etwas zu tun. Ich habe ihnen die militärische Lage geschildert, die Antwort meines Freundes war: „Also weißt Du, Du bist ja ein Vaterlandsverräter, eigentlich müßte ich Dich anzeigen." Aber das war unter Kameraden, noch dazu wenn sie sich mochten, nicht üblich. Er tat es nicht. Uli Wiese sagte nichts, wir blieben aber in Kontakt. Er meldete sich jedoch wieder freiwillig an die Front, obwohl auch er so verwundet war, daß er das gar nicht mehr brauchte. Es war mir nicht möglich, es ihm auszureden. Das muß man auch verstehen, wir jungen Leutnants waren mit der Truppe, mit der Kompanie, mit unseren Kameraden so verbunden, daß wir immer glaubten, man müsse wieder draußen sein und den Kameraden helfen, unnötige Verluste zu vermeiden, sie davor bewahren, durch wildgewordene Vorgesetzte in sinnlose Situationen geschickt zu werden.

Schon im März traf ich Fritzi Schulenburg wieder. Nun bedeutete er mir, es würde vorläufig nichts. Der Versuch, Hitler in seinem Flugzeug mittels einer als Präsent deklarierten Bombe, in die Wege geleitet durch Fabian von Schlabrendorff und Henning von Tresckow, in die Luft zu sprengen, war fehlgeschlagen. Und so ging es fort, es passierte eigentlich bis zum 20. Juli bzw. bis zum 11. Juli 1944 nichts. Wir jungen Leute taten unseren Dienst, ich betrieb mein Studium in Berlin. Wir trafen uns, redeten mit vielen Leuten, nicht aber über eine Aktion, denn das war viel zu gefährlich.

Anfang Juli erreichten uns Hinweise, wir sollten bereit sein. Wir gingen daraufhin unsere Pistolen anschießen, denn die haben wir natürlich in der Zwischenzeit nicht benutzt. Der erste Termin, der festgelegt wurde, war der 11. Juli. Ich war davon nicht betroffen, weil die Mitteilung, die Georg Sigismund von Oppen bei mir zu Hause hinterlassen hatte, meinem Bruder in die Hände kam, der ebenfalls im Rang eines Oberleutnants war und von den Dingen wußte. Er arbeitete für Goerdeler und studierte in Leipzig. Er ging zu dem festgesetzten Termin, nicht direkt in die Bendlerstraße, sondern in deren Umgebung, und wartete etwa zwei Stunden, dann bekam er die Nachricht, es sei nichts passiert. Hitler war nicht genügend lange anwesend gewesen und vor allem seine beiden Hauptmitarbeiter Göring und Himmler nicht am Ort. Die Tat wurde verschoben.

Am 15. Juli war es dann wieder soweit. Wir saßen mehrere Stunden im Hotel Esplanade. Es war nervenaufreibend, aber dann kam die Nachricht unseres Verbindungsmannes Ewald Heinrich Kleist, wir sollten nach Hause gehen. Wir gingen, wir schossen weiter Pistole und warteten auf den nächsten Termin.

Am 18. Juli, ich war eingeladen zu einem Essen, das eine alte Dame für ihre Freunde gab, trafen Kleist und ich den Hauptmann Graf Schwerin, den Vater des heutigen Polizeipräsidenten. Er winkte Kleist zu sich und sagte ihm, am 20. sei es so weit. Am 19. Juli bekamen wir eine Bestätigung und saßen am darauffolgenden Tag wieder im Hotel Esplanade. Am Nachmittag wurden wir abgerufen. Auf dem Weg zur Bendlerstraße sagte mir mein Freund Georg Sigismund von Oppen noch: „Merk Dir den Weg, da geradeaus ist die Schwedische Gesandtschaft, die bringen Leute raus, wenn es notwendig ist." Später erfuhr ich, daß die Schweden verfolgte Juden selbst in Koffern per Flugzeug aus Deutschland geschafft haben, Oppen wußte offenbar davon.

In der Bendlerstraße wurden wir eingeteilt und trafen auf Fritzi Schulenburg, Schwerin und andere. Wir waren fest davon überzeugt, daß Hitler tot ist und die Sache anläuft. Wir glaubten, im Falle von Hitlers Tod machten auch die Feldmarschälle mit, denn das hatten sie wiederholt zugesagt, insbesondere der Herr von Kluge. Aber es erwies sich ja dann, daß Hitler davongekommen war. Das sprach sich rasch herum. Die hohen Militärs standen nicht mehr zur Verfügung.

General Olbricht, Stauffenberg und die anderen wußten natürlich, daß jetzt weiter gehandelt werden müsse, im Sinne des Tresckowschen Wortes, es muß gehandelt werden, egal was es bringt – die Welt muß wissen, daß es in Deutschland eine Opposition gibt und Kräfte, die die Verbrechen nicht mehr mitmachen wollen.

Wir handelten, wir verhinderten einiges, was im Stabe vor sich ging. So habe ich den stellvertretenden Kommandierenden General Berlins verhaftet, den Oppen schon einmal festgesetzt hatte, der jedoch immer wieder versuchte, uns zu entwischen. Er fragte mich auf den Kopf zu, wem ich eigentlich den Fahneneid geschworen habe. Ich gab darauf keine Antwort in der Überzeugung, daß einem, der so denkt, nicht mehr zu helfen ist. Wir waren nicht zum Überreden hier, sondern zum Handeln.

Der gleiche General schickte mich so zwischen 22 und 23 Uhr zu Generaloberst Beck, ich möge doch feststellen, wo er über Nacht bleiben solle. Da er inzwischen einigermaßen friedlich geworden war und auch einen Ordonnanzoffizier bei sich hatte, der von den Vorgängen im Generalkommando berichtete, verließ ich ihn. Auf dem Flur traf ich Beck, den ich aus meinem Elternhaus kannte – es war vorgesehen, daß ich später sein Ordonnanzoffizier werden sollte. Er sagte über den General: „Der Kerl soll bleiben, wo er ist. Ein weiteres Gespräch mit ihm lohnt sich nicht."

Auf dem Rückweg ging Stauffenberg begleitet von seinem Ordonnanzoffizier Haeften vor mir. Sie verschwanden im Vorzimmer von Olbricht. Ich blieb einen Moment stehen. Es waren plötzlich viele Offiziere um mich herum, alle gut bewaffnet mit Maschinenpistolen und Handgranaten. Mein Freund Dr. Hans Fritzsche, der auch aus Potsdam gekommen war, flüsterte mir noch zu, daß Hitler tatsächlich das Attentat überlebt habe. Das Wachbataillon mache nicht mit, die ganze Sache werde schwieriger. Die bewaffneten

Offiziere versuchten, mich in das Vorzimmer von Olbricht zu drängen. Ich kam dem nicht nach, weil ich ja zurück zu „meinem" General wollte. Als ich schon auf dem Weg dorthin war, fielen auf einmal mehrere Schüsse. Ich ging hinter einem Schrank in Deckung und zog meine Pistole. Ein Oberstleutnant im Generalstab neben mir, der mir schon aufgefallen war, weil er irgendwie ungewöhnlich aussah, raunte mir zu: „Lassen Sie stecken, es hat doch keinen Zweck!" Ich überlegte noch, wo der Mann einzuordnen sei, und beobachtete den dunklen Flur. Ich sah, wie Stauffenberg sich einmal um sich selber drehte und sein Ordonnanzoffizier ein oder zwei Schüsse abgab. Dann verschwand Stauffenberg, es wurde still. Die Tür mir gegenüber ging auf, der Oberstleutnant von der Lancken, auch ein Potsdamer Reserveoffizier und Adjutant Olbrichts, wollte auf den Gang treten. Sofort hatten die beiden Offiziere neben mir ihre Pistolen in der Hand, auch der kleine Oberstleutnant. Von der Lancken überblickte das schnell und schlug die Tür wieder zu. Mir wurde klar, die beiden in meiner Nähe sind von der Gegenseite. Der Oberstleutnant beorderte alle Umstehenden an das Ende des Ganges. Mit der Waffe in der Hand stieß er hervor, es sei hier ein Putsch gegen den Führer im Gange, der mit dem Fahneneid nicht zu vereinbaren sei. Alle Anwesenden sollten ihm zur Verfügung stehen. Der ebenfalls hinzukommende Ordonnanzoffizier des von mir festgesetzten Kommandierenden Generals wurde harsch gefragt, was er hier treibe. Er antwortete, er sei die Ordonnanz des Generals und war damit salviert. Mich überkam ein furchtbarer Schreck, denn ich mußte damit rechnen, nun auch gefragt zu werden. Zwar hatte ich mir auf Anraten meines Freundes Ewald Heinrich Kleist die Neun von der Schulter entfernt, weil er meinte, wenn man die Neun drauf hat, dann weiß jeder sofort, wo man steht. Erstaunlicherweise wurde ich nicht gefragt. Statt dessen wurden die Anwesenden eingeteilt, Gänge und den Treppenaufgang zu sperren, der Rest solle in die obere Etage folgen.

Es war mir schnell klar, daß unsere Sache nicht zu retten war. Ich hätte um mich schießen und den befehlenden Oberstleutnant erschießen können, doch was wäre damit gewonnen? Ich kannte die Örtlichkeit genau, schließlich war die Bendlerstraße unsere Wohnung während der Zeit, in der mein Vater Chef der Heeresleitung war. So kam ich glücklich aus dem Gebäude, fuhr nach Hause und weckte meine Mutter und meinen jüngeren Bruder. Ich mußte sofort untertauchen, denn ich hatte eine Tasche mit einer zweiten Pistole und mit meinem Namen im Vorzimmer von General Olbricht zurückgelassen. Die Gestapo würde umgehend nach mir suchen.

Im ersten Moment fiel mir eine junge Dame ein, Fräulein von Steinrück, die in Berlin Medizin studierte. Kleist und ich waren mit ihr befreundet. Wir wußten, daß sie mit Hitler nichts im Sinn hatte. Ich klingelte sie mit Mühe heraus. Schnell hatte ich mein erstes Quartier. Das war auch sehr nötig, denn schon am frühen Morgen stellte sich die Gestapo bei uns daheim ein.

Neun Monate hatte ich in Berlin als Untergetauchter, als Fahnenflüchtiger, als vielfach Gejagter zu überdauern. Und mir ist das im Gegensatz zu vielen anderen auch gelungen, besonders durch die große Hilfe verschiedener, mir vordem unbekannter Menschen. Durch meinen älteren Bruder, der am Tag des Attentats nicht in Berlin war, kam ich zur nächsten Unterkunft. Ein Kriegskamerad von ihm wohnte in der Oranienstraße 36 über einer Drogerie. Er und seine Frau waren befreundet mit der Tochter des Drogisten aus einer gut katholischen Familie, die auch schon von Deportationen bedrohten jüdischen Frauen Unterschlupf geboten hatte. Frau Witte, die Frau des Drogisten, holte mich anderentags bei Bärbel Steinrück ab. Ich hatte natürlich Zivil angelegt. Der aktive Offizier Friedel Augustin, mit dem ich an der Technischen Hochschule zusammengetroffen war, auch ein entschiedener Nazigegner, bot mir an, in der elterlichen Wohnung einer Cousine von ihm unterzukommen. Die Cousine wiederum hatte eine Freundin aus der gemeinsamen Zeit im Lette-Haus. Diese Eva Wittgenstein, sie lebt noch, war zur Zwangsarbeit verpflichtet, ihr Vater als Jude schon nach Theresienstadt deportiert, stellte mir eine Laube in Köpenick zur Verfügung.

So wurde ich immer wieder empfohlen und weitergereicht an Menschen, die ich zuvor nie gesehen hatte, so auch an einen jungen Mann, der in der Kantstraße eine Wohnung hatte, oder an eine Schauspielerin in der Motzstraße 10, die eine große Liebe zu allem Russischen hatte. Als ich mich bei ihr vorstellte, damit sie mich erkannte, wenn ich mal überraschend bei ihr auftauchen sollte, traf ich eine jüdische Dame, Miß Rose, eine Amerikanerin, die nach Deutschland gekommen war, um jüdischen Freunden zu helfen. Nach dem Eintritt Amerikas in den Krieg tauchte sie in Berlin unter. Bei ihr erhielt ich Englischunterricht. Auch sie hat den Krieg überlebt.

Die Suche nach mir und meinem Bruder, der im Rheinland untergetaucht war, wurde immer schärfer. Die drei Kameraden, mit denen ich in der Bendlerstraße war, waren verhaftet und wurden ständig vernommen. Sie verhielten sich sehr geschickt. Man konnte ihnen die unmittelbare Beteiligung an der Attentatsvorbereitung nicht direkt nachweisen. Dr. Herbert Meier, der Kommandeur des Ersatzbataillons 9, hatte zwei von ihnen sofort zu einem Kriegsgerichtsrat geschickt, vor dem sie ihre verschleiernden Aussagen festmachten. Als der Termin für ihre Verhandlungen vor dem Volksgerichtshof schon feststand, wurden sie Ende November plötzlich entlassen. Ewald Heinrch Kleist, dessen Vater ebenfalls verhaftet und schon zum Tode verurteilt war, kam überraschend frei. Damit sollte womöglich auch Druck auf die Brüder Hammerstein ausgeübt werden, ihre Verstecke aufzugeben. Meine Mutter und meine Schwester wurden zur selben Zeit verhaftet. Unser jüngerer Bruder war schon längst in Gewahrsam genommen worden, auch weil mein Name im Zusammenhang mit dem Versuch auftauchte, mir falsche Papiere zu besorgen. Mein Freund Friedrich Karl Reichenau, Sohn des einstigen Feldmarschalls, hatte, wie ich wußte, immer Blankopapiere bei sich. Über eine Freundin in Berlin sollte ihm ein Paßbild von mir zugeleitet werden. Das ist herausgekommen, die Freundin wurde verhaftet und meinem Bruder gegenübergestellt. Der kam mit dem Argument nicht durch, es habe sich hier wohl um eine Freundin seines Bruders gehandelt. Das Mädchen kam schließlich frei, mein Bruder blieb in Haft.

Unsere Lage war doch sehr gefährlich. Ich wußte durch einen nächtlichen Kurzbesuch in unserem Haus, um mir Wintersachen zu holen, und durch ein Gespräch mit meiner kleinen Schwester, daß meine Mutter davon unterrichtet war, daß wir Brüder uns nicht stellen wollten. Die Familie war einverstanden mit unserem Dasein als Untergetauchte. Hinzu kam auch noch die Bedrohung durch die anhaltenden Bombenangriffe, die auch die Verborgenen betraf.

Im April 1945 wurde ich von den Russen befreit. Ich habe es wirklich als eine Befreiung empfunden und auch viele menschlich handelnde russische Offiziere und Soldaten getroffen. Dann wurde ich von den Russen doch erst einmal festgesetzt und dem Ortskommandanten vorgeführt. Der sprach deutsch und hatte vom Hitlerattentat am 20. Juli gehört. Ich sagte ihm, wer ich wirklich war und konnte es auch mit meinem echten Führerschein belegen. Auf dem Dokument wurde ein russischer Vermerk gemacht. Ich entging damit weiteren russischen Vereinnahmungen. Ganz anders als der „Vater Sell", der aus dem deutschen Gefängnis heraus von den Russen wieder verhaftet wurde und schließlich zu Tode kam.

Zu großen Teilen sind unsere Erlebnisse in den beiden Erinnerungsbüchern meines Bruders in den 60er Jahren festgehalten. Oft werde ich gefragt, ob wir jungen Leute uns die Konsequenzen unserer Entscheidungen und Handlungen so klargemacht hätten wie unsere älteren Kameraden. Wir waren junge Soldaten, die mit Gefahren zu leben gelernt hatten. Wenn man für das Vaterland sterben kann, so kann man auch gegen Hitler sein Leben lassen. 1944 war der Krieg klar verloren. Vielleicht wäre es gelungen, eine Antihitler-Regierung zu behalten und damit die Teilung unseres Landes zu verhindern. Aber wahrscheinlich ist das bei den schnell aufbrechenden Gegensätzen zwischen Ost und West gleich nach dem Krieg auch nicht.

Zum Schluß darf ich Theodor Fontane zu Wort kommen lassen. Ich habe den Satz in einer Geschichte des Infanterieregiments 9 zitiert gefunden und zwar in dem Kapitel, das die Beteiligung der Offiziere des Regiments am 20. Juli 1944 und an der Gegnerschaft zu Hitler beschreibt:

„Löst das Staatsoberhaupt sich von seinem Schwur, sei es aus Wahnsinn, Verbrechen oder anderen Gründen, so entbindet es mich des meinen."

So Fontane, geschrieben 1878 in „Vor dem Sturm":

Ich finde es bemerkenswert, daß schon vor mehr als 100 Jahren Gedanken geäußert wurden, die uns 1944 umtrieben.

Hermann Priebe

IR 9 Ersatzbataillon

Ein Erlebnisbericht

Potsdam, ein sonniger Tag Anfang August 1944, Wachoffizier beim Ersatzbataillon 9 in der Priesterstraße. Zum Kommandeur befohlen, nach meiner Bereitschaft befragt, den Kriegsgerichtsrat zu einer Vernehmung nach Berlin zu begleiten. Zur Abgabe der Pistole aufgefordert.
Als wir zum Bahnhof über den Platz am Stadtschloß gehen, klingt das Glokkenspiel der Garnisonkirche: Üb immer Treu und Redlichkeit –
Bei der Gestapo Meinekestraße 10 der Wache gegen Quittung abgeliefert. Vernehmungen ohne Ergebnis, Kellerzelle im Reichssicherheitshauptamt, Albrechtstraße. Am anderen Tag neue Vernehmungen, Verlegung ins Zuchthaus Lehrter Straße. Im Aufnahmeraum Tafeln mit den Namen der Häftlinge: Das waren die großen Namen der preußischen Geschichte – ‚ich bin hier nicht in schlechter Gesellschaft –‘.
Weitere Vernehmungen durch SS-Obersturmbannführer Neuhaus, der spätere Landesbischof Lilje hat ihn aus der Erinnerung an seine Vernehmungen als eine besondere Verkörperung des Bösen dargestellt – er war es in einer sehr raffinierten Form, mit dem Ergebnis: ‚Wir geben Ihnen Zeit zur Besinnung!‘
Einzelzelle über einige Monate. Heute nennen sie das Isolationsfolter. Wir waren etwas weniger wehleidig, nahmen das als eine besondere Art der Frontbewährung, dachten, es hätte noch schlimmer kommen können.
Einzige Berührung mit anderen Menschen: der Kalfaktor, ein ‚Ernster Bibelforscher‘, als Kriegsdienstverweigerer Dauerhäftling, der täglich den Kübel entleert. Als der Posten eines Tages abgelenkt wird, flüstert er mir zu: Gott hat uns gesagt, daß wir durch große Trübsal gehen müssen, er zeichnet uns dadurch aus.
Der Trick mit den Tagebüchern von Werner von Haeften zog nicht, die angedrohte persönliche Gegenüberstellung mit Fritz Schulenburg und Hans Haeften war nach ihrer Hinrichtung in Plötzensee nicht mehr möglich. –
Nach Monaten in der Zelle, an einem Dezembertag, einem anderen SS-Führer vorgeführt: Der Führer bietet Ihnen die Möglichkeit, die Verbindung mit den ‚Verbrechern‘ vom 20. Juli an der Front im Osten wiedergutzumachen.
Unser IR 9 lag auf der Halbinsel Sworbe, der Südspitze der bereits vom Feind eroberten Insel Oesel im Kurland-Kessel. Hitler hatte befohlen, die Insel bis zum letzten Mann zu verteidigen.
Am Abend mit der S-Bahn nach Potsdam zur Meldung beim Ersatz-Bataillon 9. Als ich am Stadtschloß über die Brücke gehe, erklingt wieder das Glockengeläut der Garnisonkirche. Da heulen die Sirenen auf. Der Verkehr stockt, ich gehe allein durch die Stadt, übers Bornstedter Feld auf mein Haus in Bornim zu.

Potsdam –
Ende Mai /
Anfang Juni 1933
IR 9 auf dem Wege vom
Bornstedter Feld zur
Kaserne Priesterstraße
(Kreuzung: Bornstedter Straße–
Historische Mühle –
Schopenhauerstraße)

❶ Hauptmann von Taysen, Chef der
   II. Kompanie (1. Weltkriegskamerad von
   Kurt Schumacher, nach 1945 Mitarbeiter
   Schumachers)

❷ Oberstleutnant von Brocksdorf-Ahlefeld
   Bataillonskommandeur I. Bataillon

❸ Oberleutnant von Tresckow,
   Bataillons-Adjutant

❹ Kurt
   Schumacher
   als Zuschauer
   (ca. 1–2
   Wochen
   vor seiner
   Verhaftung)

❺ Leutnant Graf von Baudissin
   Zugführer 1. Zug 2. Kompanie

Da begann die Flak zu schießen, einzelne Splitter rascheln in den Zweigen der großen alten Bäume. Ich war fern dem allen, ging meinen Weg wie im Traum, wie von höheren Mächten in dies Wunder der plötzlichen Freiheit geleitet, in einer nachtwandlerischen Sicherheit: Mich wird nichts treffen als was sein muß – so soll es unser großer König einst gesagt haben, als man ihm riet, Schutz zu suchen.

Am anderen Morgen Meldung beim Ersatzbataillon 9 in Potsdam. Zum Kommandeur befohlen. Wo kommen Sie her? Herr Major, ich habe strikten Befehl, darüber nicht zu sprechen. – Danke, das genügt mir, und nach einer kurzen Pause: Wenn Sie daher kommen, haben Sie gewiß zu Hause einiges zu ordnen, ehe Sie an die Front gehen. – Jawohl, Herr Major. – Zum Adjutanten Helmuth Gottberg: Können wir eine Woche Arbeitsurlaub geben? Wenn Herr Major befehlen!

Dann kamen schlimme acht Tage – zwar wie in einem tiefen Rausch, im Hochgefühl der unerwarteten Freiheit – aber zugleich tief getroffen von allen Nachrichten, vom Geschehen in den vergangenen Monaten,

– dem Verlust der Freunde, der Männer, mit deren Tod viele Hoffnungen erloschen waren,
– dem Stand der Front,
– der lähmenden Stille in den Trümmern von Berlin, mein Zimmer im Reichsernährungsministerium war nicht mehr da, der Flur endete am Abgrund,
– den wissenden Blicken der Menschen, die aber nichts zu sagen wagten.

Acht Tage später, Mitte Dezember 1944, in Danzig. Im Winternebel auf einem Transportschiff, im Geleitschutz deutscher Torpedoboote mit Nachschub für die eingeschlossene Kurland-Armee.

Inzwischen wurde unser Regiment 9 in der 23. Märkischen Grenadier-Division auf der Insel Oesel vernichtet. Wir hörten im Wehrmachtsbericht das Ende, den ‚Rückzug‘, von der Halbinsel Sworbe, und kamen wenige Stunden danach an der Leitstelle in Windau an. Von dem Bataillon, für das wir bestimmt waren, kehrten in einem der letzten Sturmboote ein Leutnant, ein Unteroffizier, ein Mann als Verwundete zurück.

Auf dem Rückweg durch die Winterstürme der Ostsee gehörten wir zu den Letzten, die auf den alten Wegen der Wikinger, Ordensritter, Hanseaten, Schweden noch den Weg zurück nach Europa finden konnten –

In Ostpreußen eine Atempause. Mit einem neuen Aufgebot junger Rekruten aus dem Westen erstand das Regiment 9 zum letzten Mal – unter den Fahnen seiner Traditionsregimeter der Preußischen Garde hatten drei Generationen meiner Vorfahren gekämpft –, aber die Tradition war mißbraucht, der geistige Halt verloren, es galt nur noch, das Ende mit Haltung zu bestehen –

Im Januar 1945 lagen wir in Masuren. Da kamen Unglück und Not über das Land – mit dem Dröhnen der russischen Geschütze begann der letzte Akt dcr Katastrophe, der nächtliche Himmel im Osten wies blutrot auf das Kommende –

Vergeblich warteten wir in einem Transportzug auf die Fahrt zum Einsatz, einen Tag, eine Nacht, die Strecke war vom Feind abgeschnitten, gesprengt –

Dann marschierten wir zwei Tage, zwei Nächte und waren ohne Ziel im Kessel –

Dann ging es an Gefallenen vorbei, wir wußten nicht, würden deutsche oder russische Mütter und Frauen um sie weinen, wir hatten die gleiche Tarnuniform und das gleiche Schicksal –

Am Rande einer kleinen Stadt unter einem fahlen Winterhimmel. Ich stand auf der Anhöhe, die rote Backsteinmauer der alten Ordensburg im Rücken, ich sollte eine zerschlagene Kompanie ablösen und das Kommando in diesem Abschnitt übernehmen –

Der Melder, ein schmaler junger Unteroffizier mit den Silberstreifen des Fahnenjunkers erklärte die Lage: dreihundert Meter vor uns ein russisches MG, in den Gärten rechts die Panzer, und hinter uns das Chaos – wie kommen wir da heraus, sagte er –

Dann ging ich durch den Abschnitt, mir anvertraut. Von wem anvertraut? Durch Befehl, ja hierher gestellt, aber das war nicht genug. – Verantwortung für die restlichen sechzig Männer meiner Kompanie, für diesen Abschnitt der Front? Das reichte alles nicht, hier galt nicht mehr die Überzeugung, unsere eigene Lebensordnung zu verteidigen, wir fühlten uns von einer nicht mehr anerkannten Macht sinnlos eingesetzt und also zwischen den Fronten geopfert. Und so hieß es ganz einfach: vom Schicksal hierher gestellt, ging es um die alte Menschheitsfrage: wer bist Du, und wie nimmst Du das an, das Dir nun aufgetragen ist?

Dann stand ich vor dem russischen Panzer, der Schütze spielte mit seiner Kanone, so stark fühlte er sich, ich spürte seine Augen auf mir, er war Herr über mein Leben –

Aber war er es wirklich? Über uns stand nicht nur die Sonne in einem fahlen Winterhimmel, vielleicht war es doch so, daß ohne den Willen eines Höheren kein Sperling vom Dach herunterfiel –

Dann erzitterte die Luft von der ,Stalinorgel'. So mußte es sein, wenn sich die Schlünde der Hölle öffneten.

Da gab es bald keine Kompanie mehr, keine Kameraden, wer noch lebte, war irgendwo in Deckung, Befehle konnten niemanden mehr erreichen –

Ich stand allein. Da sprang der Regimentskommandeur aus einem Panzerfahrzeug mit gezogener Pistole auf mich zu: Wo ist Ihre Kompanie? Mir war, als ob der Schrei dieser militärischen, dieser deutschen Katastrophe selbst die Stalinorgel übertönte.

Ich stand allein, blickte verwundert in die Mündung seiner Pistole, auf das Ritterkreuz an seinem Hals, ich war allein, aber voll im Bewußtsein dieser Situation –...

Da schlug die Granate neben mir ein. Kann man spüren, das menschliche Bewußtsein zu verlieren, in die Tore einer anderen Welt einzutreten – und wiederzukehren in die Welt der Schmerzen, der Kälte? Und dennoch eine Welt, in der uns höhere Kräfte durchdringen –

Aber nun galt kein Befehl mehr. Der Abschied von den letzten Männern der 1. Kompanie in den Schneelöchern war zugleich der Abschied von einer ganzen Welt, die mit dem Infanterie-Regiment 9 und seiner preußischen Tradition zugrunde ging.

Mitglieder des Widerstandskreises aus dem IR 9

Neben Henning von Tresckow und Fritz-Dietlof Graf von der Schulenburg werden von Ines Reich in ihrem Beitrag „‚Graf Neun‘ und der 20. Juli 1944"[*] folgende Mitglieder dieses Potsdamer Regiments zu den mitverschworenen Offizieren des IR 9 gezählt:

    Oberstleutnant Hasso von Boehmer
    Major Axel Freiherr von dem Bussche-Streithorst
    Hauptmann Dr. Hans Fritzsche
    Oberleutnant Helmuth von Gottberg
    Oberleutnant Ludwig Freiherr von Hammerstein
    Oberstleutnant d. R.
        Carl-Hans Graf von Hardenberg-Neuhardenberg
    Generalleutnant Paul von Hase
    Leutnant Ewald Heinrich von Kleist
    Oberst Hans Otfried von Linstow
    Hauptmann Friedrich Karl Klausing
    Major d. R. Ferdinand Freiherr von Lünick
    Major d. R. Herbert Meyer
    Leutnant Georg-Sigismund von Oppen
    Feldwebel d. R. und OA Prof. Hermann Priebe
    Oberst Alexis Freiherr von Roenne
    Oberstleutnant Gerd von Tresckow
    Oberstleutnant i. G. Hans-Alexander von Voß
    Hauptmann d. R. Achim Freiherr von Willisen

Zu denken ist auch an:
    Kurt Freiherr von Plettenberg
    Graf von Sponeck
    Richard Freiherr von Weizsäcker u. a.

---

[*] Ines Reich: „‚Graf Neun‘ und der 20. Juli 1944" in „1000 Jahre Potsdam"; Potsdam 1992

Ellen Ringshausen

Predigt im Gedenkgottesdienst zum „20. Juli 1944"*

1. Petrus 3, 12 – 17
4. Sonntag nach Trinitatis 2000

Die Gnade unseres Herrn Jesus Christus, die Liebe Gottes und die Gemeinschaft des Hl. Geistes sei mit euch allen. Amen.

Liebe Gemeinde!

Den Predigttext für diesen Sonntag, an dem wir der Männer und Frauen gedenken, die im Zusammenhang mit dem 20. Juli 1944 ihr Leben aufs Spiel gesetzt haben und dafür Gefängnis, Folter und den Tod auf sich nehmen mußten – den Predigttext für diese Stunde habe ich nicht selber ausgesucht. Er wird von unserer Kirche für den 4. Sonntag nach dem Dreieinigkeitsfest vorgeschlagen. Überraschenderweise nehmen die Worte aus dem 3. Kapitel des 1. Petrusbriefes Bezug auf die Verantwortung vor Gott und den Menschen für das eigene Leben und das der Mitmenschen. Sie weisen uns auch darauf hin, daß möglicherweise Diffamierung und leidvolle Situationen auszuhalten sind!
Im 1. Petrusbrief heißt es:
„Die Augen des Herrn sehen auf die Gerechten, und seine Ohren hören auf ihr Gebet; das Angesicht des Herrn aber steht wider die, die Böses tun.
Und wer ist's, der euch schaden könnte, wenn ihr dem Guten nacheifert?
Und wenn ihr auch leidet um der Gerechtigkeit willen, so seid ihr doch selig. Fürchtet euch nicht vor ihrem Drohen und erschreckt nicht;
heiligt aber den Herrn Christus in euren Herzen. Seid allezeit bereit zur Verantwortung vor jedermann, der von euch Rechenschaft fordert über die Hoffnung, die in euch ist,
und das mit Sanftmut und Gottesfurcht, und habt ein gutes Gewissen, damit die, die euch verleumden, zuschanden werden, wenn sie euren guten Wandel in Christus schmähen.
Denn es ist besser, wenn es Gottes Wille ist, daß ihr um guter Taten willen leidet als um böser Taten willen."
„Seid allezeit bereit zur Verantwortung vor jedermann, der von euch Rechenschaft fordert über die Hoffnung, die in euch ist." – Dieser Vers ist in unseren Bibeln dick gedruckt und steht in der Mitte. Er steht gleichsam auch über dem Leben der Menschen, die wir verloren haben und die von ihrem christlichen Glauben her damals im Dritten Reich immer mehr zur Erkenntnis kamen, daß sie dem Unrecht, das geschah, nicht tatenlos zusehen konn-

---

* Ellen Ringshausen, geb. von Voß, am 16.7.2000 in der Bornstedter Kirche

205

ten, daß sie von ihrem Gewissen her zum Handeln mit Gleichgesinnten aufgerufen seien. Diese Gleichgesinnten mußten erst gesucht und gefunden werden.

So groß die Zahl derer auch war, die sich zum Widerstand gegen Hitler und sein Regime entschlossen – sie war verschwindend gering gegenüber der großen Zahl derer, die sehenden Augens mitmachten und nicht die Gefahren der Konspiration auf sich nehmen wollten. Mit großer Trauer stellen wir auch heute wieder fest, wie einsam oft der Weg zum Handeln bei den Wortführern und Ausführenden des Widerstandes verlaufen ist. Die Eltern und Ehefrauen konnten vielfach nicht eingeweiht werden, Freunde gingen in Distanz, die gefürchtete Folter zerbrach manchem schon vorher den Mut und den Lebenswillen, und die Verurteilung vor dem Volksgerichtshof hatte ein qualvolles Sterben zur Folge und war fast immer mit Ächtung der Familie verbunden.

Verantwortlich leben und handeln – die Männer und Frauen des 20. Juli haben es uns vorgelebt und fordern uns durch ihr Leben und Sterben immer wieder neu auf, das eigene Leben zu bedenken und zu gestalten.

Aber in welchem Rahmen soll das geschehen? Sind wir Christen wirklich in dieser Hinsicht etwas Besonderes? Jeder Bürger und jede Bürgerin unseres Landes wird doch immer wieder dazu aufgerufen, die Menschenwürde und Rechte von Anderen zu achten, dafür zu sorgen, daß keiner verletzt und in die Enge getrieben wird, daß Gewalttätigen entgegengeschritten wird. So entstehen gegenwärtig an den Schulen Gruppen von Mediatoren, von Friedensstiftern, die für die Entschärfung von Konflikten schon im Vorfeld und erst recht im Ernstfall sorgen. Auch in einer Demokratie wie der unsrigen funktioniert der Frieden und die Bewahrung der Gerechtigkeit nicht von allein. Das zeigen immer wieder die schrecklichen Übergriffe an Behinderten, Ausländern, an Farbigen.

„Seid allezeit bereit zur Verantwortung über die Hoffnung, die in euch ist." Mit dieser Ermahnung erinnert uns der Verfasser des 1. Petrusbriefes über unsere Bürgerpflicht hinaus an den Grund unseres Glaubens und Lebens. Wir tragen als Christen den Namen unseres Herrn Jesus Christus, der uns mit der Taufe in seinen Dienst gerufen hat. Seitdem leben wir in der Gemeinschaft der Heiligen, wie wir mit dem Glaubensbekenntnis in jedem Gottesdienst laut bekennen. Wir leben als die von Gott Geheiligten, die damit rechnen, daß Gottes Gnade größer ist als unser Herz, daß er auf uns achtet und unsere Bitten für uns selber und unsere Mitmenschen hört und sie nach seinem Willen erfüllt – als der Schöpfer und Bewahrer des Himmels und unserer Erde.

Aber sind wir auch im Hinblick auf unseren Glauben wirklich bereit zu neuer Verantwortung? Als ich in einer Runde von Kirchenvorstehern vorsichtig danach fragte, erfuhr ich, wie unüblich, ja geradezu unmöglich es sei, über Fragen der eigenen Gemeindezugehörigkeit und des Glaubens am Arbeitsplatz, im Büro, beim Essen mit anderen zu reden. Das ist zu einem großen Tabuthema geworden, denn Glauben sei Privatsache und ginge niemanden etwas an.

Im Gegensatz dazu fordert der 1. Petrusbrief uns auf, Farbe zu bekennen, wer wir sind, wem unser Herz an erster Stelle folgt und wohin sich unser Blick richtet, wenn wir Neues wagen und Altes beiseite schieben. Wir dürfen und sollen als Botschafter Christi für das Kommen seines Reiches auftreten und dafür einstehen.

„Ich bin ein Berliner" (ich bin ja eine, die hier geboren ist), sagen wir mit Stolz und Freude. Sie sagen hier im Gegenzug dazu vielleicht: „Ich bin ein Potsdamer!" Könnten wir gegebenenfalls nicht genauso stolz und mutig, und sicher viel öfter als wir meinen, sagen: „Ich bin ein Christ, ich möchte es immer wieder sein und werden." Denn dann wissen die anderen, wer wir sind, dann können sie uns nach dem christlichen Glauben, nach Gottes Willen fragen, dann können wir mit ihnen zusammen nach Antworten suchen, die entscheidend wichtig sind für unser Leben und Sterben, für unsere Welt.

Aber dieses Bekenntnis unseres Glaubens kann uns auch immer wieder Spott, Vereinsamung und im Ernstfall auch Verletzung bescheren. Sie, die sie hier viele Jahre vor dem Fall der Mauer gelebt haben, können dazu viele Geschichten erzählen, die sie selber auch erfahren haben. Aber haben Sie nicht immer wieder neu und weiter gehofft, daß Gottes Gerechtigkeit sich stärker erweisen wird als alles Böse, das Menschen herbeiführen und durchführen?

Der Prozeßverlauf der einzelnen Männer und Frauen vor dem Volksgerichtshof ist für Hitler und seine Vasallen schrecklicherweise zur Belustigung gefilmt worden. Für uns halten diese Filme den Mut und die Wahrhaftigkeit der Angeklagten fest. Als Hans Bernd von Haeften von Freisler gefragt wurde:

Freisler: „Nun. Sehen Sie denn nicht ein, daß, wenn ein Volk schwer ringt und wenn dann einer von den wahrscheinlich Tausenden von Obersten, die es in der Armee dieses Volkes gibt, einer solchen Meinung ist, Verrat ist, irgendwie abzuweichen von der Treue gegenüber dem Führer...?" antwortete

von Haeften: „Diese Treuepflicht habe ich nicht mehr empfunden."

Freisler: „Aha, so, es ist also klar, die haben Sie nicht empfunden und sagen, wenn ich keine Treue empfinde, kann ich auch Verrat begehen."

von Haeften: „Nein, so ist es nicht ganz, sondern ich gehe... Nach der Auffassung, die ich von der weltgeschichtlichen Rolle des Führers habe, nämlich, daß er ein großer Vollstrecker des Bösen ist..."

Mit dieser einzigartigen Klarstellung hatte Hans Bernd von Haeften sich zu seinem christlichen Herrn, zu Gott dem Vater Jesu Christi, bekannt, den Vollstrecker des Bösen benannt und seinen Widerstand gegen das Unrechtsregime begründet. Für die damaligen Machthaber hatte er sein Leben verwirkt. Aber für uns heute ist von Haeftens mutige Rede Anlaß zu großer Dankbarkeit ihm gegenüber und Gott gegenüber, daß er dieses Bekenntnis ablegen konnte.

Gott möge auch uns in unserem Bekenntnis festhalten, daß wir ihm treu bleiben in Worten und Taten, gerade auch dann, wenn wir dabei vereinsamen und wenn es für uns gefährlich wird. Amen.

Werner Krätschell

Predigt am 10. 1. 2001[*]

Nach seinem Tod fand man in einer der Uniformtaschen Henning von Tresckows einen Zettel. Darauf stand keine letzte Botschaft eines Widerständlers, sondern ein Bibelwort aus der Offenbarung des Johannes: „Sei getreu bis an den Tod, so will ich dir die Krone des Lebens geben."

Man kann viele Fragen stellen an die Handlungsmotive der mutigen Männer und Frauen der Widerstandsbewegung gegen Hitler, bei ihm, bei Henning von Tresckow, ist eine Wurzel seines Verhaltens eindeutig, nämlich das Ernstnehmen, das Verinnerlichthaben des christlichen Glaubens. Etwa folgendermaßen: Da gibt es noch eine Macht, die über allen irdischen Mächten des Bösen wandelt und webt und wirkt, die mich in eine fast übermenschliche Verantwortung hineinnimmt und die Treue bis an den Tod, auch bis in den selbstgewählten Tod fordert.

Im Kleinen, im Ansatz kennt jeder von uns das Problem, um das es im Leben dieser Männer und Frauen gegangen ist. Nämlich: Was machst du, wenn **du** plötzlich das Böse, das Teuflische, das Fanatische durchschaut hast? Was machst du dann? Was machst du selbst, wenn alle Täuschungsmanöver und alle Maskeraden des Bösen vor deinen Augen zerfallen sind, wenn Verdrängung und Schönbiegerei, wenn dein kindlich-reiner Glauben an das Gute und alle vermeintliche Besänftigung des Bösen – wie damals die unglückliche „appeasement"-Politik des britischen Premiers Chamberlain – vergeblich waren und vor deinen Augen das absolut Diabolische erscheint? Ich nenne nur zwei Stichworte: „Kommissarbefehl" und „Ausrottung der Juden" – zwei von vielen Eskalationen des Bösen, die einem Henning von Tresckow und vielen anderen keine Wahl mehr ließen. Also: Was machst du dann?

Die meisten Zeitgenossen ließen und lassen brennende Wahrheit nicht an den innersten Kern ihrer Persönlichkeit. Sie finden auf halbem Wege eine der Beruhigungs- oder Stillhalte- oder Totstell-Formeln. Aber einer, der vom christlichen Glauben in seinem zentralen Gehalt erfüllt ist, und bei dem dieser Glaube gesät und aufgegangen und gewachsen ist im heimatlichen, geliebten Wartenberg in der Neumark, z. B. in den regelmäßigen Hausandachten, und bei dem dieses Glaubenkönnen gereift ist im zivilen und im militärischen Beruf, bei dem dieser Glaube sich dann zusammengeschlossen hat mit den besten preußischen Tugenden und schließlich in eigenen Worten Ausdruck fand, wie z. B. in seiner Rede anläßlich der Konfirmation der Söhne in der Garnisonskirche in Potsdam im April 1943, der wird beschenkt mit der Freiheit der Kinder Gottes, mit Mut und mit Leidenschaft. Aber gerade deswegen wird einer hineingezogen in eine Wirklichkeit, in der das eigene

[*] Anläßlich des 100. Geburtstages von Henning von Tresckow

Leben gesetzt werden muß und in der einem die schreckliche Aufgabe zuwächst, selbst konspirativ und maskiert agieren zu müssen. Das geschieht nicht, weil einer nun auch zum Teufel geworden ist, sondern weil einer dem Bösen in seiner schlimmsten Form nur widerstehen kann, wenn er des Teufels Gewalt mit Gewalt begegnet – und nicht etwa weil jenes „Kind Gottes" in ihm gestorben wäre. Im Gegenteil: Aus der Tiefe dieser gläubigen Existenz kommt Ermutigung zu diesem Weg der Gewalt – als ultima ratio, als letzte Konsequenz. Wer in diesen „Kreis (Gleichgesinnter) eingetreten" ist, ist sogar dem sonst so entscheidenden Gegenüber von „Erfolg" und „Mißerfolg" enthoben. So war sich im Unterschied zu anderen Frondeuren Henning von Tresckow mit dem Grafen Stauffenberg darin einig, „daß gehandelt werden muß, koste es, was es wolle".

So klingen auch seine letzten Worte zu diesem Thema, die er zu seinem Freund und Vertrauten Fabian von Schlabrendorff in seinen letzten Stunden an der Ostfront gesprochen und die dieser so wiedergegeben hat: „Jetzt wird die ganze Welt über uns herfallen und uns beschimpfen. Aber ich bin nach wie vor der felsenfesten Überzeugung, daß wir recht gehandelt haben. Ich halte Hitler nicht nur für den Erzfeind Deutschlands, sondern auch für den Erzfeind der Welt. Wenn ich in wenigen Stunden vor den Richterstuhl Gottes treten werde, um Rechenschaft abzulegen über mein Tun und Unterlassen, so glaube ich mit gutem Gewissen das vertreten zu können, was ich im Kampf gegen Hitler getan habe. Wenn einst Gott Abraham verheißen hat, er werde Sodom nicht verderben, wenn auch nur zehn Gerechte darin seien, so hoffe ich, daß Gott auch Deutschland um unseretwillen nicht vernichten wird. Niemand von uns kann über seinen Tod Klage führen. Wer in unseren Kreis eingetreten ist, hat damit das Nessushemd angezogen. Der sittliche Wert eines Menschen beginnt erst dort, wo er bereit ist, für seine Überzeugung sein Leben hinzugeben."

Solche Worte, am 100. Geburtstag Henning von Tresckows, sind es wert, an der Schwelle zum anderen, großen Jubiläum dieses Januarmonats, dem 300. Geburtstag Preußens, rezitiert zu werden und hinüberklingen zu lassen in das Berliner Schauspielhaus, in dem in acht Tagen das „Preußenjahr" offiziell eröffnet wird. Das Erinnern in dem vor uns liegenden Jahr soll dazu dienen, Schatten und Licht erkennbar zu machen dieses ganz eigentümlichen, vielschichtigen Gebildes mit dem ebenso eigentümlichen „Preußen": Preußens Schatten und Preußens Licht – solche Worte, solche Menschen gehören auf die helle Seite.

Einer der Mitverschwörer, der Theologe Dietrich Bonhoeffer, hat in einem seiner stärksten Texte, in seinem Essay „10 Jahre danach", diese Haltung in einer Tiefe beschrieben, wie sie gerade auch für Henning von Tresckow gegolten hat: „Es mußte sich herausstellen, daß eine entscheidende Grunderkenntnis dem Deutschen noch fehlte: die von der Notwendigkeit der freien, verantwortlichen Tat auch gegen Beruf und Auftrag... Die Deutschen fangen erst heute an zu entdecken, was freie Verantwortung heißt. Sie beruht auf einem Gott, der das freie Glaubenswagnis verantwortlicher Tat fordert und der dem, der darüber zum Sünder wird, Vergebung und Trost zuspricht."

„Sei getreu bis an den Tod, so will ich dir die Krone des Lebens geben." Diese Krone, dieser Siegerkranz des Lebens, im Griechischen „stephanos täs zoäs"; in der Offenbarung des Johannes bedeutet dieser Kranz, daß der Bekränzte in den göttlichen Wirkungsbereich mit hineingenommen, sogar mitbestimmend integriert wird. Er wird denen verliehen, die der Versuchung widerstanden haben, von Gott abzufallen. Darum wird das Wort „stephanos"; Kranz, im griechischen Neuen Testament auch für die Dornenkrone Jesu gebraucht – als Zeichen für Jesu Leiden, aber auch schon als Zeichen des Sieges über den Tod. Mir scheint, daß es einen Zusammenhang gibt zwischen dieser Dornenkrone und dieser „Krone des Lebens" nach dem Wort aus der Johannes-Offenbarung, wie es zu lesen stand auf jenem Zettel in der Uniformtasche Henning von Tresckows:

Sei getreu bis an den Tod, so will ich dir die Krone des Lebens geben.

20. 7. 1985. Gedenkgottesdienst zur Erinnerung an Kurt von Plettenberg.

20. 7. 1987. Gedenkveranstaltung zur Erinnerung an Henning von Tresckow.

August Winnig

Aus zwanzig Jahren[*]

Seit dem 20. Juli kam Plettenberg, der Präsident der kronprinzlichen Güterver-
waltung, manchmal zu mir herüber; Schloß Cäcilienhof lag nur einen Schrot-
schuß entfernt. Ich kannte ihn aus Ostpreußen als einen Mann, der des alten
Namens würdig war, ein aufrechter Mann von viel Geist und Gemüt.
Bis tief in den Herbst hinein hatte er noch auf eine Erhebung größerer Wehr-
machtsteile gehofft. Er stand den militärischen Kreisen nahe und wußte mehr als
er sagte. Es war schon Mitte Januar 1945, als er mich durch einen Schloßangestell-
ten bitten ließ. Wir saßen auf seinem Zimmer. Er hatte Befehl erhalten, mit einem
Halbbataillon des Potsdamer Volkssturmes auszurücken; so sollte dieser Abend ein
Abschied sein.
„Ich will Ihnen sagen, was ich denke", begann er unser Gespräch. „Alle unsere
Unternehmungen waren Versuche, dem Schicksal auszuweichen. Wir fühlten
oder wußten, wohin die Dinge trieben, und sträubten uns. Hoepner versuchte es
zuerst; ich weiß nicht, wie weit seine Verbindungen reichten; aber der erste Schlag
wäre sicher gelungen, und damit hätte er eine neue Lage geschaffen; Hitlers Beseitigung hätte den Krieg verhindert. Da ereignet sich das Unwahrscheinliche, Hitler kehrt als Friedensstifter von München zurück und Hoepner zieht ab. Im Sommer 1942 pirscht ein Fliegeroffizier in der Nähe des Führerhauptquartiers. Die
Erlaubnis dazu wurde selten gegeben, aber er hatte sie erhalten. Er hört etwas,
nimmt Deckung und entsichert die Büchse. Auf dem Wege erscheint Hitler, Hitler ganz allein ohne jede Begleitung. Der Flieger sieht ihn und denkt: dies ist die
entscheidende Stunde, jetzt soll er sterben. Er will in Anschlag gehen, aber er
bringt die Büchse nicht hoch, die Arme versagen. Er sichert und hängt die Büchse um – das kann er tun – und geht weiter. Hitler erblaßt, als er ihn sieht. Der Flieger grüßt, Hitler erwidert mit verstörtem Blick und geht vorüber. Im Jahr 1943
stand man zweimal in Bereitschaft – jedesmal mußte man innehalten. Im letzten
Sommer mußte man den Plan wieder zweimal vertagen. Als sich endlich alles zu
fügen scheint, alles bereitsteht, bleibt er unverletzt. Jetzt im Herbst tauchte noch
einmal die Möglichkeit einer großen Aktion auf: sie hat sich in nichts aufgelöst.
Das alles war ein Kampf gegen das Schicksal. Der 20. Juli war ein letztes Aufbäu-
men gegen ein Verhängnis, also gegen etwas, das über uns verhängt ist. Wir stehen
am Abgrund – es gibt keine Rettung. Gottes Wille ist stärker als unser Sträuben.
Ich werde mit dem Volkssturm ausrücken und nicht zurückkommen. Was werden
Sie tun?"
Ich hatte schon seit zwei Jahren die Hälfte aller Habe an Kleidung und Wäsche,
Geschirr und Küchengerät nach Blankenburg geschafft, Paket um Paket; es war
dort angekommen und stand uns zur Verfügung; man hatte uns auch zwei Zimmer
freigehalten. In wenigen Tagen wollten wir aufbrechen. „Ich muß Ihnen danken,
daß Sie immer für mich da waren. Ihre Ruhe war mir ein Vorbild. ich weiß, woher
Sie sie haben."
Wir reichten uns die Hand und sahen uns noch einmal an.
Am 22. Januar fuhr ich nach dem Harz. Plettenberg sollte ich in diesem Leben
nicht mehr wiedersehen.

---

[*] August Winnig: „Aus zwanzig Jahren" (Auszug), Hamburg 1949

Arthur Berg

Persönlich! Vertraulich!   Potsdam, den 15. März 1945

Seiner Kaiserlichen Hoheit
dem Kronprinzen

Mittelberg-Baad

Euer Kaiserlichen Hoheit

möchte ich im Anschluß an das gestrige Telegramm von Seiner Königlichen Hoheit Prinz Oskar folgendes berichten:

Ich wurde gestern Mittag dringend nach Berlin gerufen zu dem vernehmenden Kriminalkommissar, Herrn Valentin. Dort wurde mir folgendes eröffnet: Präsident Frhr. von Plettenberg hat am Sonnabend, dem 10. 3., 11.30 Uhr Vormittag, seinem Leben selbst ein Ende gesetzt. Er hat sich aus dem Fenster gestürzt. Der Sektionsbericht wurde mir z. T. vorgelesen: Doppelter Schädelbruch, Zertrümmerung der rechten oder linken Brustseite mit innerer Verblutung. Der Tod ist wohl auf der Stelle eingetreten.

Ich habe folgende Auflagen erhalten: Benachrichtigung der Gemahlin und des Dienstherrn, weiter Mitteilung an S. K. H. Prinz Oskar und Exzellenz von Müldner. Darüber hinaus darf keine Mitteilung gegeben werden. Der Gefolgschaft darf auf Befragen gesagt werden: Präsident Frhr. von Plettenberg ist am Sonnabend, dem 10. 3., gestorben. Mehr nicht.

Die Leiche ist freigegeben und kann am beliebigen Ort beigesetzt werden. Wahrscheinlich wird dies der Friedhof Bornstedt sein.

Die Beisetzung hat im kleinsten Kreis ganz schlicht zu erfolgen. Es dürfen nur 3–4 Kränze niedergelegt werden. Ein Geistlicher darf zugezogen werden. 24 Stunden vorher muß der Gestapo Ort und Zeit der Beisetzung gemeldet werden. Außenstehenden darf keine Mitteilung gemacht werden, vor allem nicht über Ort und Zeit der Trauerfeier. Mehr kann und darf ich nicht sagen, denn ich habe Schweigegebot, und jede Übertretung der mir gegebenen Auflagen zieht staatspolizeiliche Maßnahmen nach sich. Ich bitte daher auch dringend, keinem Außenstehenden von dem Inhalt der vorstehenden Zeilen etwas zu sagen.

Euer Kaiserliche Hoheit können sich denken, wie erschüttert wir alle sind und ich besonders, denn ich kann sagen, daß ich mit dem Präsidenten über 30 Jahre freundschaftlich verbunden war.

Präsident Frhr. von Plettenberg schenkte mir im Juni 1943 das kleine Buch von Werner March, dem Bruder des Erbauers des Reichssportfeldes. In diesem Buch las Plettenberg jeden Tag. Unter dem 10. 3., seinem Todestag, stehen folgende Verse verzeichnet:

— *„Wir sind Fremdlinge und Gäste vor Dir, wie unsere Väter alle. Unser Leben auf Erden ist wie ein Schatten, und ist kein Aufhalten.“*

— *„Ganz unverkennbar ist alles, was geschehen, nicht das Letzte und Gute, wie es werden und bleiben soll, sondern nur die Bahnung des Weges zu einem besseren Ziele hin. Dieses Ziel scheint aber in weiter Entfernung zu liegen, wir werden es wahrscheinlich nicht erreicht sehen und darüber hinsterben. Wie Gott will, alles wie er will. Aber ich finde Trost, Kraft, Mut und Heiterkeit in dieser Hoffnung, die tief in meiner Seele liegt. Ist doch alles in der Welt nur Übergang! Wir müssen durch!*
Königin Luise.“

— *„Alles ist nur Übergang,*
  Merke wohl die ersten Worte:
  Von der Stunde, von dem Orte,
  Treibt dich eingepflanzter Drang,
  Tod ist Leben, Sterben, Pforte,
  Alles ist nur Übergang.
Wien. Brückeninschrift.“

Präsident Frhr. von Plettenberg hat sich vor dem Tod nie gefürchtet, und ich bin überzeugt, daß er einen gnädigen Richter finden wird. Ein Ritter ohne Furcht und Tadel ist von uns gegangen.

Bei der heutigen Einsargung werde ich einen Blumenstrauß von Euer Kaiserlichen Hoheit und Ihrer Kaiserlichen Hoheit in den Sarg legen.

In aller Untertänigkeit

Hans-Ulrich Schulz[*]

„Er diktierte, ich schrieb."

Richard Schäfer (1873–1946)
Sekretär der Deutschen Orient-Mission

Am 29. September, am Tag des Erzengels Michael 1935, feierte die Deutsche Orient-Mission in der Potsdamer Nikolaikirche ihr 40. Jahresfest. Nach dem Gottesdienst teilte Richard Schäfer, der langjährige Sekretär der Missionsgesellschaft, in einem Festvortrag seine persönlichen Erinnerungen an Dr. Johannes Lepsius mit. Nun läßt es sich auch für den Bescheidensten nicht vermeiden, daß er sich selbst zu erkennen gibt, wenn er über andere redet. So ist die von persönlichen Erinnerungen gestützte Würdigung einer Persönlichkeit und ihres Lebenswerks auch die Quelle für eine überfällige Erinnerung an Richard Schäfer. Nach Dr. Johannes Lepsius konnte in Potsdam immerhin eine Straße benannt werden, aber vor dem Grab seines treuesten Mitarbeiters steht wohl auch der kundige Besucher des Bornstedter Friedhofs einigermaßen ratlos. Wer war dieser Mann, was hat er geleistet?
„Meine persönlichen Erinnerungen an Johannes Lepsius, den Begründer der Deutschen Orient-Mission umfassen einen Zeitraum von 29 Jahren, vom Januar 1897 bis zu Lepsius Tod am 3. Februar 1926. In diesen Jahren, in denen ich mich aus einem unerfahrenen jungen Mann zum nächsten Mitarbeiter dieses seltenen deutschen Mannes entwickelte, haben sich Weltereignisse abgespielt, von denen Lepsius und die ihm zugefallene Missionsaufgabe nicht unberührt bleiben konnten. In den Wirbel der Menschheitsereignisse wurde Lepsius mit seinen Mitarbeitern hineingezogen, wie sie ja die höchsten Interessen der Menschen vertraten, die Dinge, die mit der Gottesbotschaft an die Menschen zusammenhingen."
Man spürt diesem unfreiwilligen Selbstzeugnis ab, wie wenig Lepsius und mit ihm Schäfer, auf Grund ihrer Herkunft und ihrer Ambitionen dafür vorbereitet waren, vor der Weltöffentlichkeit für die „höchsten Interessen der Menschheit" in den Zeugenstand zu treten. Der junge Kaufmann aus Kassel wurde nicht als Held geboren. Er hatte keine anderen Pläne, als aus einer gut bezahlten Stellung heraus im Christlichen Verein Junger Männer der Erweckungsbewegung zu dienen. Aber es ist etwas dazwischengekommen, ungerufen, unerwartet und unwiderstehlich, etwas, das nicht nur die Karriere auf den Kopf stellt, sondern die tief verinnerlichten Loyalitäten berührt und erschüttert. Wir Nachgeborenen stehen einigermaßen fassungslos vor der Tatsache, wie tief imprägniert Lepsius und Schäfer von der Leitkultur des wilhelminischen Kaiserreichs waren. Fugenlos passen Deutschtum und

---

[*] Der Autor ist 1. Vorsitzender des Fördervereins „Lepsius-Haus Potsdam e. V."

Christentum zusammen, und der Bekehrungseifer, der die Menschheit für die Sache Jesu gewinnen will, ist ganz selbstverständlich zugleich nationales Sendungsbewußtsein. Richard Schäfer fühlt sich hingezogen zu dem „seltenen deutschen Mann" Johannes Lepsius wegen dessen Frömmigkeit und Bildung und gleichermaßen wegen seines Patriotismus. Begeistert zitiert er seinen Meister: „Das Erbe der Geschichte, das die deutsche Nation zu verwalten hat und zwar zum Nutzen und Segen der ganzen Menschheit zu verwalten hat, ist so gewaltig, das man mit Recht fragen kann, ob nicht das deutsche Volk noch für die Zukunft des Reiches Gottes die entscheidende Aufgabe zu lösen hat." Das ist nun wirklich nicht weit weg von der schrecklichen Überzeugung, daß die Genesung der Welt am deutschen Wesen hinge. Schäfers eigene literarische Produktion – es ist keineswegs so, daß er nur Diktate aufnahm – erinnert in manchen Passagen durchaus an Karl May. In seinem Bericht über die Reise nach Urfa, die Schäfer im Auftrag der deutschen Hülfsbünde für Armenien (Centralkommitee Berlin) unternahm, klingt in Wortwahl und Stil etwas von dem gutmütigen Überlegenheitsgefühl Kara ben Nemsis durch, des guten Deutschen ohne dessen Religion und Kultur und Hygienestandards die Welt im Dunkeln bleiben müßte. Es mutet uns seltsam an, wie das christliche Mitleid mit den armenischen Waisenkindern und der humanitäre Einsatz für die verarmten und kranken Überlebenden der Massaker unter den Armeniern als deutsche Tugenden herausgestellt werden. „Die Knaben und Mädchen, ca. 400 an der Zahl, die von der Liebe abendländischer Christen in den verschiedenen in Urfa errichteten Waisenhäusern erzogen werden, waren, um die Deutschen zu begrüßen, zu beiden Seiten der Straße aufgestellt. Die Knaben grüßten mit Neigen des fezbedekkten Köpfchens, die Mädchen mit Handgruß nach Brust und Stirn, ein Anblick, der uns unvergeßlich sein wird, weil er uns das Herz rührte, waren doch in einem Augenblick alle die schrecklichen Bilder und Bluthaten ... vor unserm Geistesauge ... Eine Viertelstunde später standen wir Deutsche in unserm Missionshaus am Harmonium und sangen bewegten Herzens unsern schwachen Dank. Nun danket alle Gott mit Herzen, Mund und Händen."
Noch ist nicht zu ahnen, wo das hinführen wird und in was sie da schließlich hineingezogen werden. Noch ist die Welt in gewisser Weise in Ordnung. Dem kranken Mann am Bosporus und seinen unglücklichen christlich-armenischen Untertanen kann geholfen werden. Noch kann das christliche Gewissen Europas im deutschen Namen mobilisiert werden, um den bedrängten Glaubensbrüdern im Reich des Sultans humanitär beizustehen. Noch steht nichts zwischen ihrem Glauben, der durch die Liebe tätig wird, und ihrer Vaterlandsliebe. Denn noch ist ihrem Missionseifer „nur" massenhaftes Elend dazwischengekommen – eine „humanitäre Katastrophe" – noch nicht jenes Menschheitsereignis, in dem die „höchsten Interessen der Menschheit" auf dem Spiel stehen. Und so geht alle Tatkraft und alles Geld des Missionswerks in das Hilfswerk, um die Folgen der Massenmorde unter Sultan Abdul Hamid zu lindern. Rund 100 000 Menschen waren getötet worden, acht einst blühende Provinzen

des türkischen Reiches wirtschaftlich ruiniert, die Einwohner von 600 armenischen Dörfern zwangsweise zum Islam bekehrt, hunderte Kirchen in Moscheen verwandelt. Lepsius macht die Öffentlichkeitsarbeit und enthüllt in seiner Schrift „Armenien und Europa" die schreckliche Wahrheit.

Über Schäfers Schreibtisch geht die Logistik einer bis dahin beispiellosen humanitären Hilfsaktion. Schäfer war nicht der Sekretär, sondern der Manager. Als dem umtriebigen Dorfpfarrer Lepsius einfiel, eine Teppichmanufaktur, die er als Arbeitsbeschaffungsmaßnahme in seiner Friesdorfer Gemeinde gegründet hatte, in das armenische Notstandsgebiet auszulagern, konnte der junge Richard Schäfer seine Managerqualitäten zum ersten Mal beweisen. Die haushälterische Leistung, die Richard Schäfer in 29 Jahren seiner Tätigkeit vollbracht hat, läßt sich allenfalls erahnen, wenn man aus seiner Schrift „Geschichte der Deutschen Orient-Mission" den enormen Umfang der Waisenhausarbeit, des medizinischen Dienstes, der industriell-sozialen Betätigung und der Bildungsarbeit in den Missionsschulen zur Kenntnis nimmt: „Die ärztliche Mission in Urfa berichtet von 3596 polyklinischen Patienten, von denen 16 vH Moslems sind, 240 Spitalpatienten, von denen 33 vH Moslems sind und 536 Operationen. Die Teppichfabrik in Urfa (Deutsche Orient-Handels und Industriegesellschaft) hat einen bedeutenden Aufschwung genommen." So ähnlich enden fast alle Jahresberichte und der treue Haushalter vermerkt dazu lediglich: Ich war für die finanziellen Angelegenheiten zuständig. Was wäre aus dem Lebenswerk des Johannes Lepsius geworden, wenn seine „großzügig vorgehende Art" nicht auf die „rechnerisch-bedenkliche" seines Geschäftsführers gestoßen wäre? Lepsius hatte etwas von einem genialen Chaoten, in seiner spontanen Begeisterungsfähigkeit für das Gute war er nicht immer berechenbar. Ohne die Kooperation und die gelegentliche Konfrontation mit der „rechnerisch-bedenklichen Art" Richard Schäfers hätten so viele Waisenkinder und Patienten wohl kaum Aufnahme finden können. Ihr Leben lag nicht nur in der Hand der Pfleger und Ärzte, es war auch der Gewissenhaftigkeit des treuen Haushalters anvertraut.

Was Richard Schäfer einen Platz in diesem Buch einräumt, steht allerdings noch auf einem andern Blatt: Jenes Ereignis im Jahre 1915, das den treuen Haushalter zwingt, aus Glaubensgehorsam gegen seine weltliche Obrigkeit zu konspirieren und mitten im Krieg gegen den Verbündeten zu arbeiten.

Die tief verinnerlichte doppelte Loyalität gegen Gott und das eigene Vaterland hielt nicht stand gegen das Grauen des Völkermordes an den Armeniern. Die Gottesbotschaft stellte nun das Menschheitsinteresse über alle anderen Interessen und ließ Richard Schäfer zum Mitwisser und Mittäter des Undenkbaren werden: Aufklärungsarbeit über den Todesgang des armenischen Volkes gegen das Verbot, die „innertürkische Verwaltungsangelegenheit" in Deutschland öffentlich zu machen und gegen die eigenen Bedenken, das deutsch-türkische Bündnis damit zu gefährden. Noch 1915 hatte dieser Mann den Krieg einen Segen genannt und die Waffenbrüderschaft des christlichen Kaiserreichs mit der islamisch-osmanischen Türkei als gottgegebene missionarische Gelegenheit gepriesen. In seiner Schrift „Islam und Weltkrieg" entfaltet Schäfer den aus heutiger Sicht wirklich aberwitzigen Gedanken, die islamische Welt werde sich an der Seite des deutschen Kaisers davon überzeugen, was – im Gegensatz zum kulturlosen falschen Christentum der orthodoxen Feinde in Rußland – das wahre Christentum sei. In diesem Krieg sehe das christliche Deutschland seine „großartige Aufgabe" darin, „einen Teil der Menschheit an die Hand zu nehmen, und ihm den wahren Lebensinhalt zu zeigen mit treuer Arbeit der Hände und geistiger Förderung." Aus Dankbarkeit für die Segnungen der deutschen Kultur und überzeugt von der aufrichtigen Freundschaft des Kaisers werde der Türke selbst den Halbmond einholen und das Kreuz an seine Stelle setzen. So unerträglich uns Heutigen diese Gedankenwelt, diese „Leitkultur" ist, wir müssen sie zur Kenntnis nehmen, um ermessen zu können, was einem Mann wie Schäfer der Schritt in die Illegalität innerlich abverlangt hat.

Im Juni 1915 war Lepsius in den Orient gereist, um sich ein Bild zu machen, „um zu erforschen was an den Behauptungen des feindlichen Auslands über die Vorgänge in der Türkei wahr sei." Was er zu sehen und zu hören bekommt, ist schrecklicher als Propaganda es erfinden kann. Lepsius verfügt über unwiderlegbares Material: Eine Million Christenmenschen – zumeist Greise, Frauen und Kinder – sind auf Todesmärschen in die mesopotamische Wüste vernichtet worden, nachdem die meisten Väter und Söhne zuvor planmäßig erschossen wurden. Lepsius erfährt auf dieser Reise nicht nur aus sicheren Quellen, daß die Leichen den Euphrat anstauen, sondern er gelangt zu Gewißheit, daß die jungtürkischen Machthaber dabei sind, die sogenannte armenische Frage auf ihre Weise zu lösen: durch Verschickung ins Nichts! Die sogenannten Vorgänge in der Türkei sind in Wahrheit das, was man später „Endlösung" nennen wird. Johannes Lepsius unternimmt einen letzten verzweifelten Versuch, den türkischen Kriegsminister Enver Pascha umzustimmen. In dem berühmten Gespräch zwischen dem deutschen Pfarrer und dem türkischen Kriegsgott, das Franz Werfel in seinem Roman „Die vierzig Tage des Musa Dagh" nicht etwa in dichterischer Freiheit, sondern nach einem Gedächtnisprotokoll Lepsius' wiedergegeben hat, trifft Lepsius auf einen Menschen, „der alle Sentimentalität überwunden hat…, der außerhalb der Schuld und ihrer Qualen steht. Er sieht das hübsche Präzisionsgesicht einer ihm unbekannten, aber atemberaubenden Gattung, er sieht die unheimliche, ja fast unschuldige Naivität der vollkommenen Gottlosigkeit."

Das also ist das „weltgeschichtliche Ereignis", in das auch der brave Schäfer „hineingezogen" wird. Er ist zuletzt der einzige, der zu Lepsius hält. Andere Weggefährten meinten es aus nationaler Besorgnis und „um der Nerven und Nachtruhe wegen" nicht verantworten zu können, die deutsche Öffentlichkeit mit der Wahrheit bekannt zu machen. „Da rief mich Lepsius zu Hilfe, und mit geringen Ruhepausen haben wir dann mehrere Monate lang an dem Werk gearbeitet, das heute unter dem Titel: ‚Der Todesgang des Armenischen

Volkes' bekannt ist." Schäfer übernahm dann schließlich die persönliche Verantwortung für Verlag und Versand und begab sich damit in die „gleiche Zensurverdammnis" wie Lepsius. So ist es Richard Schäfer zu verdanken, dass 20 000 Exemplare über die Superintendenturen in die Hände der Geistlichen gelangten, „die nun in ihren Gemeinden im engeren Kreis von den Geschehnissen berichten und an das Mitleid und die Liebe der Menschen appellieren konnten." Es stimmt also nicht, wenn Schäfer in falscher Bescheidenheit sagt: Er diktierte – ich schrieb, weil das, was er schrieb, wohl am ehesten vergleichbar ist mit Schindlers Liste. Der Industrielle Oscar Schindler war so wenig zum Helden geboren wie Missionssekretär Richard Schäfer. Sie haben nichts gemeinsam, außer daß sie mit ihrer Schreibtischarbeit Leben gerettet haben und daß sie – wahrscheinlich überrascht von sich selbst – angenommen haben, was ihnen dazwischen gekommen ist: „die höchsten Interessen der Menschen."

Richard Schäfer starb am 1.Mai 1946 in Potsdam, seine Grabstätte befindet sich auf dem Bornstedter Friedhof (siehe Seite 97).

Gottfried Kunzendorf

„Euthanasie"-Gedenken in Bornstedt

Am 21. November 1990 fand in der Bornstedter Kirche eine Gedenkstunde zur Erinnerung an den Beginn der nazistischen sog. „Euthanasie" im Jahre 1940 statt. Es sprach Dr. Folkert Schröder aus Brandenburg/Havel. Er berichtete über die Anhänger der „Euthanasie" in Brandenburg und auch über den Widerstand Dr. Lothar Kreyssigs.

Veranlaßt wurde die Gedenkstunde durch Angaben im Bornstedter Totenregister. Mich machten die Herkunftsorte von Urnen stutzig.

So finden sich folgende Eintragungen:

1940
Nr. 60   von Kriegsheim, Kurt Heinrich [Kurtheinz], Diplom-Landwirt,
         39 Jahre, ev.,
         geb. 1. 9. 1901, gest. 5. 11. 1940   Grafeneck
         Gehirnhautentzüdung

Nr. 67   Jagodzinsky, Lieselotte, 15 Jahre, kath.
         geb. 13. 9. 1925, gest. 14. 11. 1940   Grafeneck
         Urne Grafeneck 3+72

1941
Nr. 48   von Chappuis, Jutta, 55 Jahre, ev.
         geb. 14. 3. 1886, gest. 16. 7. 1941
         Nierenentzündung, Kreislaufschwäche, Herzsklerose
         Urne aus Bernburg-Gröna

Nr. 69   Puth, Margot, 24 Jahre
         geb. 1. 9. 1916, gest. 11. 12. 1940
         Mittelohrvereiterung, Sepsis
         Bernburg, Landesheilanstalt

Wir haben nach der Gedenkstunde an den Gräbern Blumen niedergelegt, um die vermuteten „Euthanasie"-Opfer zu ehren.

Theodor Fontane

Bornstädt[*]

Nun weiß ich auf der Erde
Ein einzig Plätzchen nur,
Wo jegliche Beschwerde,
Im Schoße der Natur,
Wo jeder eitle Kummer
Dir wie ein Traum zerfließt,
Und dich der letzte Schlummer
Im Bienenton begrüßt.

Waiblinger

Bornstädt und seine Feldmark bilden die Rückwand von Sanssouci. Beiden gemeinsam ist der Höhenzug, der zugleich sie trennt: ein langgestreckter Hügel, der in alten Topographien den Namen „der Galberg" führt. Am Südabhange dieses Höhenzuges entstanden die Terrassen von Sanssouci; am Nordabhange liegt Bornstädt. Die neuen Orangeriehäuser, die auf dem Kamme des Hügels in langer Linie sich ausdehnen, gestatten einen Überblick über beide, hier über die Baum- und Villenpracht der königlichen Gärten, dort über die rohrgedeckten Hütten des märkischen Dorfes; links steigt der Springbrunnen auf und glitzert siebenfarbig in der Sonne, rechts liegt ein See im Schilfgürtel und spiegelt das darüber hinziehende weiße Gewölk.

Dieser Gegensatz von Kunst und Natur unterstützt beide in ihrer Wirkung. Wer hätte nicht an sich selbst erfahren, wie frei man aufatmet, wenn man aus der kunstgezogenen Linie auch des frischesten und natürlichsten Parkes endlich über Graben und Birkenbrücke hinweg in die weitgespannte Wiesenlandschaft eintritt, die ihn umschließt! Mit diesem Reiz des Einfachen und Natürlichen berührt uns auch Bornstädt. Wie in einem grünen Korbe liegt es da.

Aber das anmutige Bild, das es bietet, ist nicht bloß ein Produkt des Kontrastes; zum guten Teile ist es eine Wirkung der pittoresken Kirche, die in allen ihren Teilen deutlich erkennbar, mit Säulengang, Langschiff und Etagenturm, aus dem bunten Gemisch von Dächern und Obstbäumen emporwächst. Diese Kirche ist eine aus jener reichen Zahl von Gotteshäusern, womit König Friedrich Wilhelm IV. Potsdam gleichsam umstellte, dabei von dem in seiner Natur begründeten Doppelmotiv geleitet: den Gemeinden ein christliches Haus, sich selber einen künstlerischen Anblick zu gewähren. Auch für Bornstädt wählte er die Basilikaform.

Über die Zulässigkeit dieser Form, speziell für unser märkisches Flachland, ist viel hin und her gestritten worden, und es mag zugestanden werden, daß sie, samt dem danebengestellten Campanile, vorzugsweise ein coupiertes Terrain und nicht die Ebene zur Voraussetzung hat. Deshalb wirken diese Kirchen in

---

[*] Auszug aus „Wanderungen durch die Mark Brandenburg"

den flachen und geradlinigen Straßen unserer Residenzen nicht eben allzu vorteilhaft, und der unvermittelt aufsteigende, weder durch Baumgruppen noch sich vorschiebende Bergkulissen in seiner Linie durchschnittene Etagenturm tritt – an die Porzellantürme Chinas erinnernd, – in einen gewissen Widerspruch mit unserem christlichen Gefühl. Mit unseren baulichen Traditionen gewiß! Aber so unzweifelhaft dies zuzugestehen ist, so unzweifelhaft sind doch auch Ausnahmen, und eine solche bietet Bornstädt. Es wird hier ein so malerischer Effekt erzielt, daß wir nicht wissen, wie derselbe überboten werden sollte. Der grüne Korb des Dorfes schafft eine glückliche Umrahmung und während das Hochaufragende des Etagenturms etwas von dem Poetisch-Symbolischen der alten Spitztürme bewahrt, wird doch zugleich dem feineren Sinn eine Form geboten, die mehr ist als der Zuckerhut unserer alten Schindelspitzen. Der Ruf dieser hat sich nur *faute de mieux*, im Zeitalter der Laternen- und Butterglockentürme entwickeln können.

Die Bornstädter Basilika samt Säulengang und Etagenturm ist ein Schmuck des Dorfes und der Landschaft; aber was doch weit über die Kirche hinausgeht, das ist ihr Kirchhof, dem sich an Zahl berühmter Gräber vielleicht kein anderer Dorfkirchhof vergleichen kann. Wir haben viele Dorfkirchhöfe gesehen, die um ihres landschaftlichen oder überhaupt ihres poetischen Zaubers willen einen tieferen Eindruck auf uns gemacht haben; wir haben andere besucht, die historisch den Bornstädter Kirchhof insoweit in Schatten stellen, als sie ein Grab haben, das mehr wiegt als alle Bornstädter Gräber zusammengenommen; aber wir sind nirgends einem Dorfkirchhofe begegnet, der solche Fülle von Namen aufzuweisen hätte.

Es hat dies einfach seinen Grund in der unmittelbaren Nähe von Sanssouci und seiner Dependenzien. Alle diese Schlösser und Villen sind hier eingepfarrt, und was in Sanssouci stirbt, das wird in Bornstädt begraben, – in den meisten Fällen königliche Diener aller Grade, näher und ferner stehende, solche, deren Dienst sie entweder direkt an Sanssouci band, oder solche, denen eine besondere Auszeichnung es gestattete, ein zurückliegendes Leben voll Tätigkeit an dieser Stätte voll Ruhe beschließen zu dürfen. So finden wir denn auf dem Bornstädter Kirchhof Generale und Offiziere, Kammerherren und Kammerdiener, Geheime Räte und Geheime Kämmeriere, Hofärzte und Hofbaumeister, vor allem – Hofgärtner in Bataillonen.

Der Kirchhof teilt sich in zwei Hälften, in einen alten und einen neuen. Jener liegt hoch, dieser tief. Der letztere (der neue) bietet kein besonderes Interesse. Der alte Kirchhof hat den freundlichen Charakter einer Obstbaumplantage. Die vom Winde abgewehten Früchte, reif und unreif, liegen in den geharkten Gängen oder zwischen den Gräbern der Dörfler, die in unmittelbarer Nähe der Kirche ihre letzte Rast gefunden haben. Erst im weiteren Umkreise beginnt der Fremdenzuzug, gewinnen die Gäste von Sanssouci her die Oberhand, bis wir am Rande des Gemäuers den Erbbegräbnissen begegnen. Wir haben also drei Zirkel zu verzeichnen: den Bornstädter-, den Sanssouci- und den Erbbegräbniszirkel.

An einige Grabsteine des Mittleren, also des Sanssoucizirkels, treten wir heran; nicht an solche, die berühmte Namen tragen (obschon ihrer kein Mangel ist), sondern an solche, die uns zeigen, wie wunderbar gemischt die Toten hier ruhen. Da ruht zu Füßen eines Säulenstumpfes Demoiselle Maria Theresia *Calefice*. Wer war sie? Die Inschrift gibt keinen Anhalt: „Gott und Menschen lieben, Gutes ohne Selbstsucht thun, den Freund ehren, dem Dürftigen helfen – war ihres Lebens *Geschäft*." Ein beneidenswertes Los. Dazu war sie in der bevorzugten Lage, diesem „Geschäft" 82 Jahre lang obliegen zu können. Geb. 1713, gest. 1795. Wir vermuten eine reponierte Sängerin.

Nicht weit davon lesen wir: „Hier ruht in Gott Professor Samuel Rösel, geb. in Breslau 1769, gest. 1843. ‚Tretet leise an sein Grab, ihr Männer von edlem Herzen, denn er war euch nahe verwandt.‘" Wer war er? Ein gußeisernes Gitter, einfach und doch zugleich abweichend von allem Herkömmlichen, schließt die Ruhestätte ein; um die rostbraunen Stäbe winden sich Vergißmeinnichtranken und zu Häupten steht eine Hagerose.

Noch ein dritter Fremder an dieser Stelle: Heinrich Wilhelm *Wagenführer*, geb. zu Neuwied 1690. Er wurde vom Rhein an die Havel verschlagen, wie es scheint zu seinem Glück. Der Grabstein nennt ihn mit Unbefangenheit „einen vornehmen Kauf- und Handelsmann zu Potsdam". Diese Inschrift mit den Daten, die sie begleiten, ist nicht leicht zu entziffern, denn ein alter Ulmenbaum, der zur Seite steht, hat sein Wurzelgeäst derart über den Grabstein hingezogen, daß es aussieht, als läge eine Riesenhand über dem Stein und mühe sich, diesen an seiner Grabesstelle festzuhalten. Gespenstisch am hellen, lichten Tag!

43
Grabkreuz des
Hofpredigers Dr. Carl Windel,
einem Freund Fontanes.

Wir gehen vorbei an allem, was unter Marmor und hochtönender Inschrift an dieser Stelle ruht, ebenso an den Erbbegräbnissen des dritten Zirkels und treten in eine nach links hin abgezweigte Parzelle dieses Totenackers ein, die den Namen des „*Selloschen* Friedhofs" führt. Die Sellos sind Sanssoucigärtner seit über hundert Jahren. Ihre Begräbnisstätte bildet eine Art vorspringende Bastion; ein niedriges Gitter trennt sie von dem Rest des Kirchhofs. Hier ruhen, außer der „Dynastie Sello", mit ihnen verschwägerte oder befreundete Sanssoucimänner, die „Eigentlichsten":

> Karl *Timm,* Geh. Kämmerier, gest. 1839.
> Emil *Illaire,* Geh. Kabinettsrat, gest. 1866.
> Peter Joseph *Lenné,* Generaldirektor der K. Gärten, gest. 1866.
> Friedrich Ludwig *Persius,* Architekt des Königs, gest. 1845.
> Ferdinand *von Arnim,* Hofbaurat, gest. 1866.

Denkmal an Denkmal hat diese Begräbnisstätte der Sellos zugleich zu einer Kunststätte umgeschaffen: Marmorreliefs in der Sprache griechischer und christlicher Symbolik, sprechen zu uns; hier weist der Engel des Friedens nach oben; dort, aus dem weißen Marmorkreuz hervor, blickt das Dornen-antlitz zu uns nieder, das zuerst auf dem Schweißtuche der heiligen Veronika stand. Nur die Sellos, die eigentlichen Herren des Platzes, haben den künst-lerischen Schmuck verschmäht: einfache Feldsteinblöcke tragen ihren Namen und die Daten von Geburt und Tod.
Sie haben den künstlerischen Schmuck verschmäht, nur nicht den, der ihnen zustand. Die alten Gärtner wollten in einem Garten schlafen. So viele Grä-ber, so viele Beete, – das Ganze verandaartig von Pfeilern und Balkenlagen umstellt. Die Pfeiler wieder hüllen sich in Efeu und wilden Wein, Linden und Nußbäume strecken von außen her ihre Zweige weit über die Balkenla-gen fort, zwischen den Gräbern selbst aber stehen Taxus und Zypressen, und die brennende Liebe der Verbenen spinnt ihr Rot in das dunkelgrüne Gezweig.
Aus der Selloschen Begräbnisparzelle sind wir auf den eigentlichen Kirchhof zurückgeschritten.
Noch *ein* Denkmal verbleibt uns, an das wir heranzutreten haben: ein wun-derliches Gebilde, das, in übermütigem Widerspruch mit Marmorkreuz und Friedensengel, den Ernst dieser Stunde wie ein groteskes Satyrspiel beschließt. Es ist dies das Grabdenkmal des bekannten Freiherrn Paul Jakob *von Gundling,* der Witz und Wüstheit, Wein- und Wissensdurst, niedere Gesinnung und stupende Gelehrsamkeit in sich vereinigte, und der, in seiner Doppeleigenschaft als Trinker und Hofnarr, in einem *Weinfaß* begraben wurde. In der Bornstädter Kirche selbst, in der Nähe des Altars. Über sei-nem Grabe ließ König Friedrich Wilhelm I. einen Stein errichten, der trotz des zwiefachen Neubaus, den die Kirche seitdem erfuhr, derselben erhalten blieb. Dies Epitaphium, ein Kuriosum ersten Ranges, bildet immer noch die Hauptsehenswürdigkeit der Kirche. Hübsche Basiliken gibt es viele; ein sol-

ches Denkmal gibt es nur einmal. Ehe wir eine Beschreibung desselben versuchen, begleiten wir den Freiherrn durch seine letzten Tage, auf seinem letzten Gange. Wir benutzen dabei, mit geringen Abweichungen, einen zeitgenössischen Bericht:

„v. Gundling wurde vor Ostern des Jahres 1731 krank und starb den 11. April auf seiner Stube im K. Schlosse zu Potsdam. Sein Körper ward sogleich auf einem Brette nach dem Witwenhause der Lakaienfrauen getragen und hier von den Wundärzten geöffnet. In seinem Magen fand man ein Loch.

Sein Leichenbegängnis war äußerst lustig und seinem geführten Lebenswandel völlig angemessen. Schon vor zehn Jahren hatte ihm der König seinen Sarg in Form eines *Weinfasses* verfertigen lassen. Es war schwarz angestrichen und auf dem obern Teile mit einem weißen Kreuze geschmückt, welches nach allen vier Seiten herunterging. Es wird erzählt, daß Gundling sich schon bei Lebzeiten öfters in diesen Sarg gelegt und zur Ergötzung des Hofes ein Glas Wein darin getrunken habe. Nachdem er tot war, legte man ihn in seinem rotsamtenen, mit blauen Aufschlägen besetzten Kleide, desgleichen mit roten seidenen Strümpfen und einer großen Staatsperücke, in dasselbe hinein. Umher stellte man zwölf Gueridons mit brennenden weißen Wachskerzen. In dieser Parade ward er jedermann öffentlich gezeigt. Besonders kamen viele Fremde nach Potsdam, um ihn zu sehen.

Nachdem der Kastellan des Schlosses vom Könige den Befehl erhalten hatte, alles zum Begräbnis Erforderliche zu besorgen, ward dem Verstorbenen die Kirche zu Bornstädt als Ruhestätte bestimmt. Zur Leichenbegleitung wurden mehr als fünfzig Offiziere, Generale, Obersten und andere angesehene Kriegsbediente, die Geistlichen, die Potsdamer Schule, die K. Kabinettssekretäre, Kammerdiener, Küchen- und Kellereibediente eingeladen. Hiezu kam noch der Rat und die Bürgerschaft der Stadt, welche sich sämtlich, mit schwarzen Mänteln angetan, bei dieser Handlung einfinden mußten. Alle diese Begleiter waren bereit und willig, Gundlingen die letzte Ehre zu erweisen, bis auf die lutherischen und reformierten Geistlichen, die zu erscheinen sich weigerten. Da sie um die Ursache befragt wurden, schützten sie die Gestalt des Sarges vor, welche nicht erlaube, daß sie dabei ohne Anstoß erscheinen könnten. Man fand nicht für gut, sie weiter zu nötigen, und ließ sie weg.

Nun stellte sich aber ein zweiter Umstand dar, welcher neue Schwierigkeiten hervorbrachte. Da die Geistlichkeit, von der ein lutherisches Mitglied die Parentation halten solle, nicht erschien, so war man verlegen, wer dies Geschäft nun übernehmen würde. Nachdem man hin und her gesonnen hatte, verfiel man endlich auf des Verstorbenen Erzfeind, auf David Faßmann. Dieser übernahm es und hielt wirklich die Leichenrede.

Nach Schluß derselben wurden Lieder gesungen und alle Glocken geläutet. Der bis dahin offengestandene Sarg ward zugemacht, ein Bahrtuch darüber geworfen, und so ging es in bester Ordnung und unter fortgesetztem Läuten bis vor den Schlagbaum von Potsdam hinaus. Hier blieb die Prozession zurück, und nur wenige folgten der Leiche, die auf einen Wagen gesetzt und nach Bornstädt gefahren wurde. Hier wurde sie abgeladen und inmitten der Kirche eingesenkt. – Ein großer, zierlich ausgehauener Leichenstein erhielt folgende Inschrift:

Allhier liegt begraben der weyland Hoch- und Wohlgeborne Herr,
Herr Jakob Paul Freiherr v. Gundling,
Sr. K. Majestät in Preußen Hochbestallt gewesener Ober-Ceremonienmeister, Kammerherr, Geh. Ober-Appellations-, Kriegs-, Hof-, Kammer-Rath, Präsident der K. Societät der Wissenschaften, Hof- und Kammergerichtsrath, auch Historiographus etc., welcher von Allen, die ihn gekannt haben,
wegen seiner Gelehrsamkeit bewundert,
wegen seiner Redlichkeit gepriesen,
wegen seines Umgangs geliebt und
wegen seines Todes beklagt worden.
Anno 1731.

Darunter befindet sich groß und in sauberer Ausführung das freiherrliche Wappen."

So etwa der zeitgenössische Bericht.

Des Wappens auf dem Leichensteine wird nur in aller Kürze Erwähnung getan, und doch ist dasselbe von besonderem Interesse. Es zeigt, daß des Königs Geneigtheit, an Gundling seinen Spott zu üben, auch über den Tod des letztern fortdauerte. Hatte er schon früher durch Erteilung eines freiherrlichen Wappens, auf dem die angebrachten drei *Pfauenfedern* die Eitelkeit des Freiherrn geißeln sollten, seinem Humor die Zügel schießen lassen, so ging er jetzt, wo es sich um die Ausmeißelung eines Grabsteins für Gundling handelte, noch über den früheren Sarkasmus hinaus, und das Grabsteinwappen erhielt zwei neue Schildhalter: eine *Minerva* und einen aufrecht stehenden *Hasen*. Die Hieroglyphensprache des Grabsteins sollte ausdrücken: er war klug, eitel, feige. Dieser interessante Stein lag ursprünglich im Kirchenschiff; jetzt ist er senkrecht in die Frontwand eingemauert und wirkt völlig wie ein errichtetes Denkmal.

Wenn der weiße Marmor so vieler Gräber draußen längst zerfallen sein und kein rot-dunkles Verbenenbeet den Veranda-Begräbnisplatz der Sellos mehr schmücken wird, wird dies wunderliche Wappendenkmal, mit den Pfauenfedern und dem aufrechtstehenden Hasen, noch immer zu unsern Enkeln sprechen, und das Märchen von „Gundling und dem Weinfaßsarge" wird dann wundersam klingen wie ein grotesk-heiteres Gegenstück zu den Geschichten vom *Oger.*

Zeichnung: Horst Janssen.

Impressionen

Friedhof
Kirche
Bornstedt

Die Autoren

Günter Bransch
geb. 1931 in Berlin. Pfarrer in Spremberg, Cottbus, Bad Saarow, 1979–1996 Generalsuperintendent des Sprengels Potsdam.

Siegfried Gebser
1936 in Halberstadt geboren, besuchte nach dem Abitur eine Seeoffiziersschule in Stralsund. Nachdem er dort aus „kaderpolitischen Gründen" ausschied (er kündigte 1955 an, den bevorstehenden NVA-Fahneneid zu verweigern), absolvierte er eine Schlosserlehre. Besuch der Filmhochschule in Babelsberg, Fachrichtung Kamera. In den Jahren 1967–1991 erst als freischaffender Fotograf, dann als Regie-Assistent und später als Regiekameramann für die DEFA-Studios für Dokumentarfilme tätig. Mitbegründer und bis 1999 erster Vorsitzender des Fördervereins „Freunde des Bornstedter Friedhofs".

Iselin Gundermann
geb. 1935 in Magdeburg. Studium der Geschichtswissenschaften und Germanistik in Berlin, Bonn, Innsbruck und Göttingen. Promotion 1963. Institutsprüfung 1973 Bibliothekar-Lehrinstitut Köln. 1964 Wissenschaftliche Mitarbeiterin im Historischen Seminar der Universität Bonn. 1969 Wissenschaftliche Assistentin. 1969 Akademische Rätin, 1973 Akademische Oberrätin, 1983 Wissenschaftliche Oberrätin im Geheimen Staatsarchiv Berlin. 1990 dort Wissenschaftliche Direktorin, seit Juni 2001 im Ruhestand. Archivpflegerin des Kirchenkreises Berlin-Wilmersdorf. Veröffentlichungen u. a. Herzogin Dorothea von Preußen, 1965. Untersuchungen zum Gebetsbüchlein der Herzogin Dorothea von Preußen, 1966. Die evangelischen General-Kirchen- und Schulvisitationen in Ost- und Westpreußen 1853–1944, 1970. Diverse Aufsätze zur preußischen Geschichte. Ausstellungskataloge Kaiser Friedrich III. (1988); Alte Hauptstadt Berlin (1993); Allgemeines Landrecht für die Preußischen Staaten (1994); Via regia – Preußens Weg zur Krone (1998).

Ludwig Freiherr von Hammerstein-Equord
1919 in Berlin geboren, trat am 23. Januar 1940 in die 1. Kompanie des Infanterieregiments 9 in Potsdam ein. Er nahm am Rußlandfeldzug teil und besuchte 1941 einen Lehrgang an der Kriegsschule in Potsdam. Als Leutnant an der Ostfront verwundet. Deshalb vom aktiven Dienst 1942 beurlaubt, studierte er an der Technischen Hochschule in Berlin. Am 20. Juli 1944 hielt er sich gemeinsam mit Fritzsche, Kleist und Oppen als Ordonnanzoffizier für besondere Aufgaben innerhalb des geplanten Attentatsablaufs im Allgemeinen Heeresamt in Berlin bereit. Konnte aus dem Bendlerblock entkommen und lebte bis zum Kriegsende versteckt in Berlin.

Andreas Kitschke

1955 geboren, lebt in Potsdam. Fachhochschulstudium als Bauingenieur und Architekt. Veröffentlichungen: „Kirchen in Potsdam" und zahlreiche Beiträge zur Regional- und Kirchengeschichte.

Werner Kraetschell

geb. 1940 in Berlin, 1960–1966 Studium in Berlin und Naumburg; Hilfsprediger in Falkenthal. 1969–1979 Pfarrer in Berlin-Buchholz, 1979–1996 Superintendent im Kirchenkreis Pankow, seit 1997 der Bevollmächtigte für die evangelische Seelsorge in der Bundeswehr in den Neuen Ländern, 2000 Dr. theol. h.c. der Universität Birmingham.

Gottfried Kunzendorf

geb. 1930 in Berlin. Pfarrer in Luckau, Brandenburg-Görden (dort auch Kreisjugendpfarrer und Industriejugendarbeit), seit 1975 in Potsdam-Bornstedt. Hier neben der Gemeindearbeit Durchführung der Kirchenrestaurierung und Förderung des Erhalts des Friedhofs. Friedhofsführungen. Seit 1992 im Ruhestand in Potsdam, für seine Verdienste um Bornstedt mit dem Brandenburgischen Preis für Denkmalpflege 1992 durch Kulturminister Hinrich Enderlein ausgezeichnet.

Rena Noltenius

geb. in Bremen, nach dem Abitur in Ettlingen 1969 Ausbildung als Fremdsprachenkorrespondentin bei Siemens in Karlsruhe; 1973 Praktikum Siemens, London. Ab 1975/76 Studium der Kunstgeschichte in Tübingen; Leitung der Bibliothek des Kunsthistorischen Institutes bis 1986; Magister 1983. 1987–1996 Leiterin des Hausarchivs des vormals regierenden Preußischen Königshauses/Burg Hohenzollern; 1996 Promotion; 1998 Umzug nach Berlin, Uni Potsdam. Seit 1999 wissenschaftliche Mitarbeiterin Krongut Bornstedt Kulturforum.

Hermann Priebe

Studium in Göttingen und Königsberg. 1936 Promotion in Berlin, 1942 Dr. agr. habil., Einsatz beim Wirtschaftsstab Ost im Reichsministerium für Ernährung, Landwirtschaft und Forsten. Berufung zum Direktor der „Versuchs- und Forschungsanstalt für Landarbeit" in Potsdam-Bornim. Im Sommer 1944 nach Verkleinerung des dortigen Stabs Fahnenjunker-Feldwebel beim IR 9 in Potsdam.
In Berlin, Potsdam und Bornim langjährige Verbindung zu Hauptbeteiligten am Widerstand, insbesondere zu Ferdinand von Lüninck, Fritz Graf Schulenburg, Werner und Hans von Haeften. Am 20. Juli 1944 in Bereitstellung in Berlin, Anfang August von der Gestapo verhaftet.
1948 Rückkehr aus russischer Gefangenschaft und nach Genesung Privatdozent und apl. Professor an der Universität Gießen, ab 1956 ordentlicher Professor für Agrarpolitik an der Universität Frankfurt/Main und Leiter des Instituts für ländliche Strukturforschung. 1958 bis 1970 zusätzlich wissenschaftlicher Berater der EG-Kommission in Brüssel.
Verfasser zahlreicher Bücher und Aufsätze zur Agrar- und Entwicklungspolitik.

Manfred Richter

geb. 1935 in Stockheim, Kreis Heilbronn. Studium der Philosophie und Theologie sowie Sozialpädagogik in München, Heidelberg, Göttingen und Tübingen. Studentenpfarrer in Tübingen, Gemeindepfarrer in Remmingsheim/Neustetten (Württemberg). 1974 Leiter des Hauses der Kirche Berlin, 1976 Gründungsrektor und Studienleiter des Ev. Bildungswerks Berlin, 1988 Präsident der Ev. Arbeitsgemeinschaft für Erwachsenenbildung in Europa, 1993 Leiter des Ev. Forums der EKU, Berlin, seit 1995 des Kunstdienstes der Evangelischen Kirche, Berliner Dom.
Veröffentlichungen als Herausgeber und Autor zur Erwachsenenbildung, Kirchengeschichte und Aesthetik, u. a. „Kirche in Preußen" (1983), „Luther ist tot!" (1983), „Berlin – 750 Jahre Kirchen und Klöster" (1987), „Wege zu Kirchen in Berlin" (1987), „Engel '89" (1989), „Mit Pflugscharen gegen Schwerter" (1991), „Jizchak Katzenelson, Dos lid funm ojsgehargetn jiddischn folk" (mit Nachdichtung von Hermann Adler, 1992), „Der Atlas und der Engel" (zur Jahrtausendfeier Potsdams, 1993).

Ellen Ringshausen

geb. 1938 in Berlin als Tochter von Hans-Alexander von Voß und Gisela, geb. von Stülpnagel. Nach Studium der ev. Theologie in Erlangen, Hamburg und Göttingen Pfarrerin in Gießen und ehrenamtlich in Neckarbischofsheim. Seit 1990 Pastorin im Ehrenamt in der Kinderklinik und in der Kinder- und Jugendpsychiatrie Lüneburg, verheiratet, 3 Kinder.

Martin Sabrow

geb. 1954 in Kiel. 1983–1993 Studienrat in Berlin. 1993 Promotion mit einer Arbeit über gegenrevolutionäre Attentate in der Weimarer Republik. Seit 1993 Mitarbeiter und seit 1996 Projektbereichsleiter am Zentrum für Zeithistorische Forschung Potsdam. 2000 Habilitation mit einer Untersuchung über die innere Verfassung der DDR-Geschichtswissenschaft. Letzte Veröffentlichungen: Die Macht der Mythen. Walther Rathenau im öffentlichen Gedächtnis. Sechs Essays, Berlin 1998. Die verdrängte Verschwörung. Der Rathenau-Mord und die deutsche Gegenrevolution, Frankfurt a. M. 1999. (Hg.) Geschichte als Herrschaftsdiskurs. Der Umgang mit der Vergangenheit in der DDR, Köln/Weimar/Wien 2000.

Albrecht Schönherr

geb. 1911 in Katscher/Oberschlesien, Schüler und Freund Dietrich Bonhoeffers. Seit 1940 bei der Wehrmacht. Pfarrer in Brüssow und am Dom zu Brandenburg, Leiter des Predigerseminars. 1963 Generalsuperintendent für den Sprengel Eberswalde. Bis 1981 Bischof der Evangelischen Kirche in Berlin-Brandenburg (Ost-Region), zunächst seit 1967 als Verwalter. Zeitweise Vorsitzender des Bundes der Evangelischen Kirchen in der DDR. Seit seinem Ruhestand u. a. in der theologischen Erwachsenenbildung tätig. Veröffentlichtungen u. a. „Horizont und Mitte"; Vorträge, Reden, Aufsätze (1980) und zur Geschichte der Bekennenden Kirche in Berlin-Brandenburg.

Hans-Ulrich Schulz

geb. 1945 in Bad Sachsa. Theologiestudium 1963–1968 an der Humboldt Universität Berlin. Vikar in Pertersdorf; Pfarrer in Premslin; Beauftragter für evangelische Schülerarbeit im Landesjugendpfarramt Potsdam; Gemeindepfarrer in Brielow. Ab 1992 Superintendent des Kirchenkreises Potsdam, seit 1997 Generalsuperintendent des Sprengels Neuruppin.

Friedrich-Wilhelm Freiherr von Sell

geb. 1926 in Potsdam, seit April 1944 bei der Wehrmacht, nach Studium der Philosophie und Jura seit 1955 Anwalt und Justitiar des SFB in Berlin.
Intendant des WDR 1976–1985, zeitweise Vorsitzender der ADR. Seit 1985 wieder Anwalt und Hochschullehrer an den Universitäten Hamburg und Siegen. Gründungsbeauftragter/Gründungsintendant des ORB Potsdam 1991. 1992/93 als Berater beim Aufbau freiheitlicher Rundfunksysteme im südlichen Afrika tätig. Vorsitzender der Stiftung für Kunst und Kultur e.V. Bonn.

Clemens Alexander Wimmer

geb. 1959. Der Garten- und Landschaftsgestalter bietet seit 1984 freiberuflich Erforschung und Rekonstruktion historischer Gärten ebenso wie Neuentwürfe in eigenem Stil an. Durch zahlreiche Veröffentlichungen und Vorträge ist er im In- und Ausland bekannt. 1982 stieß er im Rahmen seiner Doktorarbeit über den Charlottenburger Schloßgarten erstmals auf die Familie Sello, lernte nach und nach zahlreiche Hofgärtnernachkommen kennen und wurde so einer der besten Kenner der preußischen Hofgärtner. Seit 1990 Gartenbesitzer, seit 1993 auch Einwohner in Bornstedt.

Bildnachweis

Die Abbildungen im Buch sind von Siegfried Gebser bis auf Dieter Kunzendorf 1, Gottfried Kunzendorf 5, Wolfgang Schwarz 1, Sigurd Wendland 5, Horst Janssen © VG Bild–Kunst, Bonn 2001, sowie aus Autorenarchiven.

VERLAG
HENTRICH & HENTRICH

**185 Seiten mit 51 z.T. farbigen
Abbildungen, Festeinband
DM 36,–
ISBN 3-933471-14-1**

Hermann Simon

Das Berliner Jüdische Museum in der Oranienburger Straße
Geschichte einer zerstörten Kulturstätte

Am 24. Januar 1933, weniger als eine Woche vor der nationalistischen Machtübernahme, wurde in der Oranienburger Straße nach langwierigen Vorbereitungen das Jüdische Museum Berlins eröffnet. Grundlage dafür war die Kunstsammlung der Jüdischen Gemeinde zu Berlin, die seit 1917 von Moritz Stern aufgebaut und später von Karl Schwarz geleitet wurde.
Nach 1933 wurden Juden aus dem deutschen Kulturleben ausgeschlossen und waren gezwungen, sich der eigenen Geschichte zu erinnern und sich um die ihnen noch zugänglichen Institutionen zu sammeln. Andererseits galt es, vielfältigen Schikanen und dem immer stärker werdenden Druck des Nationalsozialismus zu begegnen.
In seiner erstmals 1983 erschienenen, 1987 erweiterten und für diese Ausgabe ergänzten Arbeit beschreibt der Autor die bewegte Vorgeschichte des Museums, die Sammlungs- und Ausstellungs-

bemühungen sowie dessen verdienstvolles Wirken bis zur erzwungenen Auflösung der Sammlung nach dem Novemberpogrom 1938. Dem Schicksal der Bestände wird – soweit überhaupt rekonstruierbar – nachgegangen.

Das Jüdische Museum Oranienburger Straße, dessen Eröffnung 1933 noch als wichtige Kulturtat öffentlich gefeiert wurde, bestand nur sechs Jahre.
Mit ihm verbunden sind viele große Namen der jüdischen Berliner Kunstgeschichte, wie Max Liebermann, Moritz Daniel Oppenheim, Max Osborn und Karl Schwarz. Es ist geboten, sich an diesen herausragenden Ort der Bewahrung und Betätigung jüdischer Kultur und Kunst zu erinnern, zumal die Traditionen dieses Hauses nicht nur im Berliner Centrum Judaicum sondern auch im Libeskind-Bau, einem Jüdischen Museum von internationaler Dimension, gepflegt werden.

Reihe JÜDISCHE MEMOIREN
Herausgegeben von Hermann Simon

Band 1:

Meno Burg

Geschichte meines Dienstlebens
**Erinnerungen eines jüdischen Majors
der preußischen Armee**
Erweiterter Neudruck der Ausgabe von 1916

Band 1

**240 Seiten, 18 Abbildungen
Festeinband mit
Schutzumschlag
DM 36,80
ISBN 3-933471-00-1**

Band 2:

Jacob Teitel

Aus meiner Lebensarbeit
**Erinnerungen eines jüdischen Richters
im alten Rußland**
Mit einem Vorwort von Simon Dubnow und
einer Charakteristik von Maxim Gorki;
neu hrsg. mit einem Essay von Ludgar Heid

Band 4:

Karl Schwarz

Jüdische Kunst –
Jüdische Künstler
**Erinnerungen des ersten Direktors
des Berliner Jüdischen Museums**
Herausgegeben von Chana C. Schütz
und Hermann Simon

Band 4

**309 Seiten
54 z.T. farbige Abbildungen,
Festeinband
DM 48,–
ISBN 3-933471-05-2**

Sonderband

Fräulein Rabbiner Jonas
**Kann die Frau das rabbinische Amt bekleiden?
Eine Streitschrift von Regina Jonas**
editiert – kommentiert – eingeleitet
von Elisa Klapheck
Zweite Auflage

VERLAG
HENTRICH & HENTRICH

Georg Armbrüster /
Michael Kohlstruck /
Sonja Mühlberger (Hrsg.)

Exil Shanghai
Jüdisches Leben in der Emigration 1938–1947

(Schriftenreihe des Aktiven Museums
Berlin in Zusammenarbeit mit dem
Leo-Baeck-Institut London)

272 Seiten, 41 Abbildungen,
Festeinband mit beiliegender CD-ROM
DM 88,–   ISBN 3-933471-19-2

*Titelblatt der Namensliste des
Dee Lay Jao Polizeidistrikts*

Bis 1941 sind rund 18 000 Juden aus
Mitteleuropa vor dem Terror der National-
sozialisten nach Shanghai geflohen. Über
lange Zeit war dieses Exil fast vergessen.
Shanghai galt als „eine Emigration am
Rande" und das „Exil der kleinen Leute".
Anläßlich des 50. Jahrestages der Rück-
kehr von 300 Flüchtlingen nach Berlin im
Sommer 1997 haben der Verein Aktives
Museum und das Jüdische Museum Berlin
mit einer Ausstellung und einem Sympo-
sium das Exil in Shanghai wieder in Erinnerung gerufen.
Zwölf Beiträge stellen auf Grundlage
neuer Forschungen das Schicksal der
Flüchtlinge und die Situation in Shanghai
zwischen 1937 und 1947 dar.
Dazu gehören die Unterstützung der
Flüchtlinge durch die bereits in Shanghai
existierende jüdische Gemeinde und das
Verhältnis zwischen den Chinesen sowie
den alteingesessenen Deutschen und den
Flüchtlingen. Ausführlich wird das Verhältnis der Japaner zu den Juden behandelt;
1943 wurde von der japanischen Besat-
zungsmacht die Einrichtung eines Ghettos
verfügt.
Im Archiv des Auswärtigen Amtes wurden
rd. 5 500 Meldeblätter der aus dem Deutschen Reich nach Shanghai geflohenen
Juden ausgewertet. Diese Forschungen
stellen die Diskussion um die soziale und
geographische Herkunft und das Alter der
Flüchtlinge erstmals auf eine gesicherte
Grundlage. Eigene Beiträge sind den Beziehungen zwischen den Geschlechtern
unter den extremen Bedingungen des
Ghettos sowie des Kunst- und Kulturlebens

der Flüchtlinge gewidmet. Von Shanghai
aus ist nur ein kleiner Teil der Flüchtlinge
nach Europa zurückgekehrt, die meisten
haben in Nordamerika, Australien und
Israel eine neue Heimat gefunden.
Von besonderem Interesse für die Familien-
forschung und die Geschichtswissenschaft
ist ein hier **erstmals** publiziertes Dokument: Im Sommer 1944 stellte die japa-
nische Fremdenpolizei eine Namenliste
der im Dee Lay Jao Polizeidistrikt gemelde-
ten Ausländer zusammen. Diese Liste um-
faßt rd. 14 700 Personeneinträge. Auf der
dem Buch beigelegte CD-ROM wird sie
vollständig veröffentlicht. Komfortable
Suchmöglichkeiten garantieren eine opti-
male Nutzung der gespeicherten Informationen.

VERLAG
HENTRICH
&HENTRICH

Wolfgang Stegemann

**Fürstenberg/Havel
Ravensbrück**

Beiträge zur Kulturgeschichte einer Region
zwischen Brandenburg und Mecklenburg

Band 1

HENTRICH & HENTRICH

**404 Seiten, 34 Abbildungen,
Festeinband
DM 36,– / OES 262 / SFR 33
ISBN 3-933471-13-3**

Wolfgang Stegemann

Fürstenberg/Havel – Ravensbrück
**Streifzüge durch die Kulturgeschichte einer Region zwischen Brandenburg
und Mecklenburg**
Band 1 Von den Anfängen bis zum Beginn des 20. Jahrhunderts

Fürstenberg ist eine Kleinstadt, gelegen in einer idyllischen Wald- und Seenlandschaft zwischen Brandenbueg und Mecklenburg; so recht geeignet für Ruhe suchende Urlauber und Touristen. Wer von Berlin nach Stralsund, auf die Insel Rügen oder in eines der Ostseebäder auf der „B 96" fahren will, muß Fürstenberg passieren. Ihm wird in erster Linie die Beschaulichkeit des Ortes auffallen, zu der der Verkehrslärm der stark befahrenen Straße allerdings nicht recht passen will. Dem Tourismuscharakter entsprechend sind längs der Fürstenberger Durhfahrt zahlreiche Hinweisschilder für Gaststätten, Hotels, Zimmervermietungen und Bootsausleihen angebracht, darunter aber auch solche, die auf die „Mahn- und Gedenkstätte Ravensbrück" aufmerksam machen. Diese liegt unweit von Fürstenberg an der Chaussee nach Lychen und der Uckermark und erinnert daran, daß ebendort von 1939 bis 1945 Deutschlands größtes Frauenkonzentrationslager mit insgesamt 132 000 registrierten Häftlingen stationiert war.

Fürstenberg wie der Nachbarort Ravensbrück liegen am Schwedtsee. Vom Fürstenberger Ufer aus kann man Baulichkeiten des ehemaligen KZ gut erkennen, und wenn die Ravensbrücker Häftlingsfrauen zur Arbeit ausrücken mußten, erblickten sie täglich die Fürstenberger Silhoutte mit dem hohen Kirchturm — fast greifend nahe, aber doch unerreichbar. Trotzdem trug dieser Blick auf Fürstenberg Symbolcharakter, und Symbol der Freiheit blieb er bis zum heutigen Tag in den Erlebnisberichten und Interviews mit überlebenden Ravensbrückerinnen.

Band 2, in Vorbereitung, wird Fürstenberg/Ravensbrück in den wechselnden Machtstrukturen des 20. Jahrhunderts darstellen und die Aufmerksamkeit des Lesers besonders auf die Zeit des Nationalsozialismus richten, in der der Ortsteil Ravensbrück mit dem einzigen NS-Frauenkonzentrationslager zu trauriger und mahnender Berühmtheit kam.